Hans-Georg Schumann

C# FÜR KIDS

PROGRAMMIEREN LERNEN OHNE VORKENNTNISSE

Bibliografische Information der Deutschen Nationalbibliothek
Die Deutsche Nationalbibliothek verzeichnet diese Publikation in der Deutschen Nationalbibliografie; detaillierte bibliografische Daten sind im Internet über <http://dnb.d-nb.de> abrufbar.

Bei der Herstellung des Werkes haben wir uns zukunftsbewusst für umweltverträgliche und wiederverwertbare Materialien entschieden.
Der Inhalt ist auf elementar chlorfreiem Papier gedruckt.

ISBN 978-3-7475-0586-1
1. Auflage 2022

www.mitp.de
E-Mail: mitp-verlag@sigloch.de
Telefon: +49 7953 / 7189 - 079
Telefax: +49 7953 / 7189 - 082

Lektorat: Katja Völpel
Sprachkorrektorat: Petra Heubach-Erdmann
Covergestaltung: Christian Kalkert
Satz: Satz: III-satz, Kiel, www.drei-satz.de
Druck: Plump Druck & Medien GmbH, Rheinbreitbach

INHALT

Für
Janne, Julia, Katrin und Daniel

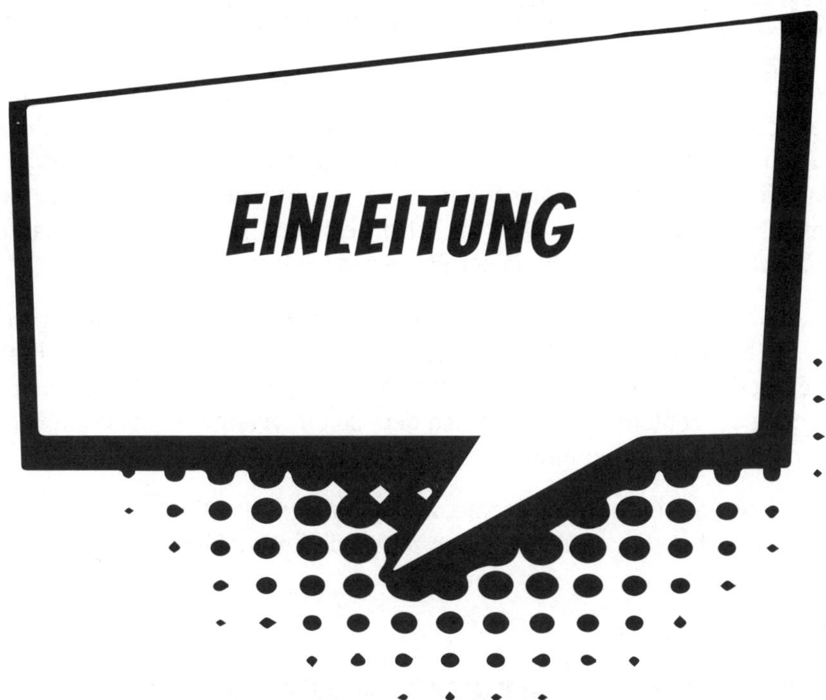

EINLEITUNG

Computer und Smartphones sind schon wahre Wunder-Maschinen. Doch das sind sie nur dadurch, dass es schlaue Programmierer gibt, die die passenden Anwendungen und Spiele erstellen. Wenn du eines Tages zur Gilde der Programmierer zählen willst, dann hast du hier die Möglichkeit, bei null anzufangen – ohne irgendwelche Programmierkenntnisse.

Aber warum selbst Programme erstellen, wo es doch zahlreiche Spiele und Apps schon gibt? Wenn du ehrlich bist, wirst auch du zugeben müssen: Nicht immer gefällt einem das Angebot, das es gibt, man hätte schon gern das eine oder andere anders gehabt. Oder gemacht. Und das kann man nur, wenn man programmieren kann.

Programmiersprachen gibt es reichlich. Und da ist es für einen Einsteiger nicht leicht, sich eine auszusuchen. Hier lernst du, in C# zu programmieren; das ist eine sehr mächtige und leistungsfähige Sprache, nicht kinderleicht zu erlernen, aber die Mühe lohnt sich auf jeden Fall.

WAS HEISST EIGENTLICH PROGRAMMIEREN?

Wenn du aufschreibst, was ein Computer tun soll, nennt man das **Programmieren**. Das Tolle daran ist, dass du selbst bestimmen kannst, was getan werden soll. Lässt du dein Programm laufen, macht der Computer die Sachen, die du ausgeheckt hast. Natürlich wird er dann nicht dein Zimmer aufräumen und dir auch keine Tasse Kakao ans Bett bringen. Aber kannst du erst mal programmieren, kannst du den Computer sozusagen nach deiner Pfeife tanzen lassen.

Allerdings passiert es gerade beim Programmieren, dass der Computer nicht so will, wie du es gerne hättest. Meistens sind das Fehler im Programm. Das Problem kann aber auch irgendwo anders im Computer oder im Betriebssystem liegen. Das Dumme bei Fehlern ist, dass sie sich gern so gut verstecken, dass die Suche danach schon manchen Programmierer zur Verzweiflung gebracht hat.

Vielleicht hast du nun trotzdem Lust bekommen, das Programmieren zu erlernen. Dann brauchst du ja nur noch eine passende **Entwicklungsumgebung**, und schon kann's losgehen.

WAS IST EINE ENTWICKLUNGSUMGEBUNG?

Um ein Programm zu erstellen, musst du erst mal etwas eintippen. Das ist wie bei einem Brief oder einer Geschichte, die man schreibt. Das Textprogramm dafür kann sehr einfach sein, weil es ja nicht auf eine besondere Schrift oder Darstellung ankommt wie bei einem Brief oder einem Referat. So etwas wird **Editor** genannt.

Ist das Programm eingetippt, kann es der Computer nicht einfach so lesen und ausführen. Jetzt muss es so übersetzt werden, dass der PC versteht, was du von ihm willst. Weil er aber eine ganz andere Sprache spricht als du, muss ein Dolmetscher her.

Du programmierst in einer Sprache, die du verstehst, und der Dolmetscher übersetzt es so, dass es dem Computer verständlich wird. So etwas heißt dann **Compiler**. Schließlich müssen Programme getestet, überarbeitet, verbessert, wieder getestet und weiterentwickelt werden. Dazu gibt es noch einige zusätzliche Hilfen. Daraus wird dann ein ganzes System, die Entwicklungsumgebung.

WARUM GERADE C#?

Leider kannst du nicht so programmieren, wie dir der Mund gewachsen ist. Eine Programmiersprache muss so aufgebaut sein, dass möglichst viele Menschen in möglichst vielen Ländern einheitlich damit umgehen können.

Weil in der ganzen Welt Leute zu finden sind, die wenigstens ein paar Brocken Englisch können, besteht auch fast jede Programmiersprache aus englischen Wörtern. Es gab auch immer mal Versuche, z.B. in Deutsch zu programmieren, aber meistens klingen die Wörter dort so künstlich, dass man lieber wieder aufs Englische zurückgreift.

Eigentlich ist es egal, welche Programmiersprache du benutzt. Am besten eine, die möglichst leicht zu erlernen ist. Aber sie soll auch leistungsfähig sein. In diesem Buch hast du es mit der Programmiersprache C# zu tun. Sie ist weit verbreitet, ist nicht einfach, aber auch für Anfänger geeignet, die zum ersten Mal programmieren lernen wollen. (Willst du mal in andere Sprachen hineinschnuppern, dann empfehle ich dir z.B. eines der »... für Kids«-Bücher über C++, Java, JavaScript oder Python.)

Der Weg zum guten Programmierer kann ganz schön steinig sein. Nicht selten kommt es vor, dass man die Lust verliert, weil einfach nichts klappen will. Das Programm tut etwas ganz anderes, man kann den Fehler nicht finden und man fragt sich: Wozu soll ich eigentlich programmieren lernen, wo es doch schon genug Programme gibt? Und dann noch ausgerechnet in C#.

Immer wieder werden gute Programmierer dringend gesucht, und dieser Bedarf wird weiter steigen. Wirklich gute Programmierer werden auch wirklich gut bezahlt. Es ist also nicht nur einen Versuch wert, es kann sich durchaus lohnen, das Programmieren in C# zu erlernen.

VISUAL STUDIO, DIE ENTWICKLUNGSUMGEBUNG ZUM BUCH

Um den Kauf einer Entwicklungsumgebung für C# musst du dich nicht weiter kümmern, denn die bekommst du kostenlos aus dem Internet. Mit einer kostenlosen Version der Software **Visual Studio** von Microsoft hast du eine weitverbreitete Entwicklungsumgebung und kannst damit unter allen Versionen von Windows programmieren.

Das komplette Paket findest du auf dieser Seite:

https://visualstudio.microsoft.com/de/

UND WAS BIETET DIESES BUCH?

Über eine ganze Reihe von Kapiteln verteilt lernst du

- die Grundlagen von C# kennen
- mit Visual Studio unter Windows umzugehen

- einiges über die objektorientierte Programmierung (OOP)
- mit Komponenten zu arbeiten (das sind Bausteine, mit denen du dir viel Programmierarbeit sparen kannst)
- die grafischen Möglichkeiten von C# kennen
- eine Reihe von Spielen selbst zu programmieren

Im **Anhang** gibt es dann noch einiges an Informationen und Hilfen, u.a. über Installationen und den Umgang mit Fehlern.

WIE ARBEITEST DU MIT DIESEM BUCH?

Grundsätzlich besteht dieses Buch aus einer Menge Text mit vielen Abbildungen dazwischen. Natürlich habe ich mich bemüht, alles so zuzubereiten, dass daraus lauter gut verdauliche Happen werden. Damit das Ganze noch genießbarer wird, gibt es zusätzlich noch einige Symbole, die ich dir hier gern erklären möchte:

ARBEITSSCHRITTE

≫ Wenn du dieses Zeichen siehst, heißt das: Es gibt etwas zu tun. Damit kommen wir beim Programmieren Schritt für Schritt einem neuen Ziel immer näher.

Grundsätzlich lernt man besser, wenn man einen Programmtext selbst eintippt oder ändert. Aber nicht immer hat man große Lust dazu. Deshalb gibt es alle Projekte im Buch auch als Download:

https://www.mitp.de/0586

Und hinter einem Programmierschritt findest du auch den jeweiligen Namen des Projekts oder einer Datei (z.B. PROJEKT1, GRAFIK1, GAME1). Wenn du also das Projekt nicht selbst erstellen willst, kannst du stattdessen diese Datei laden (zu finden im Ordner PROJEKTE).

AUFGABEN

Am Ende eines Kapitels gibt es meist eine Reihe von Fragen und Aufgaben. Diese Übungen sind nicht immer ganz einfach, aber sie helfen dir, noch besser zu programmieren. Lösungen zu den Aufgaben findest du in verschiedenen Formaten ebenfalls bei den Download-Dateien. Du kannst sie dir alle im Editor von Windows oder auch in deinem Textverarbeitungsprogramm anschauen. Oder du lässt sie dir ausdrucken und hast sie dann schwarz auf weiß, um sie neben deinen PC zu legen. (Auch die Programme zu den Aufgaben liegen im Ordner PROJEKTE.)

NOTFÄLLE UND DIREKTHILFE

Vielleicht hast du irgendetwas falsch gemacht oder etwas vergessen. Oder es wird gerade knifflig. Dann fragst du dich, was du nun tun sollst. Bei diesem Symbol findest du eine Lösungsmöglichkeit. Es kann nicht schaden, auch mal ganz hinten im Anhang B nachzuschauen, wo ein paar Hinweise zur Pannenhilfe aufgeführt sind.

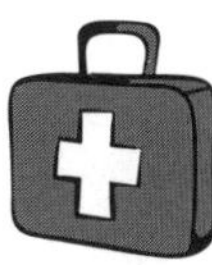

ACHTUNG

Hin und wieder findest du ein solch dickes Ausrufezeichen im Buch. Dann ist das eine Stelle, an der etwas besonders Wichtiges steht.

SPEZIALWISSEN

Wenn du ein solches »Wow« siehst, geht es um ausführlichere Informationen zu einem Thema.

WAS BRAUCHST DU FÜR DIESES BUCH?

Du findest Visual Studio als komplette Entwicklungsumgebung zum Download auf dieser Homepage:

https://www.visualstudio.com/de/downloads/

Visual Studio ist in der **Community**-Version kostenlos, und die reicht komplett aus, um mit C# auch umfangreiche Programme zu erstellen. Nach dem Download wird alles mit dem **Setup**-Programm in ein Verzeichnis deiner Wahl installiert, z.B. c:\Programme\MICROSOFTVisual Studio.

Für deine C#-Projekte solltest du einen Extra-Ordner benutzen. Die Beispielprogramme in diesem Buch gibt es alle als Download von der Homepage des Verlages, falls du mal keine Lust zum Abtippen hast:

https://www.mitp.de/0586

Und auch die Lösungen zu den Fragen und Aufgaben sind dort untergebracht.

Betriebssystem

Die meisten Computer arbeiten heute mit dem Betriebssystem Windows. Davon brauchst du eine der Versionen 7 bis 11.

Speichermedien

Auch wenn du deine Programme auf der Festplatte unterbringst, kann es nicht schaden, sie zusätzlich z.B. auf einem USB-Stick als Backup zu speichern.

Gegebenenfalls bitte deine Eltern oder Lehrer um Hilfe.

Hinweise für Lehrer

Dieses Buch versteht sich auch als Lernwerk für den Informatik-Unterricht in der Schule. Dort setzt natürlich jeder Lehrer seine eigenen Schwerpunkte. Benutzen Sie an Ihrer Schule bereits ein Werk aus einem Schulbuchverlag, so lässt sich dieses Buch auch als Materialienband einsetzen – in Ergänzung zu dem vorhandenen Schulbuch. Weil dieses Buch sozusagen »von null« anfängt, ist ein direkter Einstieg in C# möglich – ohne irgendwelche anderen Programmierkenntnisse.

Ein wichtiger Schwerpunkt in diesem Buch ist die objektorientierte Programmierung (OOP). Auf die elementaren Eigenheiten (Kapselung, Vererbung und Polymorphie) wird ausführlich eingegangen.

In den Projekten werden alle wesentlichen Elemente des C#-Wortschatzes wie auch die wichtigsten Grafik-Komponenten eingesetzt. Ein besonderer Schwerpunkt liegt auf der Spieleprogrammierung.

In den Lösungen zu den Aufgaben finden Sie weitere Vorschläge zur Programmierung in C#.

Übungsmedien

Für den Informatik-Unterricht sollte jeder Schüler ein anderes externes Speichermedium haben, um darauf seine Programmierversuche zu sichern. So wird verhindert, dass sich auf der Festplatte des Schulcomputers mit der Zeit allerlei »Datenmüll« ansammelt. Außerdem dient der eigene Datenträger dem Datenschutz: Nur der betreffende Schüler kann seine Daten manipulieren.

REGELMÄßIG SICHERN

Es kann nicht schaden, die Programmdateien, an denen gerade gearbeitet wird, etwa alle zehn Minuten zu speichern. Denn Computer pflegen gern gerade dann »abzustürzen«, wenn man seine Arbeit längere Zeit nicht gespeichert hat.

Das ist aber nur dann nötig, wenn man ein Programm längere Zeit nicht startet. In der Regel fragt nämlich Visual Studio bei jedem Programmstart nach, ob die Datei gespeichert werden soll.

1 ERSTE SCHRITTE MIT C#

Am besten legen wir gleich los mit dem Programmieren. Nach dem Start des Computers und dem Auftauchen von Windows können wir uns schon dem ersten C#-Projekt widmen. Es wird natürlich noch kein Computerspiel sein, aber es gibt schon einiges zum Herumspielen.

In diesem Kapitel lernst du

- wie man Visual Studio startet
- wie man ein Programm erstellt und ausführt
- einiges über (mögliche) Fehler
- was `WriteLine()` und `ReadLine()` bedeuten
- etwas über Variablen
- wie man ein Projekt speichert
- wie man Visual Studio beendet

VISUAL STUDIO STARTEN

Bevor wir mit dem Programmieren anfangen können, muss **Visual Studio** erst installiert werden. Die Installation übernimmt ein Programm namens SETUP. Genaues erfährst du im Anhang A. Hier musst du dir von jemandem helfen lassen, wenn du dir die Installation nicht allein zutraust.

Eine Möglichkeit, Visual Studio zu starten, ist diese:

≫ Öffne den Ordner, in dem du Visual Studio untergebracht hast (z.B. C:\PROGRAMME\ MICROSOFT VISUAL STUDIO).

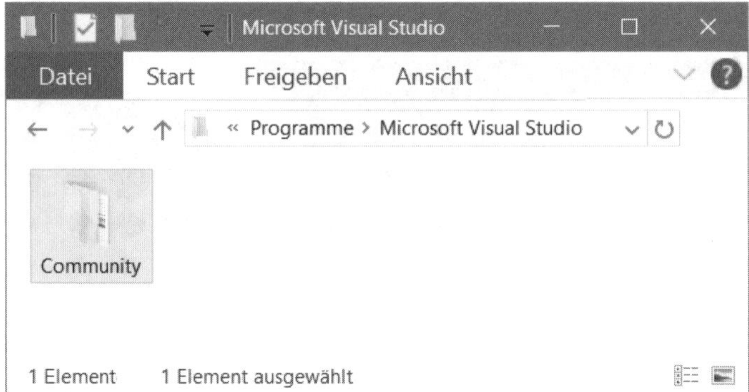

≫ Dort musst du nun weiter über einige Unterordner wie COMMUNITY und COMMON7 in IDE wechseln:

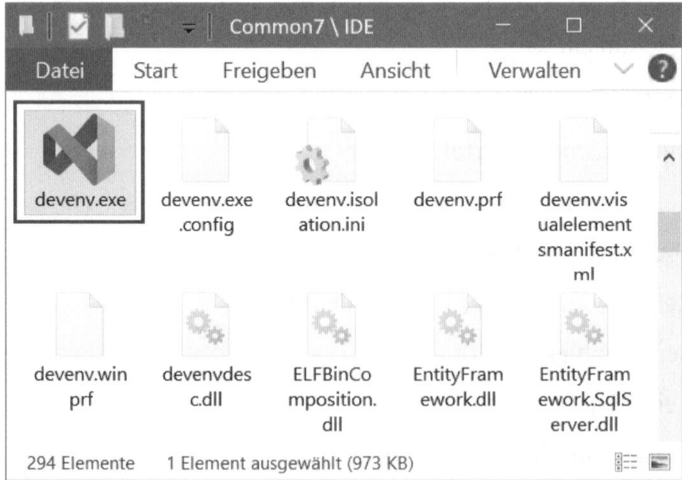

≫ Hier suchst du unter den zahlreichen Symbolen eines derjenigen heraus, bei denen etwas aussieht wie eine gekippte lila 8, und zwar das mit dem Namen DEVENV.EXE. Das Symbol wird nicht so schnell zu finden sein.

➢ Doch dann kannst du das Programm mit einem Doppelklick auf das Symbol starten:

Ich empfehle dir, eine **Verknüpfung** auf dem Desktop anzulegen:

- Dazu klickst du mit der rechten Maustaste auf das Symbol für Visual Studio (DEVENV.EXE). Im Kontextmenü wählst du KOPIEREN.
- Dann klicke auf eine freie Stelle auf dem Desktop, ebenfalls mit der rechten Maustaste. Im Kontextmenü wählst du VERKNÜPFUNG EINFÜGEN.
- Es ist sinnvoll, für das neue Symbol auf dem Desktop den Text DEVENV.EXE – VERKNÜPFUNG durch VISUAL STUDIO zu ersetzen.

Von nun an kannst du auf das neue Symbol auf dem Desktop **doppelklicken** und damit Visual Studio starten.

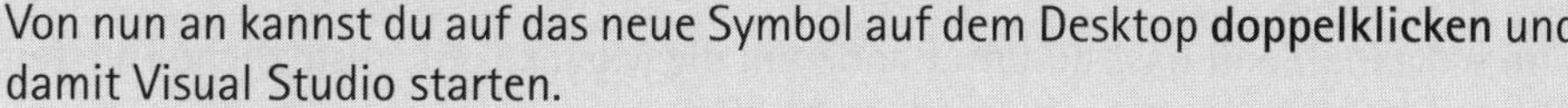

Je nach Computer kann es eine Weile dauern, bis Visual Studio geladen ist. Was dich schließlich erwartet, könnte ungefähr so aussehen:

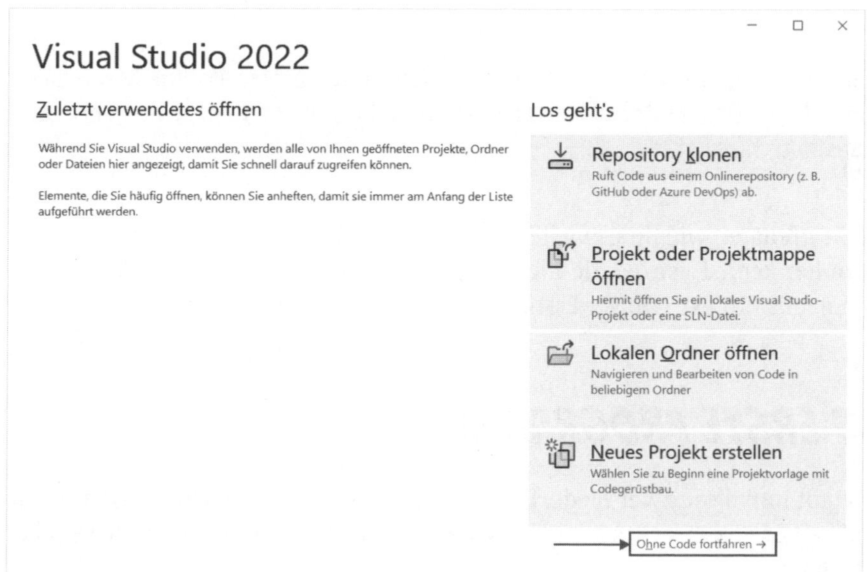

Wenn du hier auf NEUES PROJEKT ERSTELLEN klickst, beginnt dein erstes Projekt. Du kannst also gleich loslegen, wenn du willst. Oder:

➢ Du klickst erst einmal auf OHNE CODE FORTFAHREN, um im Hauptfenster von Visual Studio zu landen.

Dort schauen wir uns jetzt ein bisschen um. Sieht ganz schön leer aus, doch uns soll jetzt nur die Menüleiste interessieren – ganz oben:

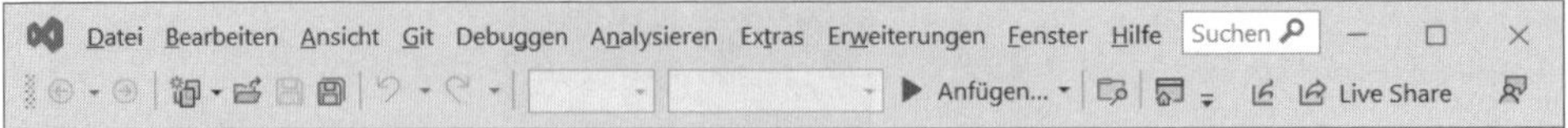

Links darunter befinden sich jede Menge Symbole, die man mit der Maus anklicken kann. Zu einigen davon kommen wir im Laufe der folgenden Kapitel noch.

Diese Menüs von Visual Studio wirst du wahrscheinlich am meisten benutzen:

- Über das DATEI-Menü kannst du Dateien speichern, laden (öffnen), ausdrucken, neu erstellen oder Visual Studio beenden.
- Das BEARBEITEN-Menü hilft dir bei der Bearbeitung deines Programmtextes, aber auch bei anderen Programmelementen. Außerdem kannst du dort bestimmte Arbeitsschritte rückgängig machen oder wiederherstellen.
- Im ANSICHT-Menü hast du unter anderem die Möglichkeit, zusätzliche Hilfsfenster und Boxen ein- oder auszublenden.
- Über das DEBUGGEN-Menü sorgst du dafür, dass dein Programmprojekt ausgeführt wird.
- Und das HILFE-Menü bietet dir vielfältige Hilfe-Informationen an.

Einige wichtige Menüeinträge sind in einem sogenannten **Popup**-Menü zusammengefasst. Das heißt so, weil es dort aufklappt, wo du gerade mit der **rechten** Maustaste hinklickst.

Ein Editorfenster, wie du es vielleicht von einem Editor oder Textverarbeitungsprogramm her kennst, ist gerade nicht in Sicht. Aber das lässt sich ändern: Ziel ist es ja, ein neues Projekt – unser Erstlingswerk – zu erstellen. Also los!

DAS ERSTE PROGRAMM

> Es gibt nun diese zwei Wege. Entweder du schließt das Fenster von Visual Studio (Klick auf das X rechts oben) und startest es neu – womit du in diesem Fenster landest:

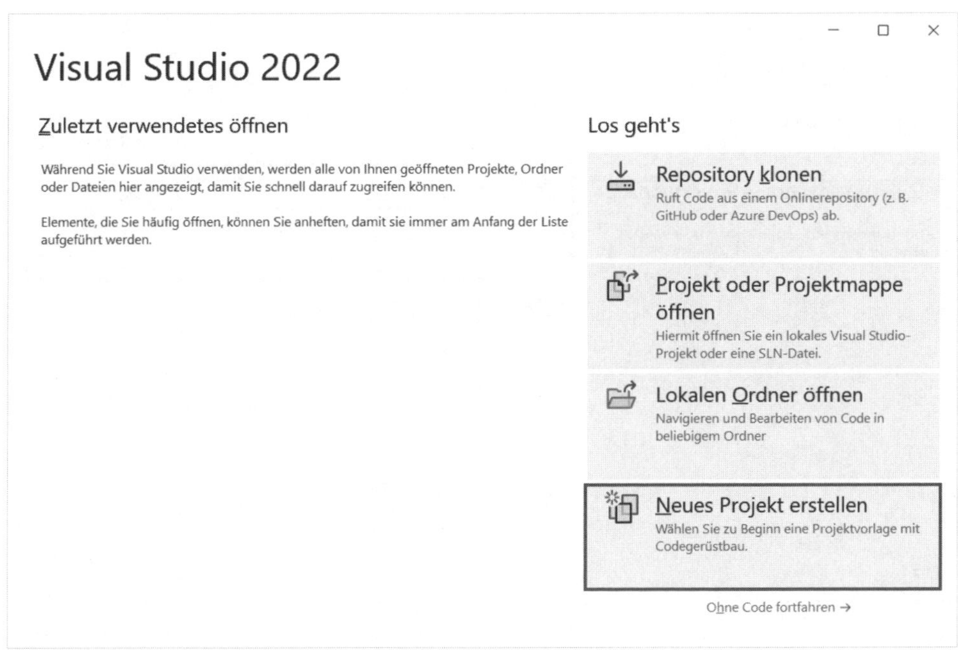

- Dann klickst du auf NEUES PROJEKT ERSTELLEN.
- Oder du hast dich entschieden, bei der Menüleiste von Visual Studio zu bleiben. Dann klickst du dort auf DATEI und im sich öffnenden Menü auf NEU und dann auf PROJEKT.

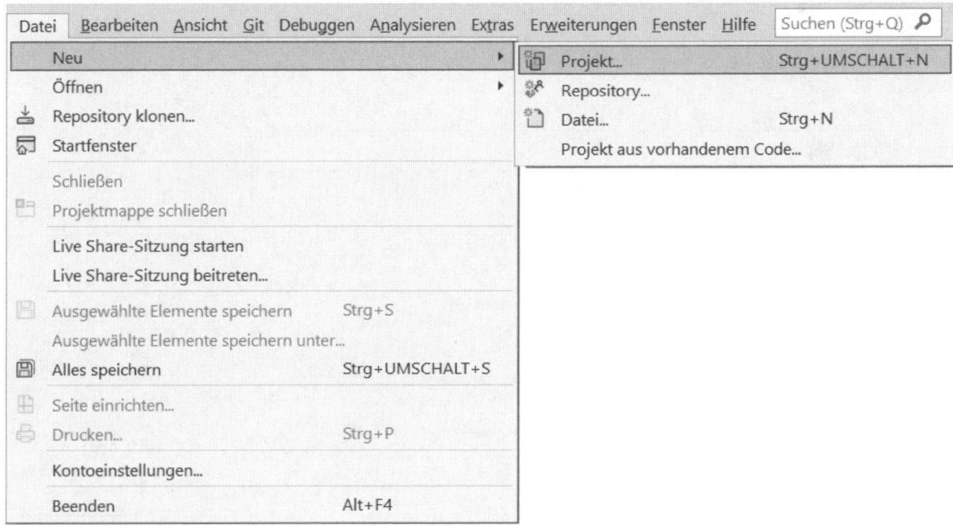

Es erscheint ein Dialogfeld, in dem es offenbar mehrere Möglichkeiten gibt, wie du dein Projekt erstellst:

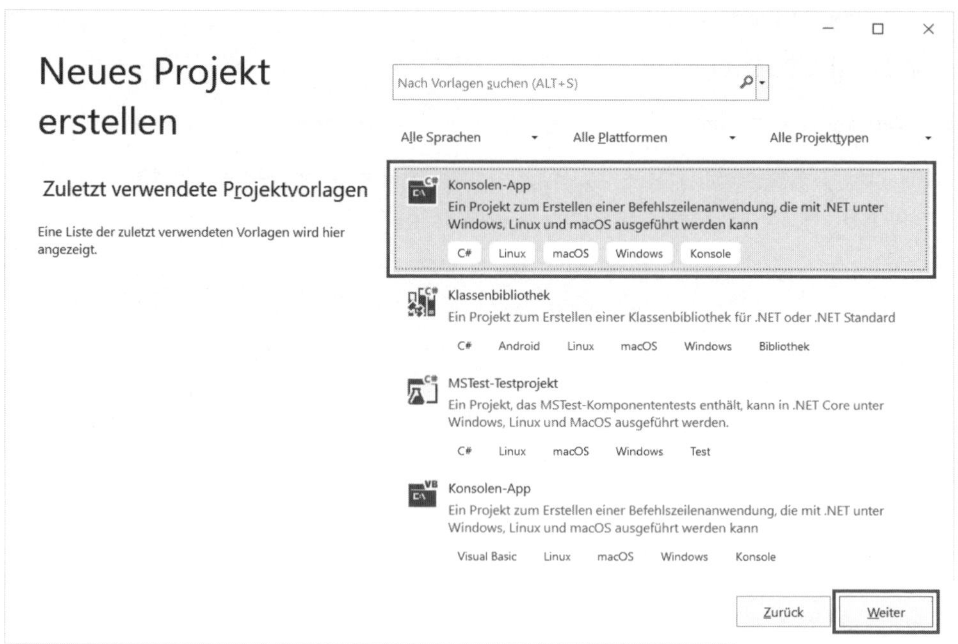

- Wähle rechts **oben** die Option KONSOLEN-APP (dort findest du auch den Eintrag C#). Dann klicke unten rechts auf WEITER.

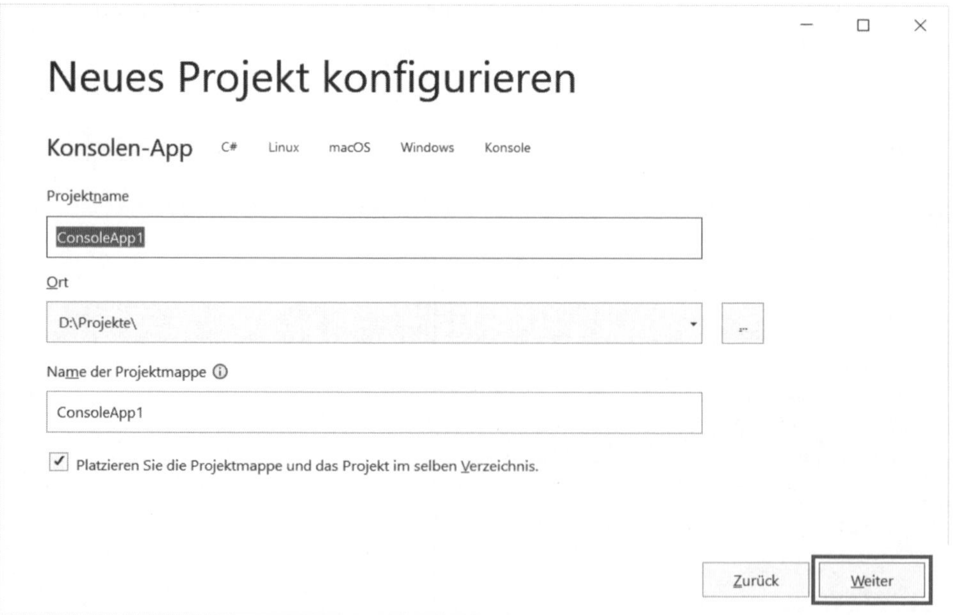

- Gib dem Projekt einen Namen und sorge dafür, dass hinter SPEICHERORT der Pfad steht, wo du dein Projekt unterbringen willst. Dann klicke abschließend auf WEITER.

Ich habe das Ganze einfallslos erst mal PROJEKT1 genannt. Du kannst den vorgegebenen Speicherort übernehmen, ich empfehle dir aber, besser einen eigenen Ordner zu erzeugen und den dort anzugeben. Bei mir ist das der Ordner PROJEKTE auf Laufwerk D:.

- Im nächsten Dialogfeld erzeugst du mit einem abschließenden Klick auf ERSTELLEN dein erstes Mini-Projekt in C#.

DER QUELLTEXT

Wie du im linken großen Fensterbereich sehen kannst, bietet Visual Studio schon ein kleines Gerüst-Programm, das du natürlich auch starten kannst, allerdings passiert noch nichts Aufregendes.

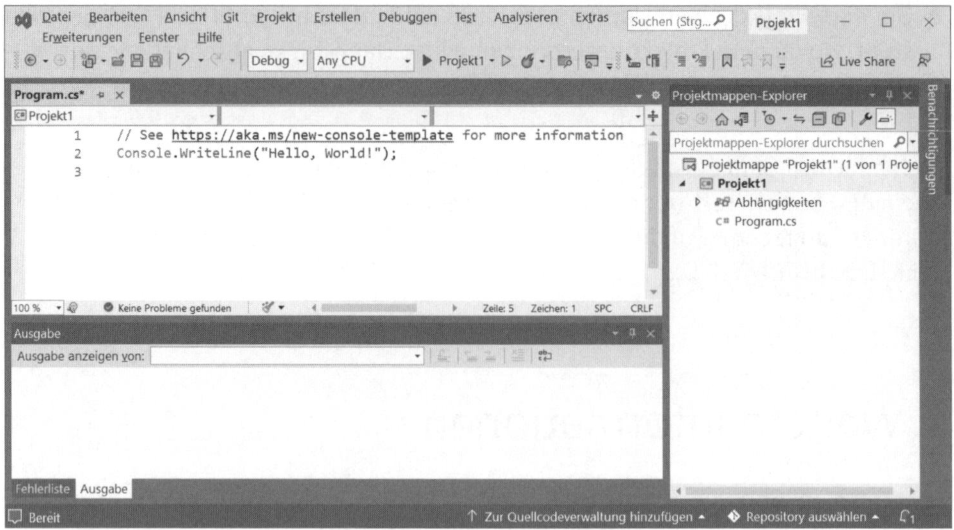

≫ Probiere ruhig mal aus, was sich tut, wenn du in der Menüleiste auf DEBUGGEN und STARTEN OHNE DEBUGGEN klickst. (Alternativ kannst du auch die Tastenkombination `Strg`+`F5` drücken.)

Und nach dem Start des Programms tut sich tatsächlich etwas: Unten im Ausgabefenster steht einiges an Meldungen, die du jetzt einfach ignorieren solltest. Wichtiger ist das neue Fenster mit schwarzem Hintergrund, das sich öffnet und sich vor Visual Studio schiebt. Das ist das Konsolenfenster. Und in dem steht zum einen ein kurzer Gruß, darunter dann etwas momentan vielleicht für dich unverständliches

Kauderwelsch. Wichtig ist der letzte Satz, die Aufforderung, eine beliebige Taste zu drücken.

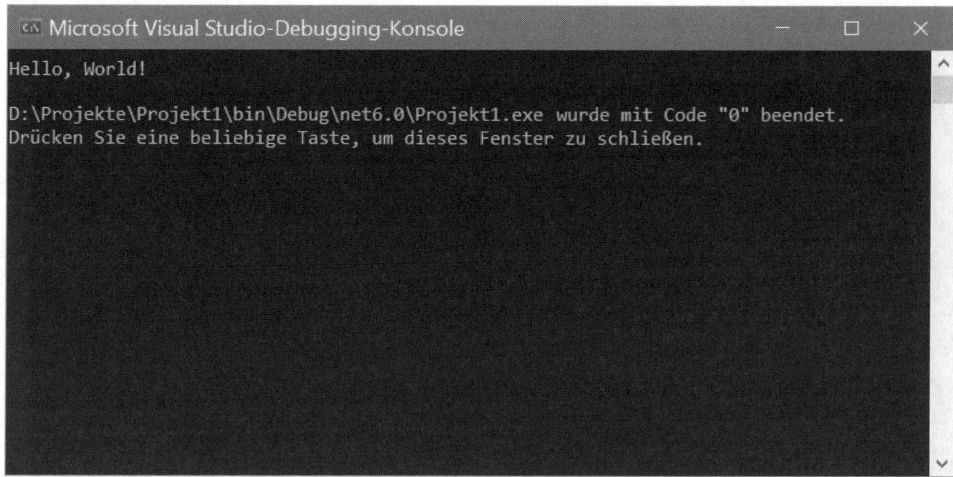

≫ Folge dieser Aufforderung (oder Bitte), um das Fenster wieder zu schließen.

Na ja, überwältigend war deine erste Begegnung mit einem C#-Programm nicht, aber es liegt an dir, daraus mehr zu machen. Zuerst aber schauen wir uns jetzt das näher an, was da links oben im Editorfenster steht:

```
// See https://aka.ms/new-console-template for more information
Console.WriteLine("Hello, World!");
```

Das, was du da siehst, wird **Quelltext** genannt. Die erste Zeile mit den beiden Schrägstrichen (//) am Anfang ist ein **Kommentar**. Der weist in diesem Falle darauf hin, dass du mehr unter der angezeigten Internet-Adresse erfahren kannst.

Als Kommentar könnte man aber auch so etwas hinschreiben:

```
// Mein erstes Projekt
```

Oder man lässt diesen Kommentar einfach ganz weg. Für ein funktionierendes Programm ist nur diese Zeile nötig:

```
Console.WriteLine("Hello, World!");
```

Und da steht schon einiges, was für uns interessant ist. Offenbar bewirkt diese Zeile, dass ein bestimmter Text ausgegeben wird. In diesem Fall ist es »Hello, World«, aber das lässt sich leicht ändern:

```
Console.WriteLine("Hallo, wer da?");
```

≫ Passe den Programmtext an, indem du einiges löschst und ersetzt. Dann starte das Programm erneut über DEBUGGEN und STARTEN OHNE DEBUGGINGoder mit Strg + F5.

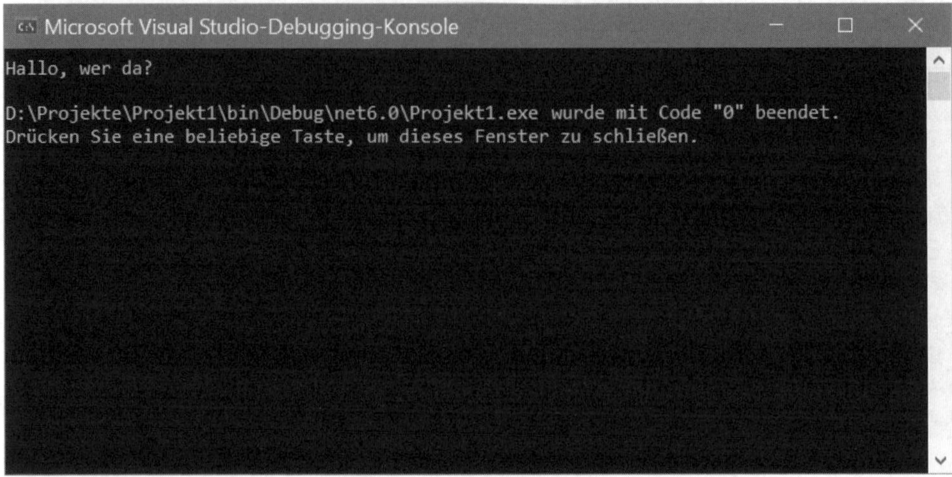

Und wie du siehst, zeigt das Programm nun **deinen** Text an.

Das soll alles sein? Schauen wir mal im PROJEKTE-Ordner nach. Dort liegt ein Unterordner mit dem Namen PROJEKT1. Wenn du den öffnest, erwartet dich ein solches Bild:

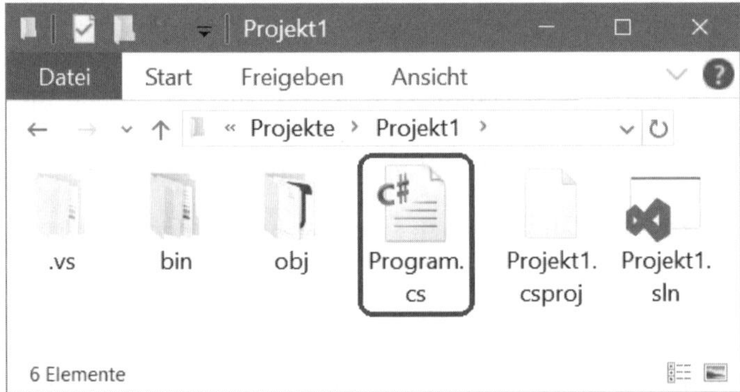

Da liegt ja einiges an Dateien herum und in den Unterordnern findest du noch mehr. All das hat Visual Studio automatisch erzeugt, es muss dich aber nicht weiter interessieren, denn die Datei, um die es für **dich** geht, heißt PROGRAM.CS.

»CS« ist die Kennung für Dateien mit C#-Quelltext und kürzt »C-sharp« ab, so spricht man C# auch aus. Wenn du diese Datei mit einem normalen Texteditor öffnest, findest du darin die obigen Programmzeilen.

Und nun klären wir erst einmal, was diese eine Textzeile, aus der unser Programm besteht, bedeutet. Den Kommentar darüber kann man entsorgen, also löschen. Oder du trägst hinter die zwei Schrägstriche einen eigenen Infotext ein.

Es handelt sich hier um eine **Anweisung**, die den Computer dazu bringt, dich freundlicher zu grüßen:

```
Console.WriteLine("Hallo, wer da?");
```

Fangen wir bei dieser Anweisung von hinten an. Dort steht der Text, der angezeigt werden soll, eingepackt in Anführungsstriche und zusätzlich in runden Klammern:

```
("Hallo, wer da?")
```

Für die Anzeige sorgt die Anweisung `WriteLine()`, was ausführlich heißt: »Schreib etwas auf dem Bildschirm und gehe danach in die nächste Zeile.«

Es ist übrigens nicht egal, ob für die Wörter große oder kleine Buchstaben benutzt werden. C# unterscheidet eindeutig zwischen Groß- und Kleinschreibung.

Achte also beim Eintippen genau darauf, wann mal ein großer Buchstabe zwischen den vielen Kleinbuchstaben steht. Du kannst also nicht z.B. `writeline` oder `Writeline` schreiben!

Eine solche Anweisung nennt man auch Methode. In C# gibt es zahlreiche Methoden, sie gehören immer zu einem sogenannten Objekt oder zu einer Klasse – die hier `Console` heißt. Damit ist das Fenster mit dem schwarzen Hintergrund gemeint, das nur Text anzeigen kann.

Objekte kennen wir aus unserer Umgebung, z.B. Häuser, Bäume, Autos, Leute. Auch du bist ein Objekt. Und zwar vom Typ Mensch. Objekte in einer Programmiersprache sind natürlich nur künstlich.

Dabei kann es in C# durchaus mehrere Objekte eines Typs geben – so wie es im richtigen Leben auch (viele) verschiedene Menschen gibt. Daher spricht man hier von **Objekttyp**, das ist dasselbe wie **Klasse**. Und ein Objekt wird auch als **Instanz** einer Klasse bezeichnet.

Demnach bist du eine Instanz der Klasse Mensch. Und mit `Console` kennst du ein Beispiel für eine C#-Klasse. Objekte lernst du später noch kennen.

Man spricht bei `WriteLine()` auch von einer **Funktion**. Methode und Funktion meinen also hier dasselbe. Und das, was in den runden Klammern steht, wird als **Parameter** bezeichnet.

Wichtig ist: Jede (!) Methode beziehungsweise Funktion hat am Ende ihres Namens zwei runde Klammern, die können auch leer sein, sie dürfen aber niemals fehlen.

➢ Speichere dein Projekt jetzt erst mal. Dazu klickst du auf ALLES SPEICHERN im DATEI-Menü, damit werden alle beteiligten Dateien gesichert.

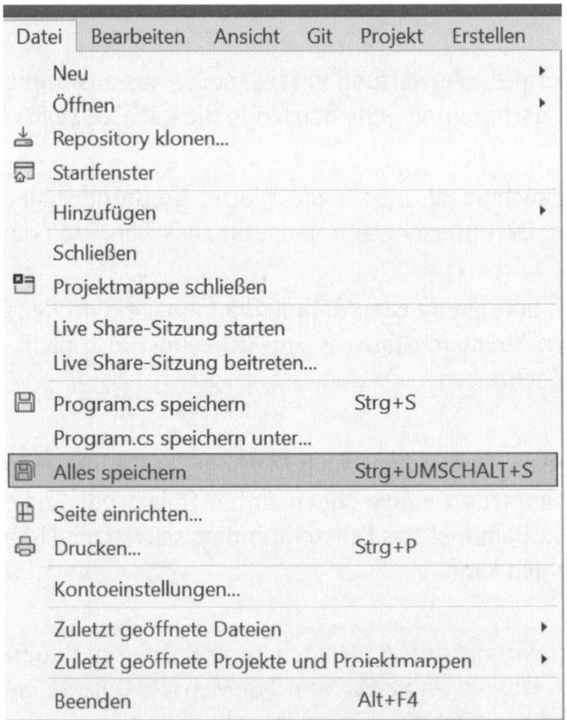

Alternativ dazu kannst du auch in der Symbolleiste auf den rechten der beiden Buttons mit dem Disketten-Zeichen klicken.

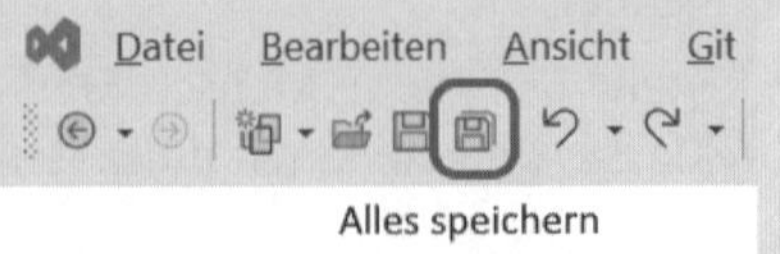

Disketten waren die ersten Speichermedien, das Symbol dafür hat man bis heute fürs Speichern behalten.

WRITE UND READ

Die Frage zur Begrüßung verlangt eine Antwort. Für den Namen benötigen wir eine Methode, die quasi das Gegenteil von `WriteLine()` macht. Und die heißt `Console.ReadLine()`. Es gibt also eine Anweisung für das Schreiben (auf den Bildschirm) und das Lesen (von der Tastatur).

Aber genügt denn eine `ReadLine`-Anweisung allein? Probieren wir's aus. Das wäre nun unser Quelltext:

```
// Mein erstes Projekt
Console.WriteLine("Hallo, wer da?");
Console.ReadLine();
```

≫ Ändere deinen Quelltext entsprechend, speichere alles und starte dann das Programm.

Ist dir aufgefallen, wie jede der beiden Zeilen innerhalb der geschweiften Klammern beendet wird? Dieses unscheinbar aussehende Semikolon (;) schließt jede Anweisung ab, darf also nicht vergessen werden!

Nach einem Programmstart und der Eingabe eines Namens sieht es im Konsolenfenster so aus – wenn du die Eingabetaste gedrückt hast:

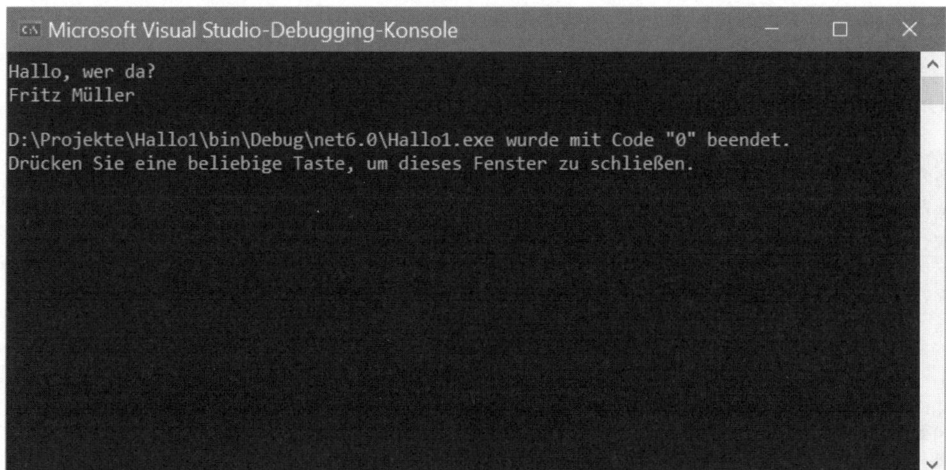

Das Drücken der Eingabetaste ist wichtig, damit der Computer weiß, dass du mit deiner Texteingabe fertig bist.

Man sieht also: `ReadLine()` funktioniert ebenso gut wie `WriteLine()`. Doch jetzt kommt ein Aber: Damit der Computer als Nächstes antworten und dabei meinen

Namen nennen kann, muss er ihn sich irgendwie merken. Die nächste Zeile könnte also z.B. so lauten:

```
Console.WriteLine("Du bist also " + Name);
```

Dabei dient das Pluszeichen zur Verkettung von zwei Text-Elementen.

≫ Erweitere dein Programm um diese Zeile. Dann starte das Programm erneut.

Klappt irgendwie nicht? Zuerst kommt ein Meldefenster, in dem du auf einen Fehler hingewiesen wirst.

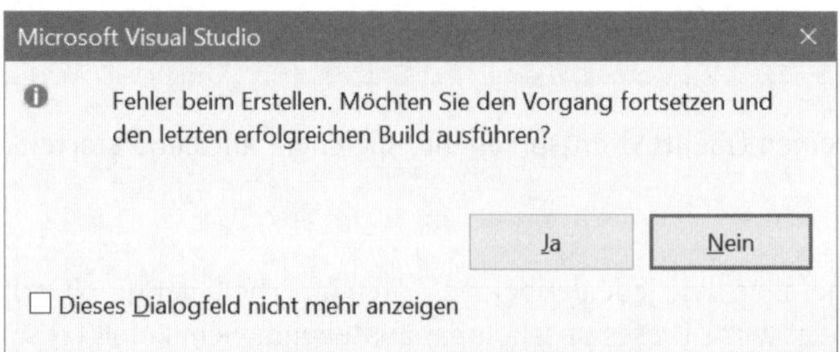

Wenn du willst, kannst du künftig auf diese Meldung verzichten, dann setze vor DIESES DIALOGFELD NICHT MEHR ANZEIGEN ein Häkchen. Der konkrete Fehler wird sowieso unten in einem Fenster von Visual Studio angezeigt.

≫ Klicke auf jeden Fall auf NEIN.

Und dann schau dir an, welcher Fehler nun von Visual Studio angemahnt wird.

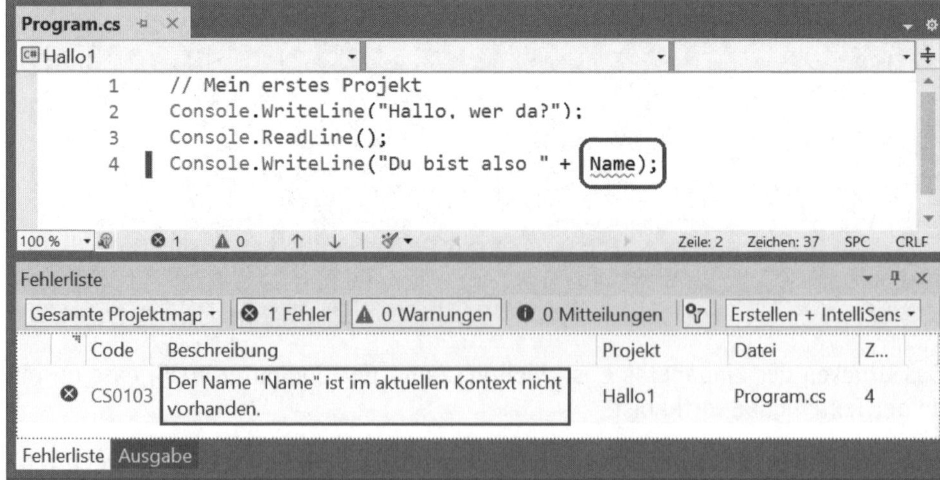

Das Wort »Name« ist rot unterkringelt, und unten steht, dass »Name« im Kontext nicht vorhanden ist, was im Klartext so viel heißt: Das Programm kennt das Wort »Name« nicht und kann damit nichts anfangen.

Wie lösen wir das Problem? Indem wir dem Computer das Wort wie eine Vokabel bekannt machen. Es handelt sich bei »Name« um eine sogenannte Variable, und die muss im Programm vereinbart werden.

Was sind **Variablen**?

Den Begriff Variable kennst du aus dem Matheunterricht in der Schule. Da wird auch der Begriff Platzhalter verwendet. Die werden meist mit Buchstaben wie x oder y bezeichnet. Und weil Platzhalter in jeder Aufgabe einen anderen Wert annehmen können, also keinen von vornherein festgelegten Wert haben, nennt man so etwas Variablen.

Im Gegensatz dazu gibt es natürlich in C# auch **Konstanten.** Die haben dann einen festgelegten Wert, der sich während des Programmlaufs **nicht** verändert. Und auch bei jedem neuen Programmstart behält eine Konstante ihren Wert.

Ein Beispiel ist der Text »Hallo, wer da?«. Aber auch Zahlen wie z.B. 0, 1, -1, 3.14 lassen sich als Konstanten einsetzen.

Der Name einer Variablen darf übrigens nicht mit einer Ziffer beginnen. (Probiere einfach aus, was geht!)

Und so wird der neue Name vereinbart:

```
string Name = "";
```

Unter einem String versteht man eine Zeichenkette. Und ein eingetippter Name ist ja eine Kette von Zeichen. Ebenso wie übrigens "Hallo, wer da?" ein String ist.

Schauen wir uns diese Struktur, die man auch **Vereinbarung** nennt, genauer an:

Typ (Variable) = [Startwert] ;

Zuerst kommt der Typ der Variablen, dann ihr Name (der hier zufällig auch »Name« heißt). Und zuletzt wird dieser Variablen auch gleich ein Startwert zugewiesen. Die zwei aufeinanderfolgenden Anführungsstriche bedeuten, dass es sich um eine sogenannte **Leerkette** handelt. Also eine Zeichenkette, in der (noch) nichts steht.

Der passende Text kommt dort hinein, wenn wir beim Lauf des Programms etwas eintippen.

Aber dazu muss dieser Text auch von der Methode `ReadLine()` aufgesammelt werden. Und wie? Versuchen wir es so:

```
Console.ReadLine (Name);
```

Wobei hier die Variable `Name` zum Parameter wird.

≫ Ändere dein Programm entsprechend, dann starte das Programm.

Und wieder erntest du eine Fehlermeldung.

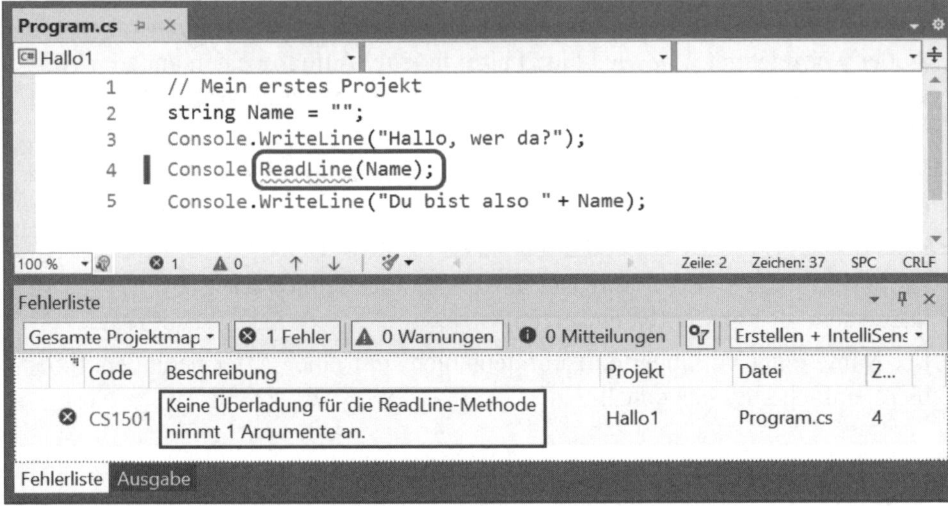

Die Methode `ReadLine()` ist im Text mit einer roten Wellenlinie unterstrichen. Was heißt, dass hier der Fehler sitzt. Allerdings ist diesmal die Fehler-Beschreibung recht unverständlich. Was das hier für uns heißt, will ich mal sehr frei übersetzen: Wir können die `ReadLine`-Methode so nicht benutzen. Sie kann **keine** Parameter übernehmen. Aber so könnte es klappen:

```
Name = Console.ReadLine ();
```

Die Klammern hinter `ReadLine()` bleiben leer. Aber was passiert hier? Erst liest die Methode den eingegebenen Text ein, dann legt sie ihn in der Variablen `Name` ab. Diese Struktur nennt man **Zuweisung**.

Wenn du ganz genau hinschaust, siehst du, dass da trotzdem eine Wellenlinie ist, und zwar unter dem kompletten `Console.ReadLine()`. Diese Linie ist grün, was bedeutet, dass es sich hier nur um eine Warnung handelt. Das Programm funktioniert nur bei Fehlern nicht, eine Warnung kann den Programmlauf beeinträchtigen, muss aber nicht.

> In diesem Fall und in den folgenden Projekten kannst du die grünen Wellenlinien ignorieren. Und wenn nicht, mache ich dich darauf aufmerksam.

Bei einer Zuweisung steht links immer eine Variable, dann folgt ein Gleichheitszeichen (=), das man auch Zuweisungsoperator nennt. Auf der rechten Seite kann entweder ein Wert stehen wie z.B. Name = "Otto"; oder etwas wie eine Formel, z.B. die `ReadLine`-Methode.

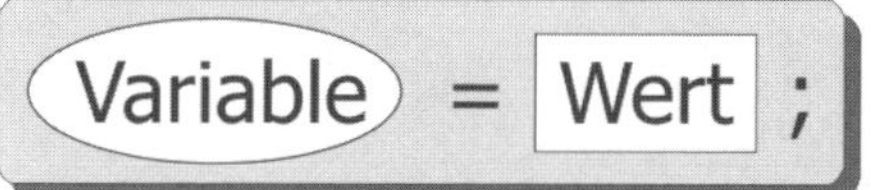

≫ Nun aber muss es endlich mal klappen! Passe den Programmtext an und starte das Ganze erneut.

Und tatsächlich funktioniert es: Man kann einen Namen eingeben und der wird anschließend auch noch einmal angezeigt.

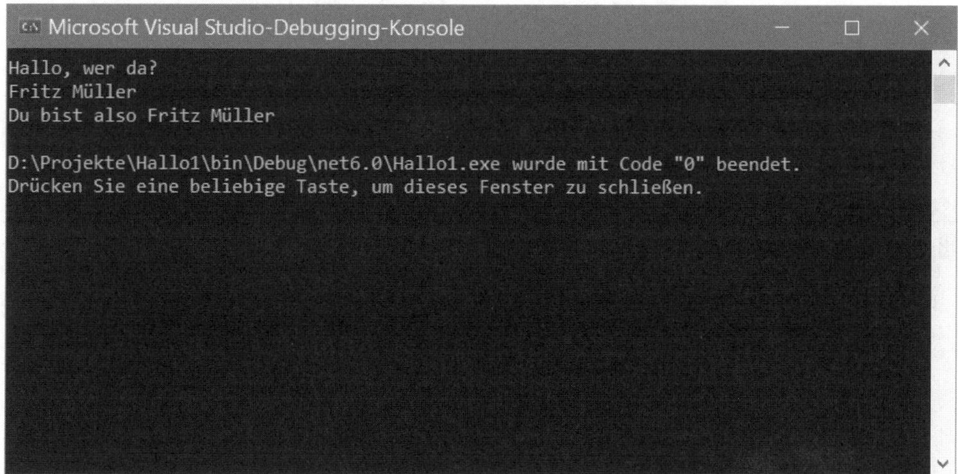

VISUAL STUDIO BEENDEN

Das war nun dein allererstes Projekt. Zeit für eine kleine Verschnaufpause.

≫ Um Visual Studio zu verlassen, klicke auf DATEI und dann auf BEENDEN.

≫ Oder du drückst die Tastenkombination [Alt]+[F4]. Du kannst auch im Hauptfenster ganz oben rechts auf das kleine X klicken. Irgendwie kommst du also immer raus.

Sollte sich vor dem letzten Speichern noch etwas verändert haben, bekommst du dieses Meldefenster zu sehen:

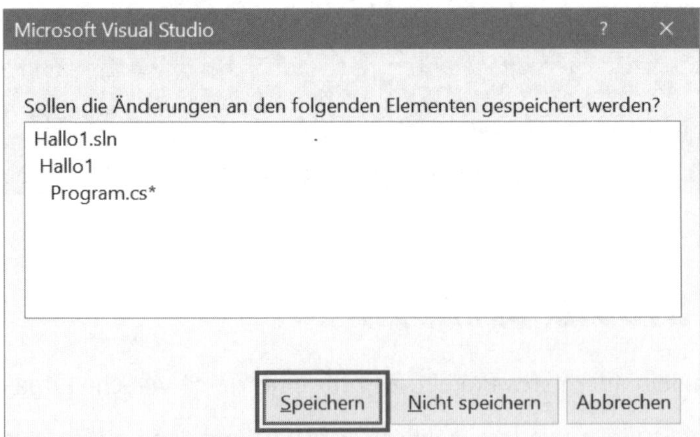

Dort werden alle Dateien aufgelistet, an denen eine Änderung vorgenommen wurde. In unserem Fall ist das nur eine Datei.

≫ Klicke auf SPEICHERN, um deine letzte Version sicher unterzubringen.

ZUSAMMENFASSUNG

Dein erstes Projekt bringt dich zwar noch nicht in die Zunft der C#-Programmierer, aber einige wichtige Anfangsschritte hast du hinter dir. Mal sehen, was du von diesem Kapitel behalten hast. Da wären zuerst mal ein paar Optionen im Umgang mit Visual Studio:

Visual Studio starten	Doppelklicke auf das Visual-Studio-Symbol.
Ganzes Projekt speichern	Klicke auf DATEI/ALLES SPEICHERN.
Programm starten	Klicke auf DEBUGGEN/STARTEN OHNE DEBUGGING oder drücke `Strg`+`F5`.
Programm beenden	Drücke eine Taste oder klicke auf das X am Konsolenfenster.
Visual Studio beenden	Klicke auf DATEI/BEENDEN.

Dein C#-Wortschatz ist zwar noch nicht allzu groß, aber ein bisschen was kennst du schon:

`string`	Datentyp: Zeichenkette
`WriteLine()`	Methode: Einen Text anzeigen und eine neue Zeile beginnen
`ReadLine()`	Methode: Einen Text einlesen und mit der Eingabetaste übernehmen
`=`	Operator: Etwas einer Variablen zuweisen
`+`	Operator: Zwei Textteile verketten
`( )`	Klammern für Parameter
`//`	Kommentarzeichen
`;`	Abschluss einer Anweisung

EIN PAAR FRAGEN ...

1. Wie unterscheiden sich Variablen und Konstanten?
2. Was ist ein `String`?
3. Was genau ist der Unterschied zwischen `Write` und `Read`?
4. Welches Zeichen muss immer am Ende einer Anweisung stehen?

… ABER NOCH KEINE AUFGABE

2 WENN, DANN, SONST: KONTROLLE UND AUSWAHL

Im letzten Kapitel hattest du einen »Very Small Talk« mit deinem Computer. Nicht gerade höflich hat er dich nach deinem Namen gefragt. Hätte auch netter sein können, aber so ein »Ding« ist eigentlich strohdumm, denn es hat nur das ausgeführt, was ihm in einem Programm befohlen wurde.

Das heißt jedoch nicht, dass es keine Möglichkeiten gibt, deinen PC so weit zu bringen, dass er wenigstens so tut, als würde er etwas verstehen und darauf eingehen.

In diesem Kapitel lernst du

- den Datentyp `int` kennen
- wie man Strings in Zahlen umwandelt
- was eine Kontrollstruktur ist
- wie man Werte von Variablen vergleicht
- die Verwendung von `if` und `else` kennen
- mehr über Fehler

EIN BLICK ZURÜCK

Unser erstes Projekt aus dem letzten Kapitel sah und sieht schön schlank aus; Programmierer, die in anderen Programmiersprachen unterwegs sind, könnten da neidisch werden. Warum? Eben weil das Programm so schlank ist. Was ich damit meine? Wenn du schon Programme in Sprachen wie Java oder C++ gesehen hast, weißt du es. Und für diejenigen, die nicht die neueste Version von Visual Studio und C# verwenden (ab 2022), hätte das Gerüst des neuen Projekts so aussehen können:

```
// Mein erstes Projekt
using System;
namespace Hallo1
{
  internal class Program
  {
    static void Main(string[] args)
    {
      string Name = "";
      Console.WriteLine("Hallo, wer da?");
      Name = Console.ReadLine();
      Console.WriteLine("Du bist also " + Name);
    }
  }
}
```

Wie du siehst, gibt es hier um den Quelltext, den du im letzten Kapitel kennengelernt hast, noch einiges drum herum. Das zeige ich dir hier, weil du im Internet zum Thema C# oft solche Quelltexte vorfinden wirst, ehe sich das neue System durchgesetzt hat, bei dem Visual Studio geschickt die oben gezeigten Zeilen verbirgt. Die stecken in anderen Dateien, die im Projekt-Ordner automatisch erzeugt wurden.

Mit einigen neuen Wörtern, die im obigen Text vorkommen, wirst du allerdings dennoch zu tun bekommen, sie werden alle erklärt, wenn es so weit ist. Beachte die »Verschachtelung«, die irgendwie an ein Zwiebelsystem erinnert:

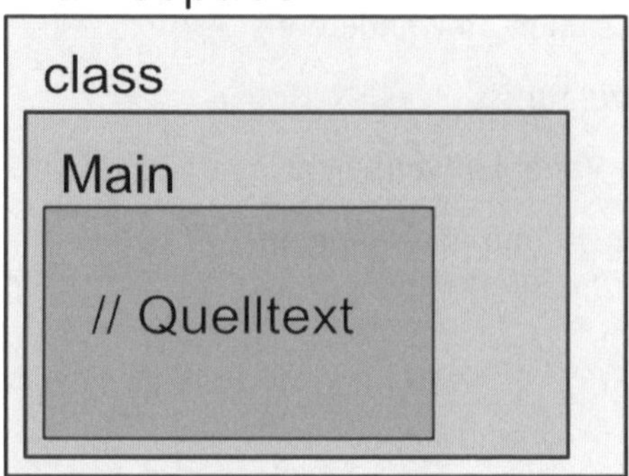

Dabei ist die Außenhaut das Projekt mit eigenem Ordner (wofür `namespace Hallo1` steht). Darin befindet sich ein Block, der als `class Program` definiert ist (der Name, den auch die Datei mit dem Quelltext trägt).

Und innerhalb dieser Klasse gibt es noch etwas mit dem Namen `Main`. Das ist der Hauptprogrammteil. Man nennt es auch die Hauptfunktion oder `Main`-Methode.

Sehr wichtig sind die geschweiften Klammern ({ }). Mit denen bekommst du im Laufe dieses und der folgenden Kapitel noch eine Menge zu tun. In der `Main`-Funktion stehen die Zeilen, die dem Programm erst richtig zum Leben verhelfen. Und die stammen hier alle von uns.

> Falls du geschweifte Klammern mal selbst eintippen musst – und irgendwann musst du das bestimmt: Mit `AltGr`+`7` erhältst du die öffnende Klammer, mit `AltGr`+`0` die schließende Klammer.

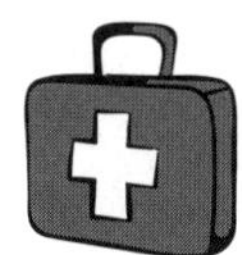

Wie gesagt, so wie ganz oben müsste das Programm eigentlich komplett aussehen. Visual Studio nimmt dir da also einiges an Arbeit ab. Das, was du eintippst, wird dann automatisch in die `Main`-Methode eingefügt.

> Wenn du willst, kannst du dir ja mal das Projekt HALLOX im Downloadpaket anschauen, das bei einem Programmstart dasselbe leistet wie unser Projekt aus Kapitel 1. Das Paket gibt es hier:
>
> 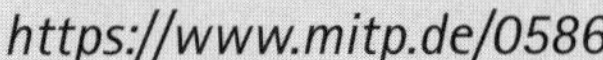
> *https://www.mitp.de/0586*

≫ Und nun starte Visual Studio neu, dann öffne dein letztes Projekt. Das geht u.a. über DATEI und ÖFFNEN, dann wählst du PROJEKT/PROJEKTMAPPE.

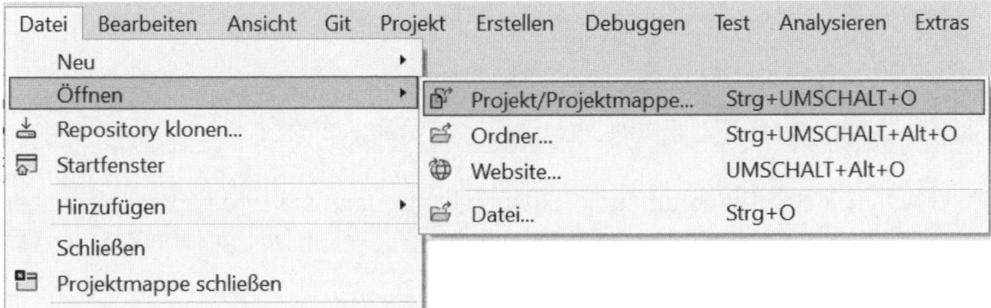

≫ Im Dialogfeld öffnest du den Ordner und klickst dann auf die Datei mit der Kennung SLN.

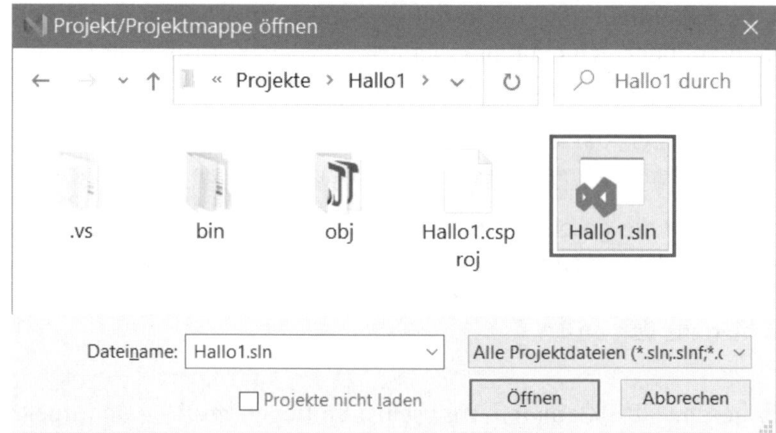

≫ Mit Klick auf ÖFFNEN wird ein Projekt in Visual Studio geladen.

SLN ist hier die Abkürzung für »Solution«, was eigentlich »Lösung« heißt. Hier steht es für die Datei, mit der ein Programm-Projekt gestartet wird.

GUT ODER SCHLECHT?

Nun wollen wir das Hallo-Projekt noch ein wenig erweitern. Ich denke, das Gespräch mit dem PC könnte ruhig noch länger sein! Deshalb bekommst du als angehender Programmierer auch gleich noch ein bisschen mehr zu tun (→ HALLO1):

```
// Mein erstes Projekt
Console.WriteLine("Hallo, wer bist du?");
string Name = Console.ReadLine();
Console.WriteLine(Name + ", wie geht es?");
string Antwort = Console.ReadLine();
Console.WriteLine("Dir geht es also " + Antwort);
```

≫ Erweitere deinen Programmtext entsprechend. Dann starte das Programm über DEBUGGEN/STARTEN OHNE DEBUGGEN oder mit `Strg`+`F5`. Oder du benutzt eins der beiden grünen Dreiecke in der Symbolleiste oben.

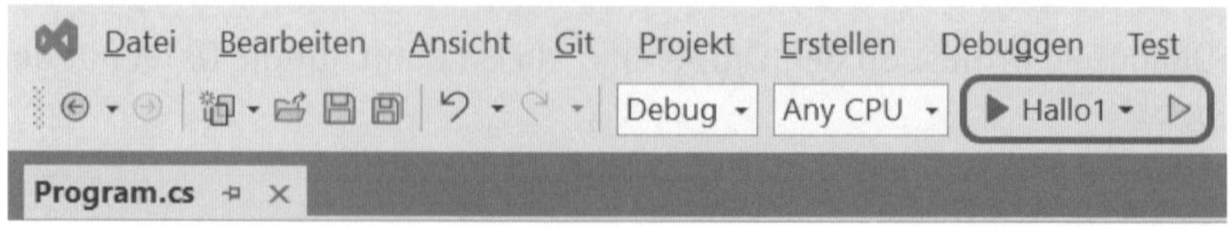

Du kannst sowohl das grün umrandete als auch das grün gefärbte Dreiecks-Symbol benutzen. Das Letztere entspricht der Option DEBUGGEN/DEBUGGEN STARTEN.

Debuggen	Test	Analysieren	Extras	Erweiterungen

Fenster

Debuggen starten	F5
Starten ohne Debuggen	Strg+F5
Codeänderungen übernehmen	Alt+F10
Leistungs-Profiler...	Alt+F2
Leistungs-Profiler neu starten	
An den Prozess anhängen...	Strg+Alt+P
Andere Debugziele	
Einzelschritt	F11
Prozedurschritt	F10
Haltepunkt umschalten	F9
Neuer Haltepunkt	
Alle Haltepunkte löschen	Strg+UMSCHALT+F9
Optionen...	
Projekt1: Debugeigenschaften	

Dann kann es etwas länger dauern, bis das Programm startet, und du befindest dich in einem Modus, in dem du beim Programmlauf genau nach Fehlern suchen kannst, die währenddessen auftreten (das nennt man Debuggen). Mehr dazu findest du im Anhang.

Nun fragt dich dein PC nicht nur nach deinem Namen, sondern es interessiert ihn auch, wie es dir geht. Netter Kerl! (In Wirklichkeit tut dieser dumme Kasten nur genau das, was du ihm vorgetippt und als Programm aufgetischt hast!)

Microsoft Visual Studio-Debugging-Konsole

```
Hallo, wer bist du?
Fritz
Fritz, wie geht es?
gut
Dir geht es also gut

D:\Projekte\Hallo1\bin\Debug\net6.0\Hallo1.exe wurde mit Code "0" beendet.
Drücken Sie eine beliebige Taste, um dieses Fenster zu schließen.
```

Die neue Variable Antwort wurde ebenfalls vom Typ string vereinbart, denn auch das ist eine Zeichenkette.

Es gibt aber eine Besonderheit: Die Typvereinbarung findet erst direkt vor der Benutzung der Variablen statt:

```
string Name    = Console.ReadLine();
string Antwort = Console.ReadLine();
```

Typ Variable = Funktion ;

Das geht also auch und ist hier ganz bequem. Eine andere Möglichkeit sähe so aus:

```
string Name, Antwort;
```

So würden beide Variablen direkt vereinbart, man kann einfach die Namen hintereinander setzen, wenn es um den gleichen Typ geht. Dann lässt man natürlich weiter unten das zweimalige string am Anfang weg:

```
Name    = Console.ReadLine();
Antwort = Console.ReadLine();
```

Wenn du dein Programm nun mehrmals laufen lässt und jeweils verschiedene Antworten eingibst, fällt dir auf, wie eintönig das Gespräch mit dem Computer allmählich wird. Ob du nun »gut« oder »schlecht« als Antwort gibst, dein PC erwidert immer so ziemlich auf die gleiche Art:

```
Dir geht es also gut
Dir geht es also schlecht
```

Er wiederholt also nur, was du gesagt hast. Würdest du antworten: »nur ums Geld« oder einfach irgendwelche Zeichen eintippen, dann könnte seine Reaktion auch so aussehen:

```
Dir geht es also nur ums Geld
Dir geht es also #+*!?qwertz
```

Es wird Zeit, dass wir dem Kerl mal zeigen, wie man richtig auf Antworten wie »gut« oder »schlecht« eingeht! Der Computer soll nicht einfach nur »Dir geht es also ...« sagen, sondern sich nach unserer Antwort richten. Also könnte seine Reaktion z.B. so aussehen:

Wenn Antwort =	Dann schreib:
"gut"	"Das freut mich!"
"schlecht"	"Das tut mir leid!"

DIE IF-STRUKTUR

Wie aber bringen wir das dem Computer bei? Die Wörter »wenn« und »dann« müsste es doch in C# geben. Übersetzen wir sie einfach mal ins Englische:

```
if (Antwort == "gut")
  Console.WriteLine("Das freut mich!");
if (Antwort == "schlecht")
  Console.WriteLine("Das tut mir leid!");
```

Nun wird der Inhalt von `Antwort` mit dem Text »gut« bzw. »schlecht« verglichen. Passt er, gibt es auch die passende Antwort vom Computer.

Vielleicht kennst du von einer anderen Programmiersprache das Wörtchen `then` (für »dann«)? In C# hat man darauf verzichtet, weil die Struktur auch so eindeutig ist. Es gibt aber Programmiersprachen wie z.B. Basic, in denen zu jedem `if` auch ein `then` gehört.

> Bevor wir uns das genauer anschauen, setze diese Zeilen in deinem Programm unter die bisherigen. Dann starte es mehrmals, gib die zwei verschiedenen Antworten und probiere aus, ob dein PC auch passend reagiert.

```
Microsoft Visual Studio-Debugging-Konsole
Hallo, wer bist du?
Fritz
Fritz, wie geht es?
gut
Das freut mich!
```

```
Microsoft Visual Studio-Debugging-Konsole
Hallo, wer bist du?
Franz
Franz, wie geht es?
schlecht
Das tut mir leid!
```

Und das ist der gesamte Quelltext (→ HALLO2):

```
// Mein erstes Projekt
Console.WriteLine("Hallo, wer bist du?");
string Name = Console.ReadLine();
Console.WriteLine(Name + ", wie geht es?");
string Antwort = Console.ReadLine();
```

```
if (Antwort == "gut")
    Console.WriteLine("Das freut mich!");
if (Antwort == "schlecht")
    Console.WriteLine("Das tut mir leid!");
```

Warum gibt es hier ein doppeltes Gleichheitszeichen (==)? Das einfache (=) hast du kennengelernt, um Ergebnisse einer Methode an eine Variable zuzuweisen. Man spricht dabei von einem **Zuweisungsoperator**.

Es scheint aber **nicht** zu funktionieren, wenn man dieses Zeichen einsetzt, um Werte zu vergleichen. Denn dann gibt es für Visual Studio was zu meckern:

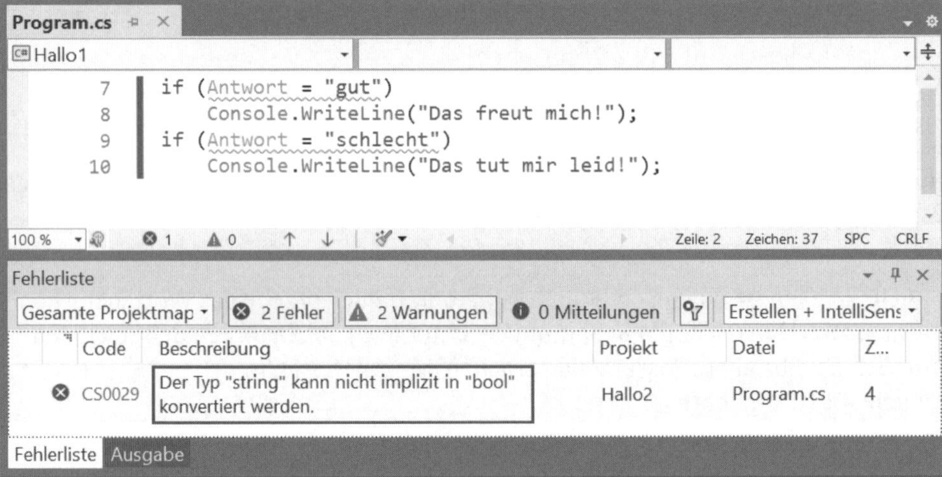

Auch hier ist für die Fehlermeldung wieder eine Übersetzung ins Verständliche nötig. Der Ausdruck, der dort jeweils hinter dem `if` (zu dem ich weiter unten komme) steht, hat auch einen Typ – wie `string`. Nur ist dieser Vergleich etwas, das entweder wahr oder falsch sein kann, und diesen Typ nennt man `bool`.

Da ein einzelnes Gleichheitszeichen eine Zuweisung bedeutet, ist das hier also fehl am Platz, das doppelte Gleichheitszeichen dagegen ist ein **Vergleichsoperator** und bedeutet »gleich«. Womit man die beiden Ausdrücke in Klammern also so aussprechen könnte und sollte:

```
Antwort gleich "gut"
Antwort gleich "schlecht"
```

Nehmen wir jetzt die Struktur, die wir hier zum Vergleichen eingesetzt haben, genauer unter die Lupe:

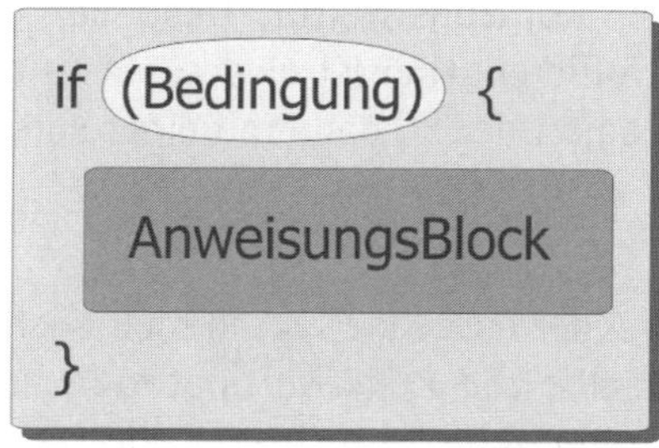

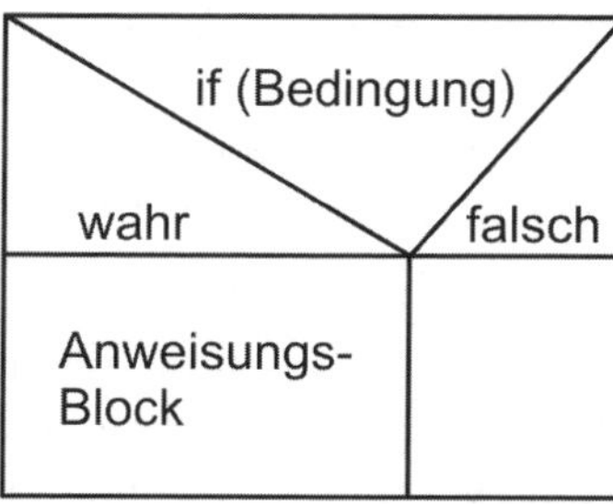

Zu Deutsch heißt das:

WENN eine bestimmte Bedingung erfüllt ist,

dann soll der Computer einen Anweisungsblock ausführen.

Die **Bedingung**, das ist hier z.B.:

```
(Antwort == "gut")
```

oder

```
(Antwort == "schlecht")
```

Eine Bedingung hinter `if` muss grundsätzlich in runden Klammern stehen!

Im **Anweisungsblock** finden sich die zugehörigen Anweisungen, in diesem Fall jeweils nur eine, z.B.:

```
Console.WriteLine("Das freut mich!");
```

oder

```
Console.WriteLine("Das tut mir leid!");
```

Weil in einem **Anweisungsblock** auch **mehrere** Anweisungen stehen können, müssen die dann in Klammern zusammengefasst werden. Und zwar nicht in runden, sondern in geschweiften.

Immerhin könnte es ja sein, dass der Computer eine ganze Kette von Aktionen durchführen soll. Dann genügt eine einzige Anweisung sowieso nicht. Ein kleines Beispiel für mehrere Anweisungen:

```
if (Antwort == "blabla")
{
  Console.WriteLine("Das verstehe ich nicht.");
  Console.WriteLine("Willst du nicht antworten?");
}
```

Noch größere Blöcke mit mehreren Anweisungen lernst du später kennen.

Das Ganze nennt man `if`-Struktur oder **Kontrollstruktur**. Denn der Computer bekommt die Anweisung, etwas zu kontrollieren. Hier ist es das, was als `Antwort` eingegeben wird. Und davon abhängig reagiert der PC dann mit einer entsprechenden Anzeige im Konsolenfenster.

Allerdings nur, wenn in unserem Beispiel der passende Text in Kleinbuchstaben eingegeben wurde. »Gut« ist nicht dasselbe wie »gut«. Vertippt man sich oder gibt irgendetwas anderes ein, dann tut der Computer nichts: Er überspringt den Anweisungsblock, weil die Bedingung nicht erfüllt wurde.

STRINGS ODER ZAHLEN?

Lassen wir das Hallo-Projekt jetzt in Ruhe und fangen wir etwas ganz Neues an. Dein PC soll jetzt beweisen, dass er mindestens das kann, was ein Taschenrechner oder die Rechner-App auf deinem Smartphone schon lange bringt. Und du tust einfach nur das, was dein Mathelehrer mit dir gemacht hat: Du lässt rechnen, und zwar den Computer.

> Erstelle ein neues Projekt und nenne es z.B. »Mathe1«.

Hier steht noch einmal, wie das geht:

- Klicke auf DATEI und NEU und auf PROJEKT.
- Klicke im Dialogfeld auf KONSOLEN-APP und dann auf WEITER.

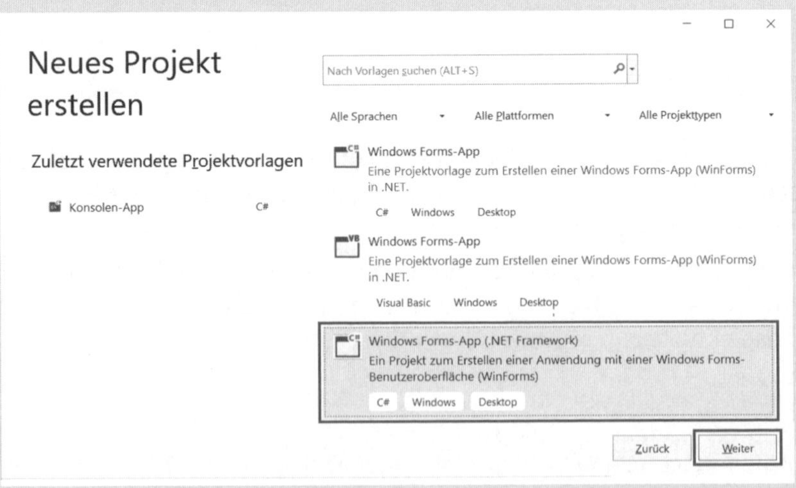

- Gib den neuen Namen ein und klicke noch einmal auf WEITER.
- Klicke im letzten Dialogfeld auf ERSTELLEN.

⋙ Lösche diesmal beide Quelltext-Zeilen. Dann gib die folgenden Zeilen neu ein. (Den Kommentar kannst du auch durch einen eigenen ersetzen.)

```
// Mathe
Console.WriteLine("Gib eine Zahl ein:");
string Eingabe1 = Console.ReadLine();
Console.WriteLine("Und jetzt noch eine Zahl:");
string Eingabe2 = Console.ReadLine();
```

Wir brauchen hier erst einmal zwei Strings, denn `ReadLine()` akzeptiert nur Zeichenketten. Weil aber Ziffern von Zahlen auch Zeichen sind, gibt es keine Probleme bei der Eingabe. Allerdings kann man mit Strings nicht rechnen, also ist eine Umwandlung in Zahlen nötig:

Dazu vereinbaren wir zwei weitere Variablen `Zahl1` und `Zahl2`, diesmal als `int`. Das ist die Abkürzung für »Integer« und bedeutet »Ganze Zahl«.

Nun geht es darum, den Inhalt der Strings (der hier natürlich aus Ziffern bestehen muss!) in zwei Zahlen umzuwandeln. Und das erledigen diese beiden Zeilen:

```
int Zahl1 = int.Parse(Eingabe1);
int Zahl2 = int.Parse(Eingabe2);
```

Die Umwandlung von Ziffern einer Zeichenkette in eine ganze Zahl übernimmt die Funktion `int.Parse()` (»parse« heißt auf Deutsch so viel wie »zerlegen, analysieren«).

Sicher ist dir aufgefallen, dass es da immer wieder Punkte (`.`) direkt vor einer Methode gibt. Weil die Methoden `WriteLine()` und `ReadLine()` ebenso wie `Parse()` immer zu einer Klasse gehören (die in der Regel auch noch über andere Methoden verfügt), ist der Punkt eine Art »Klebstoff« zwischen Klasse und Methode.

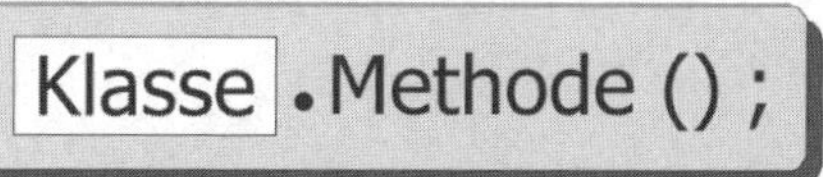

Der elegantere Begriff dafür ist **Verknüpfungs-** oder **Zugriffsoperator.** (Auf das Thema »Klasse« komme ich in einem späteren Kapitel ausführlicher zu sprechen.)

Eine zusätzliche `Write`-Anweisung sorgt dafür, dass die Summe der beiden Zahlen angezeigt wird:

```
Console.WriteLine("Summe: " + (Zahl1+Zahl2));
```

Interessant ist dabei die Verwendung des Pluszeichens: Einmal dient es dazu, zwei Elemente zu verketten, und dann tut es das, was du auch vom Matheunterricht kennst: zwei Zahlen zusammenzählen bzw. addieren.

Und damit der Computer weiß, wann er was zu tun hat, sind `Zahl1` und `Zahl2` durch eine Extra-Klammerung vom Text getrennt.

Es gibt noch eine andere Möglichkeit für die `Write`-Anweisung in C#:

```
Console.WriteLine($"Summe: {Zahl1 + Zahl2}");
```

Dabei wird dem gesamten anzuzeigenden Text ein Dollarzeichen ($) vorangestellt, und die Berechnung der Summe wird in geschweifte Klammern gefasst. Damit würde man sich das Verkettungs-Plus ersparen.

≫ Starte das Programm und teste es mit verschiedenen Zahleingaben.

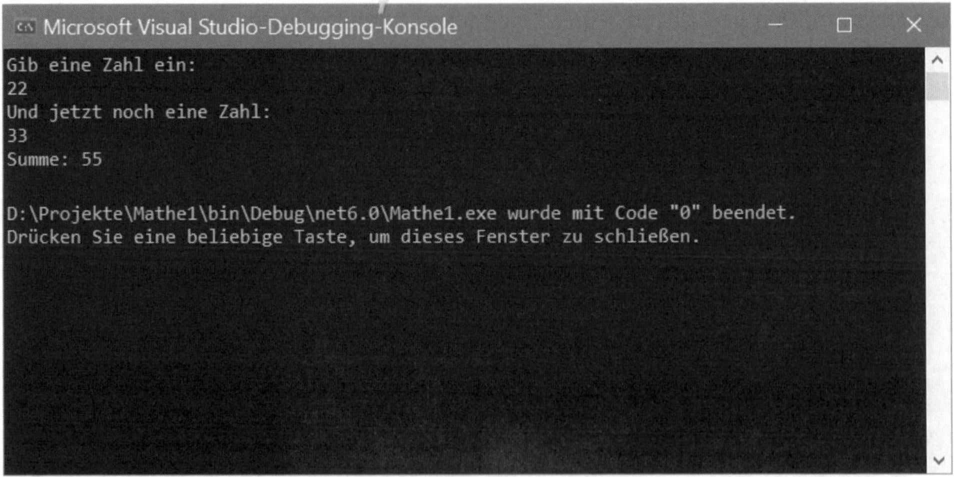

Solltest du an einer Stelle z.B. einen Buchstaben oder eine Dezimalzahl eingeben, so gibt es eine Fehlermeldung:

Sieht doch irgendwie besser aus, oder? Doch nun geht es darum, alle vier Rechenarten in unser Mathe-Projekt einzubeziehen. Machen wir uns ans Werk (→ MATHE2):

```
// Mathe
int Ergebnis = 0;
Console.Write("Gib eine Zahl ein: ");
string Eingabe1 = Console.ReadLine();
Console.Write("Und jetzt noch eine Zahl: ");
string Eingabe2 = Console.ReadLine();
Console.Write("Dann den Operator: ");
string Operator = Console.ReadLine();
int Zahl1 = int.Parse(Eingabe1);
int Zahl2 = int.Parse(Eingabe2);
if (Operator == "+") Ergebnis = Zahl1 + Zahl2;
if (Operator == "-") Ergebnis = Zahl1 - Zahl2;
if (Operator == "*") Ergebnis = Zahl1 * Zahl2;
if (Operator == "/") Ergebnis = Zahl1 / Zahl2;
Console.WriteLine("Ergebnis: " + Ergebnis);
```

Zuerst gibt es eine neue Zahl-Variable, die das Ergebnis der Berechnung aufnimmt. Die wird beim Start auf null gesetzt:

```
int Ergebnis = 0;
```

Dann wurde die Eingabe erweitert, die neue String-Variable heißt `Operator` (wobei sie hier nur für ein einzelnes Zeichen dient). Dann wird in insgesamt vier Schritten abgetestet, welches Zeichen für die Rechenart eingegeben wurde:

```
if (Operator == "+") Ergebnis = Zahl1 + Zahl2;
if (Operator == "-") Ergebnis = Zahl1 - Zahl2;
if (Operator == "*") Ergebnis = Zahl1 * Zahl2;
if (Operator == "/") Ergebnis = Zahl1 / Zahl2;
```

Es stehen in C# alle vier Grundrechenarten zur Verfügung, jedoch unterscheiden sich einige Rechenzeichen von denen, die du aus dem Matheunterricht oder vom Taschenrechner kennst:

	Mathematik	Taschenrechner	Computer
Addition	+	+	+
Subtraktion	–	–	–
Multiplikation	•	X	*
Division	:	÷	/

Und endlich wird der Plus-Operator wieder mal zum Rechnen eingesetzt – und nicht zum Verketten von Strings. Hier zeigt sich nochmals eindeutig, wie eine Zuweisung auszusehen hat:

Rechts steht die Rechenformel, z.B.

```
Zahl1 + Zahl2
```

Und **links** sitzt die Variable, die den Wert aufnehmen soll, der bei der Berechnung herausgekommen ist:

```
Ergebnis
```

Umgekehrt aber funktioniert es nicht! Eine Zuweisung muss immer so aussehen:

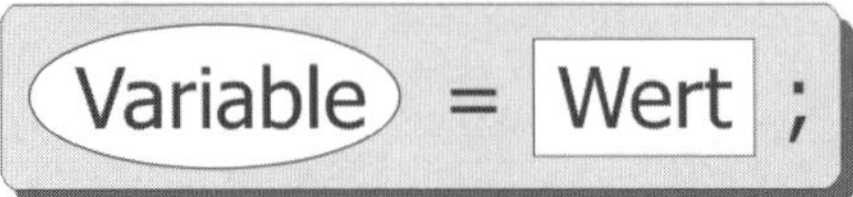

Ehe wir auf die Ausgabe des Ergebnisses kommen, möchte ich noch einmal auf die Vereinbarung der Variablen `Ergebnis` ganz am Anfang des Programms kommen. Eine Möglichkeit wie diese funktioniert nämlich nicht:

```
if (Operator == "+") int Ergebnis = Zahl1 + Zahl2;
```

Mal abgesehen davon dürften wir in den folgenden Zeilen den Zusatz von `int` nicht wiederholen, denn das wäre ja so, als würden wir dieselbe Variable mehrmals vereinbaren! Deshalb tun wir das **einmal** ganz zu Anfang des Programms – mit einem Startwert:

```
int Ergebnis = 0;
```

> Und nun erweitere dein Mathe-Projekt um die obigen Zeilen und starte dann das Programm. (Was fällt dir nach einigem Experimentieren auf?)

DIE IF-ELSE-STRUKTUR

Ist einmal zufällig die zweite Zahl eine Null, geht die Division schief, denn durch null darf ja bekanntlich nicht geteilt werden.

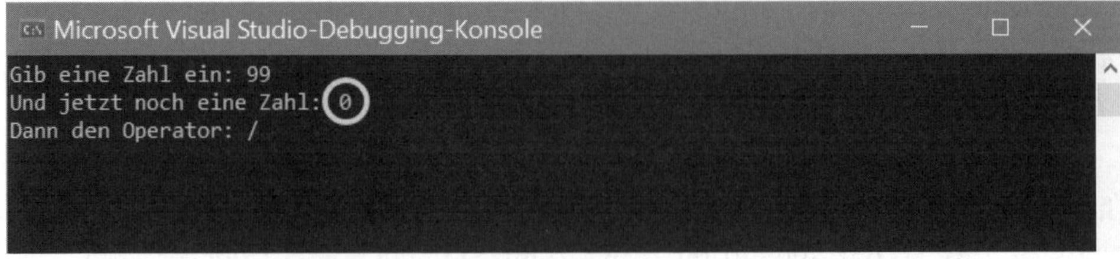

Dann stoppt das Programm und es erscheint eine entsprechende Meldung.

Und wieder eine Exception, also eine Art »Ausnahmefehler«. Mit einem Klick auf WEITER wird das Programm beendet und du kannst das Konsolenfenster wieder schließen.

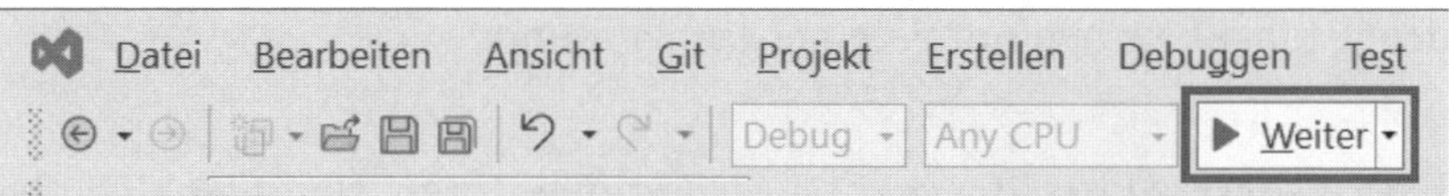

Unser Problem mit der 0 als zweite Zahl lässt sich einfacher lösen, als du vielleicht vermutest (→ MATHE2A):

```
if (Operator == "/")
  if (Zahl2 != 0) Ergebnis = Zahl1 / Zahl2;
  else Console.WriteLine("Division durch null");
```

Wir setzen die `if`-Struktur einfach ein weiteres Mal ein. Nur wenn der Teiler **ungleich** null ist, soll dividiert werden. Genau dieses bedeutet die Zeichenkombination `!=`, die also das Gegenteil von `==` ist.

Neu ist hier auch das `else` (englisch für »sonst«), das unsere Kontrollstruktur erweitert:

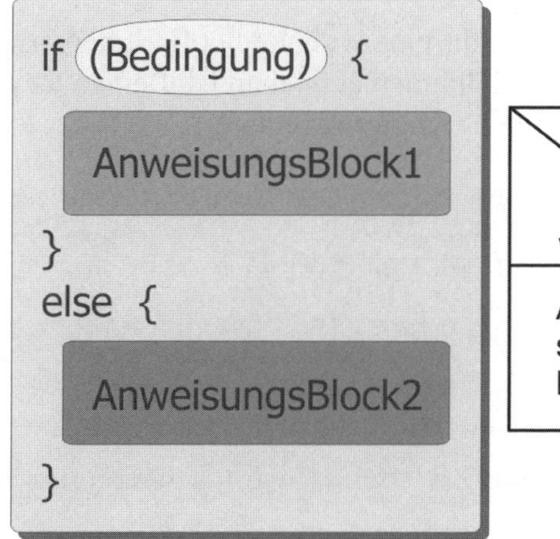

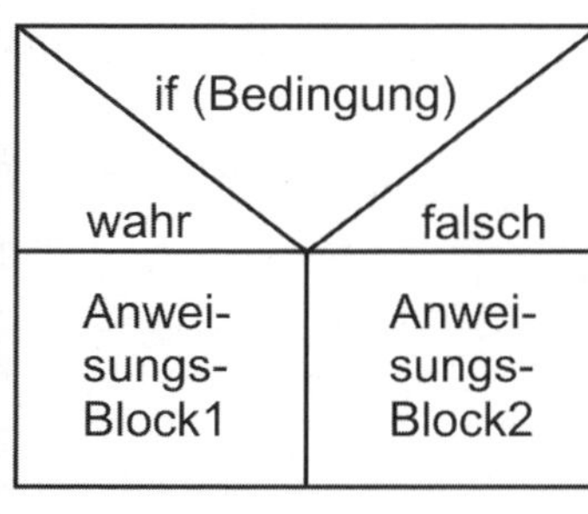

Das heißt dann zu Deutsch so viel:

WENN eine bestimmte Bedingung erfüllt ist,

dann soll der Computer einen Anweisungsblock ausführen.

WENN sie **nicht** erfüllt ist (= SONST),

dann soll der Computer einen **anderen** Anweisungsblock ausführen.

Die zweite Bedingung wäre genau das Gegenteil der ersten, statt `if (Zahl2 != 0)` steht hier also einfach das Wörtchen `else`.

In C# muss die `if`-Anweisung immer mit einem Semikolon abschließen. Und mit dem `else`-Block beginnt eine neue Anweisung.

Inzwischen kennst du bereits zwei **Vergleichsoperatoren**. Und hier sind alle komplett auf einen Blick:

Operator	Bedeutung	Operator	Bedeutung
==	gleich	!=	ungleich
<	kleiner	>=	größer oder gleich
>	größer	<=	kleiner oder gleich

Dabei steht links jeweils das Gegenteil von rechts.

ZUSAMMENFASSUNG

Das war's erst mal wieder. Doch ehe du dir eine wohlverdiente Ruhepause gönnst, wollen wir sehen, was von alledem noch hängen geblieben ist. Deinen C#-Horizont hast du auf jeden Fall wieder um einiges erweitern können:

`int`	Datentyp: Ganze Zahl
`bool`	Datentyp: »Wahr-Falsch«, Wahrheitswert
`if`	WENN eine Bedingung erfüllt ist, führe einen Anweisungsblock aus
`else`	SONST führe einen anderen Anweisungsblock aus
`=`	Einer Variablen etwas zuweisen (nur zur Erinnerung)
`+ - * /`	Operatoren für Grundrechenarten

!=	Testen, ob ungleich
<	Testen, ob kleiner
<=	Testen, ob kleiner oder gleich
>	Testen, ob größer
>=	Testen, ob größer oder gleich
. (Punkt)	Verknüpfungs- oder Zugriffsoperator für die Verbindung u.a. von Klassen, Objekten und Methoden
`int.Parse()`	Hier: String in Ganzzahl umwandeln

EIN PAAR FRAGEN ...

1. Wie macht man aus einem String mit Ziffern eine Zahl?
2. Was ist der Unterschied zwischen »=« und »==«?
3. Wie lässt sich dieses Programmstück vereinfachen:

```
if (Zahl == 0) Console.WriteLine("Kein Kehrwert");
if (Zahl != 0) Console.WriteLine(1/Zahl);
```

... UND EINE AUFGABE

1. Schreibe ein Programm, das nach einem Kennwort (Password) fragt. Ist das eingegebene Wort richtig, erscheint eine Meldung »Alles OK«, ansonsten »Zugriff verweigert« – oder jeweils ein Text deiner Wahl.

3 ZENSUREN UND ZAHLENRATEN: BEDINGUNGEN

Und weiter geht es mit Mathe. Zuerst bleiben wir noch beim kleinen »Taschenrechner«, dann geht es um Zeugnisse. Die sind nicht für jeden etwas Hässliches, es kommt einfach drauf an, was drinsteht. Wenn du zu viele Fünfen oder gar Sechsen hast, bist du wahrscheinlich recht unzufrieden. Besser wären Zweien und Dreien und vielleicht auch mal eine Eins. Hier bestimmst du mit einem Zensur-Programm die Noten selbst. Und anschließend gibt's ein kleines Spiel.

In diesem Kapitel lernst du

- den Typ `float` kennen
- wie man Projekte kopieren kann
- wie man Fehler über `try` und `catch` abfangen kann
- wie man Bedingungen verknüpft
- die Verwendung von `switch` und `case` kennen
- mit `while` eine neue Struktur für Schleifen kennen

VON INT ZU FLOAT

Ich möchte als Erstes das Mathe-Projekt aus dem letzten Kapitel so erweitern, dass es auch mit Dezimalzahlen umgehen kann. Denn bei einer Division erhalten wir bisher als Ergebnis immerzu nur eine ganze Zahl. Dazu ersetzen wir im gesamten Programmtext den Typ `int` durch `float`.

Damit werden Zahlen vereinbart, die ein Komma und Dezimalstellen haben können. In vielen Programmiersprachen arbeitet der Computer mit einem **Punkt**, während in der Mathematik ja das **Komma** üblich ist. Da musst du dich in C# nicht umgewöhnen.

`float` umfasst natürlich auch die ganzen Zahlen. Der Unterschied zu `int` besteht darin, dass dein PC mit Zahlen, die keine Ganzzahlen sind, umständlicher rechnen muss, weil er ein eigenes Zahlensystem verwendet.

≫ Ändere den Quelltext deines Projekts entsprechend um (→ MATHE3):

```
// Mathe
float Ergebnis = 0;
Console.Write("Gib eine Zahl ein: ");
string Eingabe1 = Console.ReadLine();
Console.Write("Und jetzt noch eine Zahl: ");
string Eingabe2 = Console.ReadLine();
Console.Write("Dann den Operator: ");
string Operator = Console.ReadLine();
float Zahl1 = float.Parse(Eingabe1);
float Zahl2 = float.Parse(Eingabe2);
if (Operator == "+") Ergebnis = Zahl1 + Zahl2;
if (Operator == "-") Ergebnis = Zahl1 - Zahl2;
if (Operator == "*") Ergebnis = Zahl1 * Zahl2;
if (Operator == "/") Ergebnis = Zahl1 / Zahl2;
Console.WriteLine("Ergebnis: " + Ergebnis);
```

Wenn du genau hinschaust, siehst du, dass natürlich auch die Umwandlungsmethode eine andere ist:

```
float Zahl1 = float.Parse(Eingabe1);
float Zahl2 = float.Parse(Eingabe2);
```

Hier sorgt die Methode `float.Parse()` dafür, dass aus einem String eine »Kommazahl« oder besser Dezimalzahl wird (`int.Parse()` für ganze Zahlen kennst du ja schon). Voraussetzung ist natürlich auch hier, dass die Zeichen des Strings sich umwandeln lassen.

An dieser Stelle möchte ich mal etwas zum Thema **Projekt-Kopie** sagen, ich meine das Kopieren eines C#-Projekts, um daraus ein neues zu machen. Das bietet Visual Studio so direkt nicht an. Es ist aber nun mal angenehmer, nicht ständig einen Quelltext für ein neues Projekt neu schreiben zu müssen, wenn es ein altes Projekt gibt, in dem schon viel von diesem Quelltext steckt.

Für das Erstellen einer Projekt-Kopie bin ich diesen Weg gegangen – hier für das Projekt MATHE2, weil ich ein neues Projekt MATHE3 haben will:

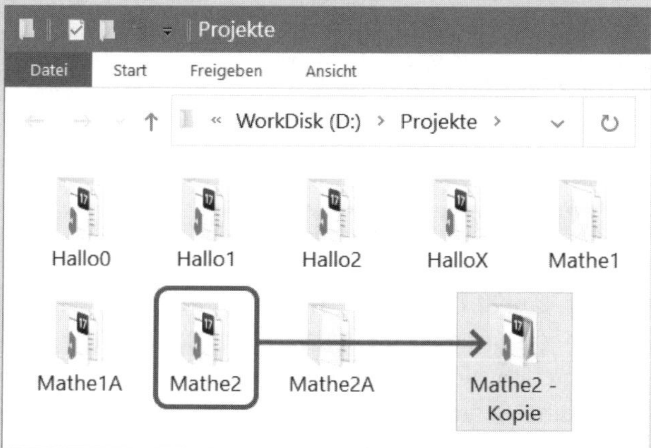

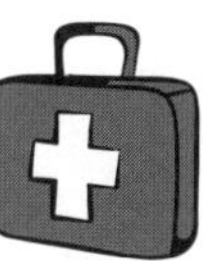

Zuerst kopiere ich den Ordner: Markieren, Strg + C, dann Strg + V.

Im nächsten Schritt nenne ich den kopierten Ordner um: F2, neuen Namen eintippen.

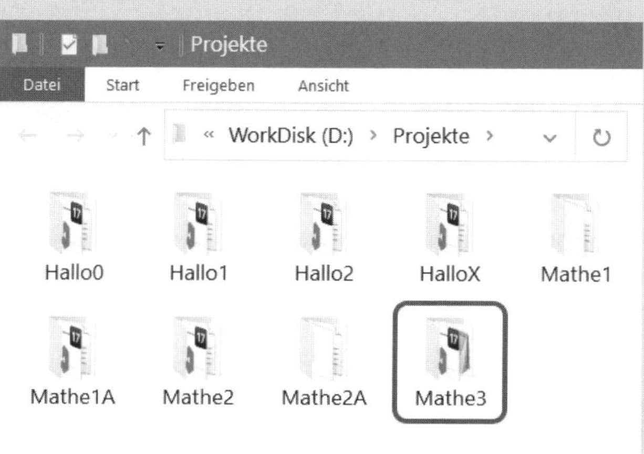

Beim nächsten Start von Visual Studio öffne ich dann diesen Projekt-Ordner

(z.B. über DATEI – ÖFFNEN – PROJEKT/PROJEKTMAPPE).

Nun benenne ich im PROJEKTMAPPEN-EXPLORER rechts den Projektnamen um: F2, neuen Namen eintippen, der mit dem Ordnernamen übereinstimmen muss. Das mache ich insgesamt zweimal.

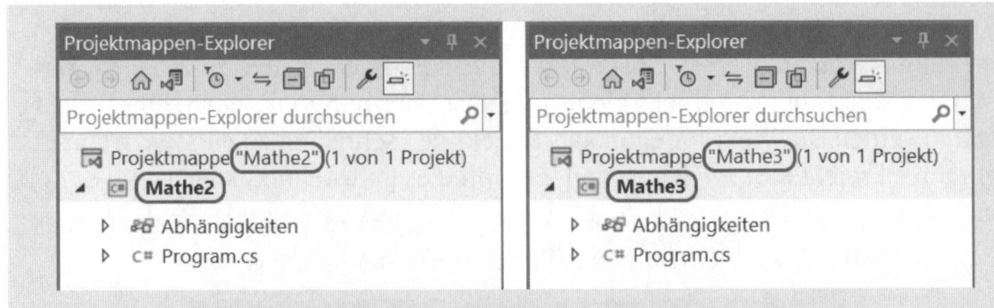

Das war's schon. Nun musst du nur noch im Programmfenster den Quelltext für das neue Projekt anpassen.

DIE SACHE MIT TRY UND CATCH

Du als Programmierer kannst der Person, die dein Programm benutzt, nicht auf die Finger sehen. Es kann ja sein, dass da aus Versehen mal statt einer Zahl ein Buchstabe oder ein Satzzeichen eingetippt wird. Besser wäre es, bereits im Programm einen Mechanismus einzusetzen, der es ermöglicht, auf solche Pannen zu reagieren.

Dann würden bestimmte Anweisungen sozusagen nur versuchsweise ausgeführt. Wenn das klappt, ist es gut. Wenn nicht, dann wird eine Aktion zur Fehlerbehandlung gestartet, die du selbst bestimmst. Und einen solchen Mechanismus für Exceptions gibt es in C#.

Falls du dich nicht mehr erinnerst: Exceptions sind Ausnahmefehler, die immer mal wieder auftreten können.

Für das folgende Beispiel brauchst du eine Kopie des vorigen Mathe-Projekts, die du entsprechend umbenennen musst. Schauen wir uns den erweiterten Quelltext näher an (→ MATHE4):

```
// Mathe
float Ergebnis = 0;
string Text = "Ergebnis: ";
try
{
  Console.Write("Gib eine Zahl ein: ");
  string Eingabe1 = Console.ReadLine();
  Console.Write("Und jetzt noch eine Zahl: ");
  string Eingabe2 = Console.ReadLine();
  Console.Write("Dann den Operator: ");
  string Operator = Console.ReadLine();
```

```
    float Zahl1 = float.Parse(Eingabe1);
    float Zahl2 = float.Parse(Eingabe2);
    if (Operator == "+") Ergebnis = Zahl1 + Zahl2;
    if (Operator == "-") Ergebnis = Zahl1 - Zahl2;
    if (Operator == "*") Ergebnis = Zahl1 * Zahl2;
    if (Operator == "/") Ergebnis = Zahl1 / Zahl2;
    if (Operator == "/")
      if (Zahl2 != 0) Ergebnis = Zahl1 / Zahl2;
      else Text = "Division durch null";
}
catch
{
      Text = "Irgendwas stimmt nicht!";
}
if (Text == "Ergebnis: ") Text = Text + Ergebnis;
Console.WriteLine(Text);
```

Es lohnt sich, das Pärchen aus `try` und `catch` einmal näher zu begutachten. Auch hier kann man von einer Kontrollstruktur sprechen:

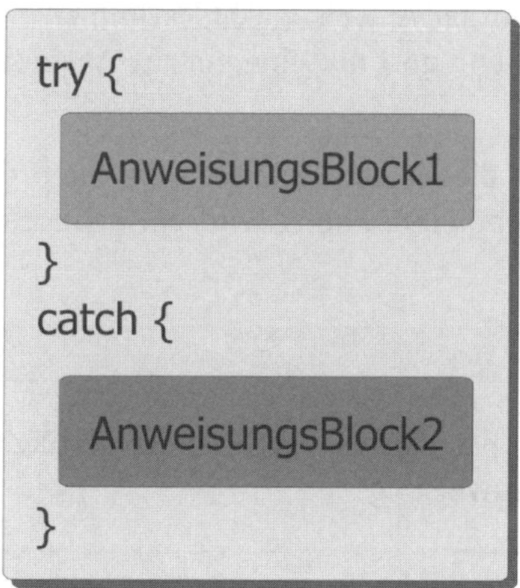

Zu Deutsch heißt das etwa so viel:

VERSUCH erst mal, den ersten Anweisungsblock auszuführen,

bei einem Fehler FANG diesen ab und führe den zweiten Anweisungsblock aus.

Zum Anweisungsblock für `try` gehören alle (bisherigen) Anweisungen des Projekts außer der letzten für die Anzeigebox, eingefasst in **geschweifte** Klammern.

```
try
{
  // hier stehen alle Anweisungen,
  // die "versuchsweise" ausgeführt werden sollen
}
```

Der Anweisungsblock für catch umfasst dann die Anweisungen, die ersatzweise ausgeführt werden sollen:

```
catch
{
  // hier stehen alle Anweisungen,
  // die einen Fehler auswerten
  // oder auf ihn hinweisen sollen
}
```

catch kann auch einen Parameter übernehmen, und zwar den Fehlertyp, der auftreten kann:

```
// "beliebiger" Fehler
catch (Exception x)
// Fehler bei einer Typumwandlung
catch (InvalidCastException x)
```

Bei try und catch wird der Anweisungsblock **immer** mit geschweiften Klammern versehen, auch wenn dort nur **eine** einzige Anweisung steht!

Wie du siehst, habe ich die Gelegenheit genutzt, auch gleich passender auf die Division durch null zu reagieren. Zuerst wird ein neuer String vereinbart und mit dem Standardtext gefüllt:

```
string Text = "Ergebnis: ";
```

Im Normalfall bleibt es bei diesem Text, bei einem Divisionsversuch durch null jedoch gibt es eine Neuzuweisung:

```
Text = "Division durch null";
```

Dies gilt auch für den Fall, dass eine Eingabe sich nicht als Zahl auswerten lässt:

```
Text = "Irgendwas stimmt nicht!";
```

Und nur, wenn der Inhalt der Variablen Text noch der alte ist, wird zusätzlich das Rechenergebnis angezeigt:

```
if (Text == "Ergebnis: ") Text = Text + Ergebnis;
Console.WriteLine(Text);
```

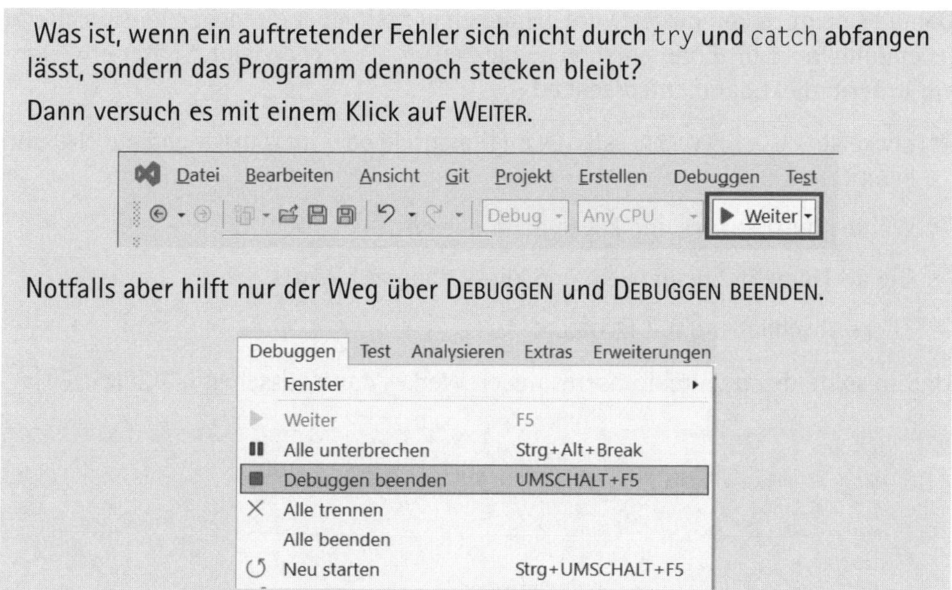

Was ist, wenn ein auftretender Fehler sich nicht durch `try` und `catch` abfangen lässt, sondern das Programm dennoch stecken bleibt?

Dann versuch es mit einem Klick auf WEITER.

Notfalls aber hilft nur der Weg über DEBUGGEN und DEBUGGEN BEENDEN.

≫ Speichere dein Projekt über DATEI und ALLES SPEICHERN. Dann schließe diese Projektmappe. Das geht auch über das DATEI-Menü mit der gleichnamigen Option.

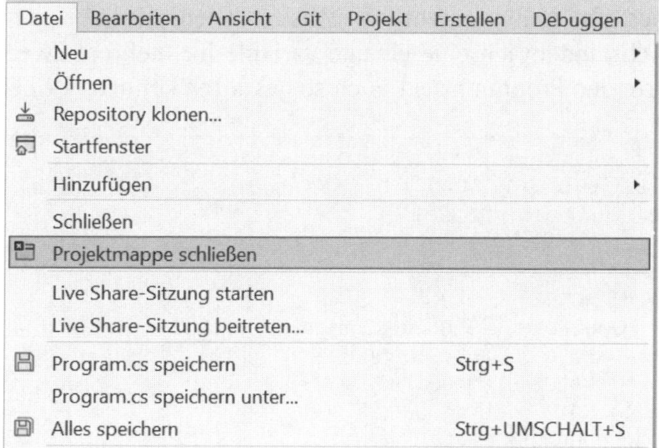

VON 1 BIS 6

Und nun erwartet dich dein drittes C#-Werk – nach dem Hallo- und dem Mathe-Projekt. Das Programm, das wir jetzt erstellen, soll dir eine Zensur ausgeben, wenn du die Punkte eingibst, die du z.B. in einem schriftlichen Test erreicht hast. Natürlich ist auch Mogeln erlaubt.

Damit es nicht zu kompliziert wird, beginnen wir mit einer einfachen Version, die zu jeder Zahl von 1 bis 6 die entsprechende Zensur als Text anzeigt. Später erweitern wir unser Projekt dann entsprechend.

- Klicke auf NEUES PROJEKT ERSTELLEN im Dialogfeld oder im DATEI-Menü auf NEU und PROJEKT.
- Wähle KONSOLEN-APP und klicke dann auf WEITER.
- Gib als Namen »Zensur1« ein und klicke dann auf WEITER.
- Klicke abschließend auf ERSTELLEN.

Und so sollte der Quelltext unseres neuen Werkes dann aussehen (→ ZENSUR1):

```
// Zensur
Console.Write("Gib eine Note von 1 bis 6 ein: ");
string Note = Console.ReadLine();
if (Note == "1") Note = "Sehr gut";
if (Note == "2") Note = "Gut";
if (Note == "3") Note = "Befriedigend";
if (Note == "4") Note = "Ausreichend";
if (Note == "5") Note = "Mangelhaft";
if (Note == "6") Note = "Ungenügend";
Console. WriteLine(Note);
```

Allzu viel Neues gibt es hier eigentlich nicht zu sehen. Ich habe es mir hier etwas bequem gemacht, indem ich eine einzige Variable für mehrere Zwecke eingesetzt habe. Man hätte den Programmtext auch so gestalten können (→ ZENSUR1A):

```
// Zensur
Console.Write("Gib eine Note von 1 bis 6 ein: ");
string Note = Console.ReadLine();
int Wert = int.Parse(Note);
if (Wert == 1) Note = "Sehr gut";
if (Wert == 2) Note = "Gut";
if (Wert == 3) Note = "Befriedigend";
if (Wert == 4) Note = "Ausreichend";
if (Wert == 5) Note = "Mangelhaft";
if (Wert == 6) Note = "Ungenügend";
Console.WriteLine(Note);
```

Hier wird jetzt erst eine Zahl für die Vergleiche erzeugt. Ansonsten leistet dieses Programm das Gleiche wie das obige.

- Gib den Quelltext von einer Version ein, dann starte das Programm und teste es.

VON FALL ZU FALL

So ein ständiges `if` kann schon mal lästig werden, wenn es zu oft vorkommt. Aber es gibt in C# eine interessante Alternative, die du dir anschauen solltest (→ ZENSUR2):

```
// Zensur
Console.Write("Gib eine Note von 1 bis 6 ein: ");
string Note = Console.ReadLine();
int Wert = int.Parse(Note);
switch (Wert)
{
  case 1: Note = "Sehr gut"; break;
  case 2: Note = "Gut"; break;
  case 3: Note = "Befriedigend"; break;
  case 4: Note = "Ausreichend"; break;
  case 5: Note = "Mangelhaft"; break;
  case 6: Note = "Ungenügend"; break;
}
Console.WriteLine(Note);
```

Das Ganze sieht aus wie eine Aufzählung. Eingeleitet wird sie durch das Wort `switch`, und jedem Anweisungsblock geht ein `case` voraus. Und am Ende einer Zeile steht jeweils ein `break`. Wichtig ist, dass alles in **geschweifte** Klammern eingeschlossen wird.

Diese Struktur ist auch wieder eine **Kontrollstruktur**. Man spricht bei der `switch`-Struktur auch von **Fallunterscheidung** oder nennt sie ebenso wie die `if`-Struktur Verzweigung.

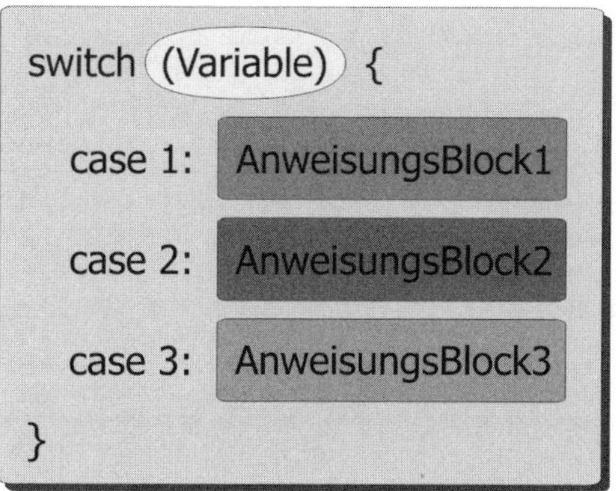

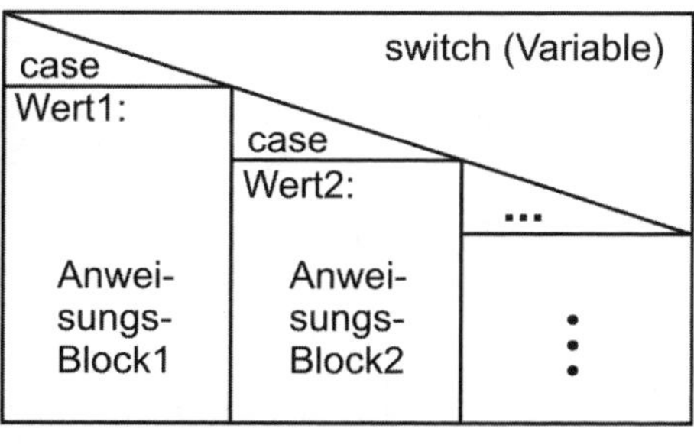

`switch` ist der Schalter, der eine Variable übernimmt. Und je nach Fall (`case`) wird zur entsprechenden Anweisung verzweigt.

Doch wozu dient das break? Darauf komme ich schon bald. Schauen wir uns erst die switch-Struktur genauer an. Das, was hier ausgewertet wird, ist die Ganzzahl Wert:

```
switch (Wert)
```

Erlaubt sind auch andere Datentypen wie Strings oder Dezimalzahlen. Bei anderen Programmiersprachen wie z.B. Java und C dürfen nur einfache Typen wie ganze Zahlen verwendet werden. Ein Beispiel siehst du im Projekt HALLO2A, wo ich auch switch statt if verwendet habe.

Es folgt die Liste aller Zahlen, die für die Auswertung infrage kommen, jeweils eingeleitet mit case und vom zugehörigen **Anweisungsblock** durch einen Doppelpunkt (:) getrennt.

Auch hier könnten mehrere Anweisungen stehen, die müssen dann ebenfalls mit geschweiften Klammern eingefasst werden.

≫ Ändere das Programm entsprechend, indem du die if-Struktur durch die switch-Struktur ersetzt. Dann lasse das Ganze laufen.

Und es passiert das Gleiche wie vorher.

Kommen wir zum break, was öffenbar so viel heißt wie »abbrechen«. Was soll das? Lass es weg und schau dir die Fehlermeldungen an.

Program.cs

Hallo1

```
switch (Wert)
{
    case 1: Note = "Sehr gut";
    case 2: Note = "Gut";
    case 3: Note = "Befriedigend";
    case 4: Note = "Ausreichend";
    case 5: Note = "Mangelhaft";
    case 6: Note = "Ungenügend";
}
```

100 % 1 0 Zeile: 2 Zeichen: 37 SPC CRLF

Fehlerliste

Gesamte Projektmap | 6 Fehler | 2 Warnungen | 0 Mitteilungen | Erstellen + IntelliSens

Code	Beschreibung	Projekt	Datei	Z...
CS0163	Das Steuerelement kann nicht von einer case-Bezeichnung ("case 1:") zur nächsten fortfahren.	Zensur2	Program.cs	6

Fehlerliste Ausgabe

Offenbar gibt es hier Probleme; die Fehlermeldung weist darauf hin, dass ohne das break die Abfrage von Zweig zu Zweig durchrutschen würde. Was konkret heißt: Würde man das break am Ende weglassen, würden alle sechs Noten ausgegeben. Was ja sicher nicht der Sinn dieses Programms sein kann. Mit einem break bleiben wir an der richtigen Abzweigung »hängen«. Und die übrigen Zweige werden übersprungen.

Die Sache mit dem break ist eine Eigenheit, die C# von der Programmiersprache C übernommen hat. In Pascal und Basic dagegen kommen die vergleichbaren Kontrollstrukturen ohne »Unterbrechung« aus.

Ergänzen möchte ich, dass es auch in der switch-Struktur so etwas wie ein else bei der if-Struktur gibt.

> Ergänze dein Programm innerhalb der geschweiften Klammern ganz am Ende durch diese Zeile:

```
default: Note = "Quatsch!"; break;
```

Mit default werden alle Werte bedient, die nicht in der case-Liste aufgeführt sind.

PUNKT FÜR PUNKT

Die nächste Version unseres Zensur-Programms soll dir die Möglichkeit geben, für eine eingegebene Punktzahl, die du z.B. bei einem schriftlichen Test erreicht hast, deine Zensur zu ermitteln. Ich orientiere mich dabei an dieser Aufteilung (und gehe dabei von ganzen Punktwerten aus):

Punkte von	Punkte bis	Note (Text)	Note (Zahl)
0	19	ungenügend	6
20	39	mangelhaft	5
40	59	ausreichend	4
60	74	befriedigend	3
75	89	gut	2
90	100	sehr gut	1

Du kannst natürlich diese Unterteilung nach Belieben ändern, wenn du willst. Ein neues Projekt ist nicht nötig. Wir bauen einfach unser Zensur-Projekt ein wenig um.

Fangen wir wieder mit der besten Zensur an:

```
WENN die Punktzahl zwischen 90 und 100 liegt,
dann zeige eine Eins bzw. "sehr gut" an.
```

Bequem wäre eine solche Lösung:

```
if (Punkte between 90 and 100) Note = "sehr gut (1)";
```

oder:

```
case between 90 and 100: Note = "sehr gut (1)";
```

So etwas wie between (deutsch: zwischen) gibt es in C# nicht. Hier ist wieder mal die Mathematik gefragt. Versuchen wir es so: Auf jeden Fall muss der Punktwert größer oder gleich 90 sein: Als Bedingung formuliert sieht das dann so aus:

```
(Punkte >= 90)
```

Außerdem sind es bei einer Eins maximal 100 Punkte. Das ergibt diese Bedingung:

```
(Punkte <= 100)
```

Nun müssen wir beide noch miteinander verknüpfen:

```
Punkte >= 90 and Punkte <= 100
```

Wenn wir bei der switch-Struktur bleiben, verkürzt sich das Ganze so:

```
case >= 90 and <= 100: Note = "Sehr gut (1)";
```

Danach käme dann natürlich noch ein break. Aber hier kommt gleich das Ganze auf einmal – für alle Zensuren. Dann sieht der Quelltext bei mir jetzt so aus (→ ZENSUR3):

```
// Zensur
Console.Write("Gib deine Punktzahl ein: ");
string Note = Console.ReadLine();
int Punkte = int.Parse(Note);
switch (Punkte)
{
  case >= 90 and <= 100:
    Note = "Sehr gut (1)"; break;
  case >= 75 and < 90:
    Note = "Gut (2)"; break;
  case >= 60 and < 75:
```

```
    Note = "Befriedigend (3)"; break;
  case >= 40 and < 60:
    Note = "Ausreichend (4)"; break;
  case >= 20 and < 40:
    Note = "Mangelhaft (5)"; break;
  case >= 0 and < 20:
    Note = "Ungenügend (6)"; break;
  default: Note = "Quatsch!"; break;
}
Console.WriteLine(Note);
```

≫ Passe den Quelltext an, dann lasse das Programm laufen und gib auch mal ein paar Mogelzahlen ein. (Hüte dich jedoch davor, es mit anderen Zeichen als Ziffern zu versuchen.)

UND UND ODER, ODER?

Du siehst, dass statt eines einfachen `case`-Wertes auch Vergleiche möglich sind. Und dass man sogar zwei Vergleiche miteinander verknüpfen kann. Ich fasse das mal in einer Tabelle zusammen:

Beispiel	Erläuterung
`case 1`	wenn Variablenwert mit einfachem Wert übereinstimmt (wie `== 1`)
`case <0`	wenn Variablenwert kleiner ist als 0, also negativ
`case >90 and <100`	wenn Variable größer als 90 und kleiner als 100, also zwischen 90 und 100 liegt
`case <0 or >100`	wenn Variable kleiner als 0 ist oder größer als 100 (hier also außerhalb des erlaubten Punktebereichs)

Wie du siehst, ist da außer dem `and` noch ein `or` aufgetaucht. Beide Operatoren verbinden mehrere Vergleiche miteinander. Nur müssen bei `and` **alle** Vergleiche passen, bei `or` nur **einer**.

Statt des `default`-Zweigs hätten wir auch so schreiben können:

```
case < 0 or > 100: Note = "Quatsch!"; break;
```

Man kann all diese Abfragen natürlich auch mit einer `if`-Struktur erledigen. Wie das dann aussehen müsste, siehst du hier (→ ZENSUR3A):

```
// Zensur
Console.Write("Gib deine Punktzahl ein: ");
string Note = Console.ReadLine();
int Punkte = int.Parse(Note);
if (Punkte >= 90 && Punkte <= 100)
  Note = "Sehr gut (1)";
if (Punkte >= 75 && Punkte < 90)
  Note = "Gut (2)";
if (Punkte >= 60 && Punkte < 75)
  Note = "Befriedigend (3)";
if (Punkte >= 40 && Punkte < 60)
  Note = "Ausreichend (4)";
if (Punkte >= 20 && Punkte < 40)
  Note = "Mangelhaft (5)";
if (Punkte >=  0 && Punkte < 20)
  Note = "Ungenügend (6)";
if (Punkte  <  0 || Punkte > 100)
  Note = "Quatsch";
Console.WriteLine(Note);
```

Sieht ähnlich aus wie bei der switch-Struktur, wenn auch aufwendiger. Aber etwas fällt auf: Wo vorher bei den case-Zweigen ein and oder or stand (oder gestanden hätte), da tauchen hier komische Zeichen auf.

Zum Überblick hier noch eine Tabelle:

if-Operator	case-Operator	Bedeutung
&&	and	Hier müssen **alle** Bedingungen erfüllt sein, damit der zugehörige Anweisungsblock ausgeführt wird.
||	or	Hier muss **nur eine** Bedingung erfüllt sein, damit der zugehörige Anweisungsblock ausgeführt wird.

Diese ganzen Symbole werden ebenso wie and und or als **Verknüpfungsoperatoren** bezeichnet. Wie der Name schon sagt, sind sie sozusagen der Klebstoff, mit dem sich mehrere Bedingungen zusammenfügen lassen. Man kann dazu auch Und-Operator bzw. Oder-Operator sagen.

Das »&« bekommst du mit der Tastenkombination [Shift]+[6], das »|« mit [AltGr]+[<].

Und jetzt solltest du mal sehen, ob das Programm wirklich auch leistet, was es verspricht.

≫ Passe den Quelltext an, dann lasse das Programm laufen und gib auch mal ein paar Mogelzahlen ein. (Hüte dich jedoch davor, es mit anderen Zeichen als Ziffern zu versuchen.)

EIN KLEINES GAME

Wie wäre es jetzt mit einem Spielchen? Nix mit 3D-Grafik und Stereosound, nur ganz einfach. Aber Spaß machen kann es trotzdem.

Worum geht es? Der Computer denkt sich eine Zahl aus – sagen wir zwischen 1 und 1000. Und du hast die Aufgabe, diese Zufallszahl mit möglichst wenigen Versuchen zu erraten.

Auf jeden Fall landen wir damit schon beim nächsten neuen Projekt.

≫ Dazu schließt du zuerst das aktuelle Projekt über DATEI und PROJEKTMAPPE SCHLIEßEN. Dann klickst du auf NEUES PROJEKT ERSTELLEN, wählst KONSOLEN-APP und gehst WEITER, gibst als Namen »Raten1« ein, gehst WEITER und klickst abschließend auf ERSTELLEN.

Nun brauchen wir zuerst eine Methode, die eine zufällige Zahl erzeugt. Dazu finden wir eine Klasse mit dem Namen Random. Versuchen wir es damit und erstellen eine Anfangsfassung für das Ratespiel:

```
// Raten
Random random = new Random();
int Zufall = random.Next(1, 1000);
Console.Write("Rate mal: ");
string Eingabe = Console.ReadLine();
Console.WriteLine("Die Zahl ist " + Zufall);
```

Schauen wir uns mal genauer an, was da steht. »random« heißt auf Deutsch »zufällig«. Und mit Random gibt es eine Klasse, die uns mit zufällig erzeugten Zahlen versorgen kann.

Dazu gibt es die Methode Next(), der wir als Parameter den unteren und den oberen Wert des gewünschten Zahlenbereichs übergeben. Leider gibt es ein Problem, wenn wir das direkt versuchen, z.B. so:

```
int Zufall = Random.Next(1, 1000);
```

Die entsprechende Fehlermeldung hierzu besagt, dass die Methode nur über ein **Objekt** verwendet werden kann. Also müssen wir ein solches erzeugen. Und das geschieht auf diese Weise:

```
Random random = new Random();
```

Das sieht nicht nur aus wie eine Variablenvereinbarung, es ist im Prinzip das Gleiche. Links steht zuerst der Typ, der eben diesmal nicht Zahl oder String ist, sondern eine Klasse. Und rechts – hinter dem Zuweisungszeichen – steht eine Art Formel.

Klasse Objekt = new Klasse() ;

Dabei sorgt der Operator new für das eigentliche Erzeugen des Objekts. Mit new bekommen wir noch öfter zu tun, grundsätzlich wird damit etwas Neues erzeugt.

Das neue Objekt habe ich einfach nur random genannt, unter Ausnutzung der Tatsache, dass in C# zwischen Groß- und Kleinschreibung unterschieden wird.

Objekt.Methode () ;

Und nun kann auch die passende Methode genutzt werden. Sie ist durch den **Punkt**-Operator mit dem Objekt verbunden.

Der Rest des Programms muss aus meiner Sicht nicht mehr groß erklärt werden: Es wird eine zufällige Zahl erzeugt, du gibst eine beliebige Zahl ein, dann wird die Zufallszahl angezeigt.

Von einem echten Spiel kann man dabei aber wohl nicht reden, es ist auch eher ein Test, welche Zahl der PC sich ausgedacht hat. Deshalb gehen wir gleich einen Schritt weiter und setzen dazu auch wieder eine unserer Kontrollstrukturen ein (→ RATEN1):

```
// Raten
Random random = new Random();
int Zufall = random.Next(1, 1000);
Console.Write("Rate mal: ");
string Eingabe = Console.ReadLine();
int Zahl = int.Parse(Eingabe);
if (Zahl < Zufall)
  Eingabe = Eingabe + " ist zu klein";
if (Zahl > Zufall)
  Eingabe = Eingabe + " ist zu groß";
if (Zahl == Zufall)
  Eingabe = Eingabe + " ist richtig!";
Console.WriteLine(Eingabe);
Console.WriteLine("Die Zahl ist " + Zufall);
```

≫ Tippe den Quelltext ein und lasse das Programm laufen.

Ich habe hier aus Bequemlichkeit die Stringvariable Eingabe gleich für die Ausgabe mitverwendet und da einfach einen Zusatztext angehängt. So hast du eine Orientierung, in welche Richtung du weiterraten musst, um zur richtigen Zahl zu kommen.

Allerdings ist dann das Spiel aber auch schon nach einem einzigen Versuch wieder zu Ende. Die zusätzliche Anzeige der Zufallszahl habe ich erst mal gelassen.

DIE WHILE-STRUKTUR

Aber Spielfreude kann hier nicht aufkommen, denn nur ein einziges Mal Raten ist wirklich zu wenig! Wie soll man da eine Zahl von 1000 möglichen rauskriegen? Und auch wenn man das Projekt mehrmals laufen lässt, bringt das nichts: Denn dein PC denkt sich ja bei jedem Programmstart eine **neue** Zahl aus.

Spaß kann so ein Spiel nur machen, wenn man **mehrere** Male raten kann. Dazu müsste das Programm automatisch wiederholt werden. Und das geht nur mit einer neuen Struktur, die in C# so aussieht (→ RATEN2):

```
// Raten
Random random = new Random();
int Zahl = 0; string Eingabe = "";
int Zufall = random.Next(1, 1000);
while (Zahl != Zufall)
{
  Console.Write("Rate mal: ");
  Eingabe = Console.ReadLine();
  Zahl = int.Parse(Eingabe);
  if (Zahl < Zufall)
    Eingabe = Eingabe + " ist zu klein";
  if (Zahl > Zufall)
    Eingabe = Eingabe + " ist zu groß";
  if (Zahl == Zufall)
    Eingabe = Eingabe + " ist richtig!";
  Console.WriteLine(Eingabe);
}
```

Die Variable Zahl wird ganz am Anfang erst einmal auf null gesetzt. Weiter unten wird ihr dann **innerhalb** der Wiederholungsschleife der von dir geratene Wert zugewiesen.

Das Zauberwörtchen für diese Schleife heißt ganz einfach while. Nehmen wir das Ganze gleich mal unter die Lupe:

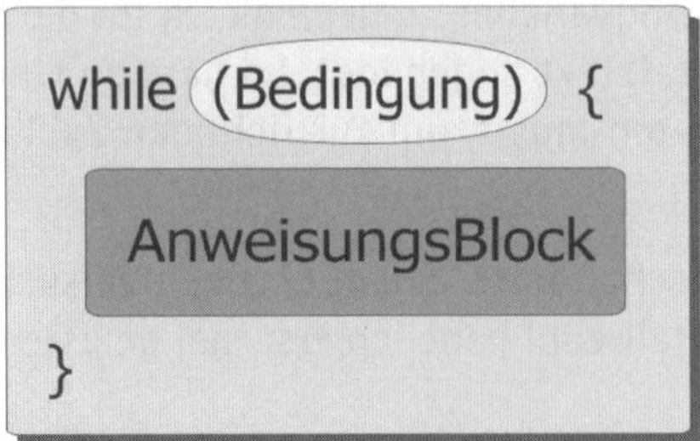

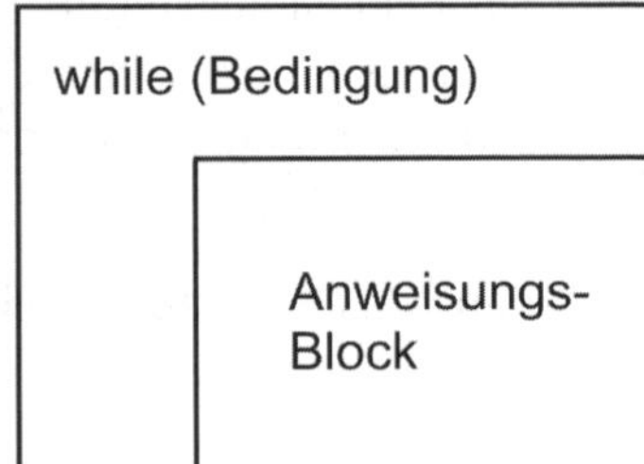

Zu Deutsch heißt das:

SOLANGE eine bestimmte Bedingung erfüllt ist,

soll der Computer einen Anweisungsblock WIEDERHOLEN.

Hier heißt die **Bedingung**:

```
(Zahl != Zufall)  // Zahl ungleich Zufall
```

Im **Anweisungsblock** stehen die Anweisungen für die Eingabe deiner geratenen Zahl sowie die Auswertung, ob kleiner oder größer. Und weil das hier gleich mehrere Anweisungen sind, müssen wir dem Computer klarmachen, wo der zu wiederholende Block anfängt und wo genau er aufhört.

Durch das `while` weiß der Computer zwar, wo die Schleife beginnt, aber nicht, dass sie erst einige Anweisungen später aufhören soll. Er nimmt erst einmal an, dass nur die erste Anweisung hinter dem `while` zur Schleife gehört. Das ist vergleichbar mit der `if`-Struktur.

Bei Verwendung von geschweiften Klammern wird eindeutig markiert, wo der Anweisungsblock beginnt und wo er endet. So lassen sich beliebig viele Anweisungen in einem solchen Block unterbringen.

Das Ganze nennt man `while`-Struktur, womit wir eine weitere **Kontrollstruktur** hätten.

ZUSAMMENFASSUNG

Nun hast du neben einigen kleinen Zeugnisprojekten dein erstes Spiel programmiert. An professionelle Produkte reicht es nicht heran, doch es ist »selfmade« (= selbst gemacht) – und das ist doch schon etwas!

Dabei hast du wieder ein paar neue C#-Wörter kennengelernt bzw. einige alte wiedererkannt:

`float`	Datentyp: Dezimalzahl
`float.Parse()`	String in Dezimalzahl umwandeln
`Random`	Klasse für Zufallszahlen
`Next()`	Methode: Erzeugung einer zufälligen Zahl (in einem bestimmten Bereich)
`try`	VERSUCHE, einen Anweisungsblock auszuführen
`catch`	FANGE einen misslungenen Versuch AB (Exception) und reagiere mit einem anderen Anweisungsblock
`switch`	SCHALTE um auf einen Anweisungsblock
`case`	FALLS eine Variable einen bestimmten Wert hat, führe den folgenden Anweisungsblock aus
`break`	ABBRUCH, damit eine Variable nicht zu den anderen Zweigen »durchrutscht«
`default`	ANDERNFALLS führe einen anderen Anweisungsblock aus
`while`	SOLANGE eine Bedingung erfüllt ist, führe einen Anweisungsblock aus
`new`	(Neues) Objekt erzeugen

Du weißt, dass Anweisungsblöcke mit geschweiften Klammern markiert werden müssen, wenn sie aus mehr als einer Anweisung bestehen (bei `try` und `catch` immer). Hier sind noch mal allerlei Doppelzeichen:

`&&`, `and`	Bedingungen verknüpfen (UND): Alle müssen erfüllt sein.
`||`, `or`	Bedingungen verknüpfen (ODER): Eine muss erfüllt sein.
`( )`	Runde Klammern für Bedingungen oder Parameter
`{ }`	Geschweifte Klammern für Anweisungsblöcke

EIN PAAR FRAGEN …

1. Was hältst du davon, im Raten-Programm den else-Zweig so zu verwenden:

```
if (Eingabe < Zufall)
  Eingabe  = Eingabe + " ist zu klein";
else
  Eingabe  = Eingabe + " ist zu groß";
```

1. Wie erzeugt man ein Objekt aus einer Klasse?

… UND EIN PAAR AUFGABEN

1. Erstelle ein Projekt, in dem nach Eingabe einer Zahl deren Kehrwert berechnet und angezeigt wird. (Berücksichtige die Null!)
2. Spendiere der letzten Version des Zensur-Programms eine try-catch-Struktur, damit auch Fehleingaben abgefangen werden, die keine Zahlen sind.
3. Programmiere ein kleines Projekt, das ein Würfelspiel oder ein Münzspiel simuliert.

4 GELD-SPIELEREIEN: SCHLEIFEN UND FELDER

Vielleicht macht dir das Ratespiel aus dem letzten Kapitel Spaß, und es lohnt sich, das Ganze noch ein bisschen zu verfeinern. Obwohl es auch damit nicht auf dem neuesten Stand der Technik sein wird und es auch nichts zu gewinnen gibt.

Es wird ohnehin längst nicht jeder gleich beim ersten Gewinn zum Millionär. Aber wenn man das Geld irgendwo anlegt und ein paar Jahre warten kann, dann hat man vielleicht irgendwann die erste Million zusammen. Dein Computer kann dir dabei helfen, diesen Zeitpunkt herauszufinden.

Und auch beim Glücksspiel kann er dir vielleicht nützlich sein: Obwohl Mathematiker dringend davon abraten, glauben viele, dass man mit Lottospielen irgendwann doch reich werden kann.

In diesem Kapitel lernst du

- wozu `break` noch gut sein kann
- etwas über die Verwendung von `do` und `while`
- mit `for` eine weitere Schleifenstruktur kennen
- wie man Konstanten einsetzt
- einiges über Variablen-Felder (Arrays)
- ein Sortierverfahren kennen

DEIN PC ZÄHLT MIT

Mit einiger Übung (und Überlegung) dürfte es dir nicht schwerfallen, beim Zahlenraten mit maximal 10 bis 15 Versuchen auszukommen. Um das zu kontrollieren, lassen wir hier nun den Computer deine Rateversuche mitzählen.

Damit kommen wir zu einer neuen Version unseres kleinen Spiels. Wir brauchen eine neue Variable, die wir Versuche nennen. Sie muss natürlich vereinbart werden, und zwar als ganze Zahl, also vom Typ int. Als Startwert erhält Versuche erst einmal den Wert 0 – weil ja noch nicht geraten wurde:

```
int Versuche = 0;
```

Mit jedem Rateversuch muss dieser Wert dann um 1 weitergezählt werden. Das könnte diese Zuweisung erledigen:

```
Versuche = Versuche + 1;
```

Dein Computer holt sich den aktuellen Wert der Variablen Versuche und addiert eine 1 dazu. Dann weist er das Ergebnis der Variablen Versuche wieder zu. Dadurch ist der neue Wert nun um 1 größer als der alte.

Wie du siehst, ist eine **Zuweisung** keine Gleichung, wie du sie aus dem Matheunterricht kennst!

Der Computer führt immer zuerst das aus, was **rechts** vom Zuweisungsoperator (=) steht. Hier berechnet er auf der rechten Seite die Formel

Versuche + 1

Dann geht er nach **links** und übergibt das Ergebnis als neuen Wert an die Variable. Vielleicht würde ein Pfeil diesen Vorgang besser erklären:

Versuche ← Versuche + 1

Gehen wir von einem Startwert 0 für die Variable Versuche aus. Dann könnte der ganze Prozess so aussehen:

Dein PC führt aus:	Das passiert:	Werte:
Zuweisen	Versuche ← 0	0
Berechnen	Versuche + 1	0 + 1
Zuweisen	Versuche ← Ergebnis	1

Der alte Wert von Versuche ist also durch einen neuen **ersetzt** worden. Beim nächsten Rateversuch wird aus der 1 dann eine 2 usw.

Wir werden hier die Zuweisung Versuche = Versuche + 1 nicht benutzen, denn C# bietet uns eine kürzere Möglichkeit, die dasselbe bedeutet:

```
Versuche++;
```

Dass C# eine gewisse Vorliebe für Verdopplungen hat, kennst du ja inzwischen auch z.B. von »==«, »&&« und »||«. Und so ist es auch nicht verwunderlich, dass das Herunterzählen ebenso möglich ist:

```
Versuche--;  // entspricht: Versuche = Versuche - 1;
```

Unter Fachleuten spricht man beim Heraufzählen von **Inkrementieren** und das Herunterzählen wird auch **Dekrementieren** genannt. Übrigens ginge das auch in größeren Schritten.

So lässt sich z.B. x = x + 2 oder x = x - 10 auch so kürzen:

```
x+=2; // Inkrementieren in 2er-Schritten
x-=10; // Dekrementieren in 10er-Schritten
```

ABBRUCH BEI UNLUST?

Durch das Mitzählen wird das Spiel etwas komfortabler. Aber noch bequemer wäre die zusätzliche Möglichkeit, auch mal frühzeitig auszusteigen, wenn man keine Lust mehr hat. Nehmen wir dazu die Eingabe einer Null für das Verlassen der Schleife. Bloß: Wie genau kommen wir da heraus? Indem wir eine kleine Anweisung benutzen, deren Eingabe uns bei der switch-Struktur noch lästig war:

```
if (Zahl == 0) break;
```

break kennst du ja bereits von der switch-Struktur. Damit kann man aber grundsätzlich auch eine Schleife verlassen. Wenn du gleich zu Anfang oder nach zahlreichen frustrierten Rateversuchen eine Null eintippst, endet das Spiel auf elegante Weise, indem nach break der Anweisungsblock verlassen wird.

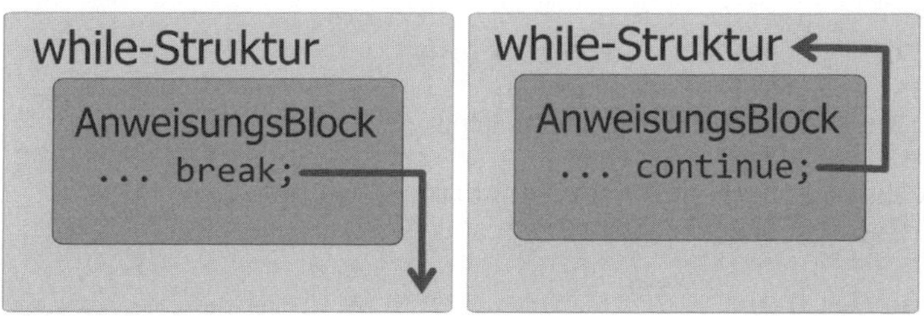

Außer break bietet C# noch die Option continue an. Was ist der Unterschied? Den siehst du in der folgenden Tabelle:

break	Abbruch, Schleife wird verlassen, dahinter geht es weiter
continue	Abbruch, weiter geht es am Anfang der Schleife

Wenn du willst, kannst du dir mal Projekt LOOP1 anschauen, da werden break und continue hintereinander in je einer Schleife verwendet.

Es gibt Fälle, da kommt man aus einer Schleife gar nicht mehr heraus. Das wäre bei einer sogenannten **Endlos**-Schleife der Fall. Die wiederholt ihren Inhalt immerzu, weil die Bedingung dafür immer erfüllt ist. Ein Beispiel wäre:

```
int x = 0;
while (x != 1) { }
```

So kann diese Schleife **niemals** aufhören, wenn der x-Wert innerhalb der Schleife nicht einmal zu 1 geändert wird. Es ist also wichtig, genau hinzuschauen, ob die Bedingung auch **nicht erfüllbar** werden oder bleiben kann.

Kommt man da denn dann überhaupt wieder raus? Normalerweise, indem man das Konsolenfenster mit Klick auf das kleine X oben rechts schließt.

Wenn nicht, dann hilft nur der Weg über DEBUGGEN und DEBUGGEN BEENDEN.

Nun sehen die kompletten Änderungen im Raten-Projekt so aus (→ RATEN3):

```
// Raten
Random random = new Random();
int Versuche = 0; int Zahl = 0;
string Eingabe = "";
int Zufall = random.Next(1, 1000);
while (Zahl != Zufall)
{
  Console.Write("Rate mal: ");
  Eingabe = Console.ReadLine();
  Zahl = int.Parse(Eingabe);
  if (Zahl == 0) break;
  Versuche++;
  if (Zahl < Zufall)
    Eingabe = Eingabe + " ist zu klein";
  if (Zahl > Zufall)
    Eingabe = Eingabe + " ist zu groß";
  if (Zahl == Zufall)
    Eingabe = Eingabe + " ist richtig!";
  Console.WriteLine(Eingabe);
}
Console.WriteLine
  ("Das waren " + Versuche + " Versuche");
```

≫ Tipp alles ein und spiele, solange du Lust hast! (Und wenn du willst, kannst du ja mal den Zufallsbereich von 1000 auf z.B. 10 000 oder mehr erhöhen?)

AUF DEM WEG ZUM MILLIONÄR

Reich werden ist nicht so einfach, aber man kann ja mal so tun, als ob! Und damit landen wir gleich beim nächsten Projekt. Dazu stell dir vor, du legst eine bestimmte Menge Geld an und willst erfahren, wie lange es dauern kann, bis du mit dieser Investition zum Millionär wirst.

≫ Schließe die aktuelle Projektmappe und erzeuge ein neues Projekt über NEUES PROJEKT ERSTELLEN, für den Namen schlage ich MILLION1 vor.

Als Erstes benötigen wir eine ganze Menge an Variablen. Weil es hier um Euro und Cent geht, sind `Kapital`, `Zinsen` und `Prozent` mit `float` als Dezimalzahlen vereinbart. Für `Laufzeit` dagegen genügt `int`, weil hier in ganzen Jahren gemessen werden soll.

Zuerst wird eingegeben, wie viel Geld du anlegen willst (`Kapital`). Dann muss der Computer auch noch wissen, wie hoch der Zinssatz ist (`Prozent`).

Erst dann können die `Zinsen` berechnet werden. Dazu ist ein bisschen Zinsrechnung nötig. Hier kommen also gleich ein paar Formeln, die ich nur kurz erläutere. Was passiert im Einzelnen?

Erst mal werden die Zinsen berechnet, die in einem Jahr anfallen:

```
Zinsen = Kapital * Prozent / 100;
```

Dann werden sie zum Kapital dazugezählt:

```
Kapital = Kapital + Zinsen;
```

Diese Anweisungen soll der Computer nun so lange wiederholen, bis er die Million erreicht oder überschritten hat. Und weil es bei jeder Wiederholung ein Jahr mehr wird, muss die Laufzeit dabei um 1 erhöht werden:

```
Laufzeit++;
```

Für den nötigen »Rundlauf« sorgt die schon aus dem letzten Kapitel bekannte `while`-Struktur:

```
while (Kapital < 1000000)
{
  Zinsen = Kapital * Prozent / 100;
```

```
  Kapital = Kapital + Zinsen;
  Laufzeit++;
}
```

Wo wir schon mal dabei sind, sollst du auch gleich eine weitere **Kontrollstruktur** kennenlernen:

```
do
{
  Zinsen = Kapital * Prozent / 100;
  Kapital = Kapital + Zinsen;
  Laufzeit++;
}
while (Kapital < 1000000);
```

Ebenso wie bei `while` handelt es sich auch hier um eine **Schleife**, die im ersten Moment doch fast genau so wie die `while`-Struktur aussieht. Aber eben nur fast.

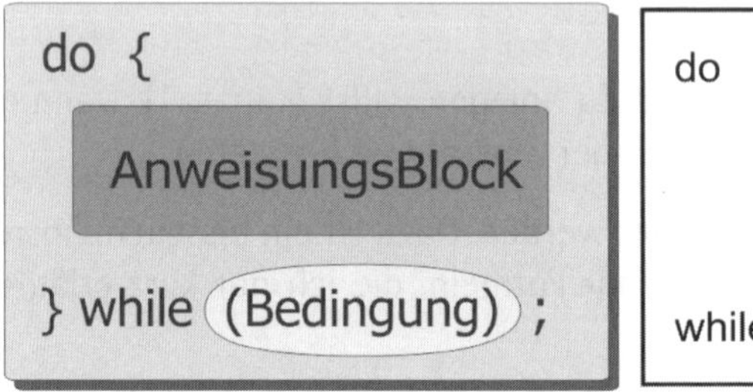

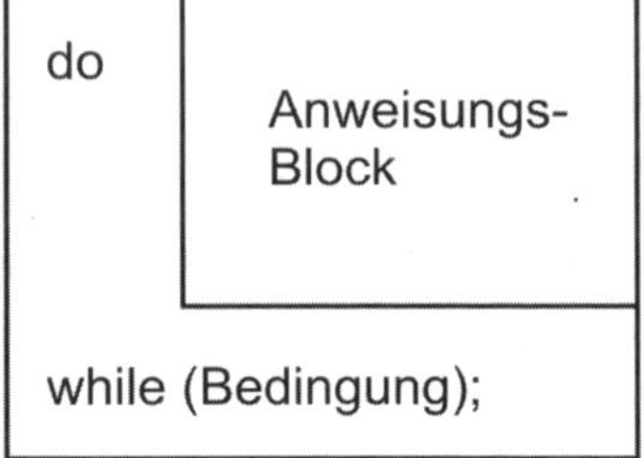

Zu Deutsch heißt das:

Der Computer soll einen Anweisungsblock WIEDERHOLEN,

SOLANGE eine bestimmte Bedingung erfüllt ist.

Was ist denn nun der Unterschied? Dazu schau dir diese kleine Tabelle an:

	while	do-while
Bedingung steht	am Anfang der Schleife	am Ende der Schleife
Bedingung erfüllt:	Schleife wird wiederholt	Schleife wird wiederholt

Weil die Bedingung bei `while` am Schleifenanfang steht, ist es durchaus möglich, dass der Anweisungsblock in der Schleife auch mal gar nicht ausgeführt wird. Nämlich dann, wenn die Bedingung gleich zu Anfang nicht erfüllt ist.

In unserer **ersten** Fassung vom Million-Programm ist das der Fall, wenn eine Zahl eingegeben wird, die eine Million oder mehr beträgt. Dann wird erst gar keine Berechnung durchgeführt, weil sie unnötig ist. Anders in einer geänderten **zweiten**

Version mit do-while, wie du beim Test des Programms sehen wirst. Dazu muss es aber erst einmal vollständig sein.

SCHLEIFENVARIATIONEN

Hier ist der komplette Quelltext für die while-Version (→ MILLION1):

```
// Million
string Eingabe = "";
float Zinsen = 0;
Console.WriteLine("Wie viel Geld willst du anlegen?");
Eingabe = Console.ReadLine();
float Kapital = float.Parse(Eingabe);
Console.WriteLine("Wie hoch soll der Zinssatz sein?");
Eingabe = Console.ReadLine();
float Prozent = float.Parse(Eingabe);
int Laufzeit = 0;
while (Kapital < 1000000)
{
  Zinsen = Kapital * Prozent / 100;
  Kapital = Kapital + Zinsen;
  Laufzeit++;
}
if (Laufzeit > 0)
  Console.WriteLine ("Dein Geld muss " + Laufzeit
    + " Jahre auf der Bank braten");
else
  Console.WriteLine
    ("Willkommen im Club der Millionäre!");
```

➢ Tippe diesen Text im Editorfenster ein. Dann teste das Programm mit den Werten 1, 1000 und 1000 000 für Kapital (Zinssatz nach Belieben).

Wie du siehst, braucht es seine Zeit, wenn das Startkapital klein und der Zinssatz nicht sehr hoch ist. Und bei einem Einsatz von einer Million wirst du gleich im Club der Superreichen willkommen geheißen. Das regelt eine if-else-Struktur mit diesen Anweisungen:

```
if (Laufzeit > 0)
  Console.WriteLine ("Dein Geld muss " + Laufzeit
    + " Jahre auf der Bank braten");
else  // wenn Laufzeit 0 bleibt
  Console.WriteLine
    ("Willkommen im Club der Millionäre!");
```

➢ Ändere die while-Schleife in eine do-while-Struktur um.

Leider klappt es da nicht so gut wie bei der reinen while-Schleife. Denn wenn du mit einer Million Startkapital einsteigst, wirst du nicht schon im Klub der Millionäre begrüßt, sondern du wirst auf ein Jahr Wartezeit vertröstet!

Ein bisschen blöd ist das schon: Wozu ein Jahr auf meine Kohle warten, wenn ich schon Millionär bin? Das Problem liegt in der Struktur der do-while-Schleife. Die wird nämlich auf jeden Fall mindestens **einmal** durchlaufen, weil der Vergleichstest erst am Ende erfolgt. Und dabei erhöht sich der Wert von Laufzeit um eins. Das lässt sich nur durch ein vorgeschaltetes if verhindern:

```
if (Kapital < 1000000) Laufzeit++;
```

Wenn du diese Zeile **vor** die Berechnung in der Schleife setzt, läuft auch diese Version wie gewünscht (→ MILLION1A):

```
do
{
  Zinsen = Kapital * Prozent / 100;
  Kapital = Kapital + Zinsen;
  if (Kapital < 1000000) Laufzeit++;
}
while (Kapital < 1000000);
```

Insgesamt ist die while-Struktur hier wohl geeigneter als eine Schleife mit do und while. Aber auf diese Weise hast du nun beide Möglichkeiten sowie ihre Unterschiede kennengelernt.

ZÄHLEN MIT FOR

Wie du siehst, vergehen in einigen Fällen doch eine ganze Menge Jahre, sodass selbst du vielleicht schon ein Greis bist, wenn du deine Million abheben willst. Da könnte es doch vielleicht interessanter sein, zu wissen, wie viel sich in einer ganz bestimmten Zeit ansammeln lässt. Dazu muss man aber auch die Laufzeit selbst bestimmen können. Damit ergeben sich schon drei Eingaben (→ MILLION2):

```
Console.WriteLine("Wie viel Geld willst du anlegen?");
Eingabe = Console.ReadLine();
float Kapital = float.Parse(Eingabe);
Console.WriteLine("Wie hoch soll der Zinssatz sein?");
Eingabe = Console.ReadLine();
float Prozent = float.Parse(Eingabe);
Console.WriteLine("Und wie lange willst du warten?");
Eingabe = Console.ReadLine();
int Laufzeit = int.Parse(Eingabe);
```

Nun müsste sich die Schleife zur Berechnung von Zinsen und Gesamtkapital z.B. so ändern:

```
while (Laufzeit > 0)
{
  Zinsen = Kapital * Prozent / 100;
  Kapital = Kapital + Zinsen;
  Laufzeit--;
}
```

Oder auch so:

```
do
{
  Zinsen = Kapital * Prozent / 100;
  Kapital = Kapital + Zinsen;
  Laufzeit--;
}
while (Laufzeit > 0);
```

Wie du siehst, geht es hier irgendwie ums Zählen. Und da fragt man sich: Gibt es dafür nicht auch eine Schleifen-Art? Tatsächlich bietet C# eine Zählschleife: Weil hier die Laufzeit bekannt ist und damit feststeht, wie oft die Schleife wiederholt werden muss, kann man den Computer auch einfach selbst zählen lassen. Das sähe dann so aus:

```
for (int Nr = 0; Nr < Laufzeit; Nr++)
{
  Zinsen = Kapital * Prozent / 100;
  Kapital = Kapital + Zinsen;
}
```

Sieht nicht schlecht aus. Und ist eher ein bisschen schlanker als die anderen beiden Schleifenstrukturen. Schauen wir mal genauer hin:

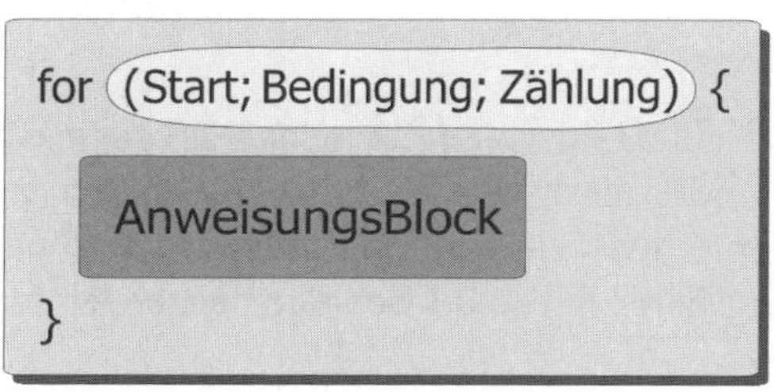

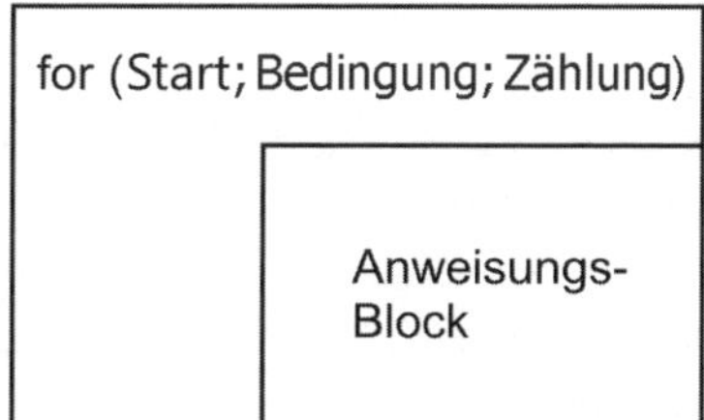

Zu Deutsch heißt das:

FÜR eine bestimmte Bedingungsstruktur

soll der Computer einen Anweisungsblock WIEDERHOLEN.

Beginnend bei einem Startwert (auch Initialisierung genannt) arbeitet sich diese Kontrollstruktur über einen Zähler an die Bedingung heran.

Initialisiert wird diese Schleife hier mit

```
int Nr = 0;
```

Nun kommt die **Bedingung:**

```
Nr < Laufzeit;
```

Und damit das Ganze auch mal wieder aufhört, wird Nr bei jedem Durchlauf um 1 erhöht:

```
Nr++
```

Wichtig ist die Trennung der drei Bedingungswerte durch jeweils ein **Semikolon**.

Im Anweisungsblock stehen nur noch diese zwei Anweisungen:

```
Zinsen  = Kapital * Prozent / 100;
Kapital = Kapital + Zinsen;
```

Weil auch die for-Zeile nur eine Marke für den Anfang der Schleife ist, müssen hier mehrere Anweisungen ebenfalls als Block mit geschweiften Klammern markiert werden.

Das Ganze nennt man for-Struktur. Und weil ja gezählt wird, spricht man auch von **Zählschleife**. Wichtig zu wissen ist, dass man mithilfe der for-Schleife auch **rückwärts** zählen kann, z.B. so:

```
for (int Nr = Laufzeit; Nr > 0; Nr--)
```

Die for-Struktur ist aber nicht bloß eine Zählschleife (wie man sie aus einfachen Programmiersprachen kennt). Mit dieser Schleifenstruktur ließen sich sämtliche anderen Schleifen ersetzen, denn sie kann viel mehr. Man könnte sogar den nachfolgenden Anweisungsblock mit in die Schleife packen, einfach durch Kommas getrennt, z.B.:

```
for (int Nr = 0; Nr < Laufzeit; Nr++,
  Zinsen = Kapital * Prozent / 100,
  Kapital = Kapital + Zinsen);
```

Allerdings kann das Ganze so nicht nur unübersichtlicher werden, sondern es erhöht sich auch das Risiko von Fehlern. Wir beschränken uns hier lieber auf die Fähigkeit der for-Struktur zu zählen.

Und hier ist der komplette Quelltext für die Zähl-Variante (→ MILLION2):

```
// Million
string Eingabe = ""; float Zinsen = 0;
Console.WriteLine("Wie viel Geld willst du anlegen?");
Eingabe = Console.ReadLine();
float Kapital = float.Parse(Eingabe);
Console.WriteLine("Wie hoch soll der Zinssatz sein?");
Eingabe = Console.ReadLine();
float Prozent = float.Parse(Eingabe);
Console.WriteLine("Und wie lange willst du warten?");
Eingabe = Console.ReadLine();
int Laufzeit = int.Parse(Eingabe);
for (int Nr = 0; Nr < Laufzeit; Nr++)
{
  Zinsen = Kapital * Prozent / 100;
  Kapital = Kapital + Zinsen;
}
Console.WriteLine
  ("Du hast dann " + Kapital + " Euro auf dem Konto.");
```

VARIABLENFELDER

Du kennst ja mittlerweile die Möglichkeit, Zufallszahlen zu erzeugen, und du hast auch schon ein Ratespiel hinter dir. Wir sollten das Glück gleich richtig herausfordern, indem wir den Computer beauftragen, die sechs richtigen Lottozahlen der nächsten Ziehung zu ermitteln (→ LOTTO1):

```
// Lotto
Random random = new Random();
int Zufall = 0;
for (int Nr = 1; Nr <= 6; Nr++)
{
  Zufall = random.Next(1, 49);
  Console.WriteLine(Nr + ". Ziehung: " + Zufall);
}
```

Wie du siehst, handelt es sich hierbei um ein recht kleines Programm. In einer Zählschleife werden sechs zufällige Zahlen im Bereich von 1 bis 49 erzeugt und angezeigt. Dabei nutzen wir wieder ein Random-Objekt – wie schon beim Zahlenraten.

≫ Erzeuge ein neues Projekt, tippe den Quelltext ein und lasse das Programm mehrmals (bis viele Male) laufen.

Ich hatte wohl vergessen zu sagen: »Ohne Gewähr!«, denn es könnte zwar sein, dass du mithilfe dieses Projekts im Lotto gewinnst, aber dies ist bei den extrem niedrigen Gewinnchancen dieses Spiels eher unwahrscheinlich.

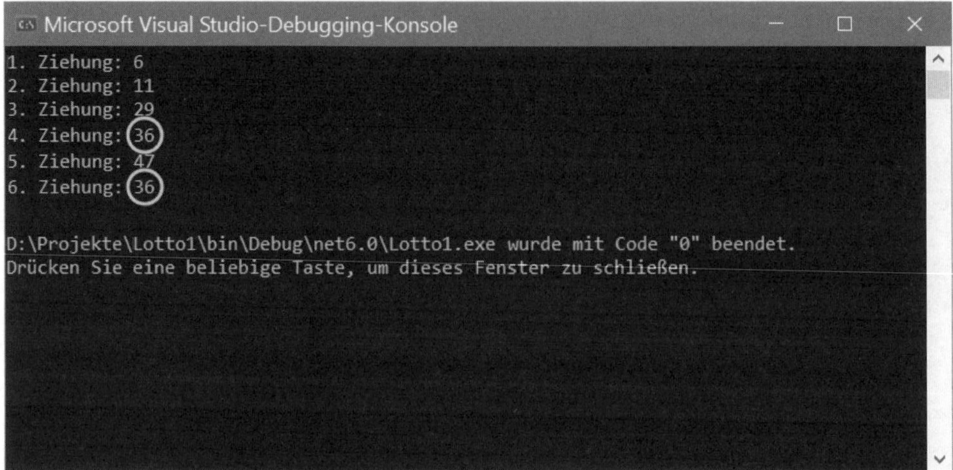

Möglicherweise hast du bei deinen zahlreichen Versuchen schon entdeckt, dass es einen schwerwiegenden Nachteil bei der Erzeugung der Zufallszahlen gibt: Immer mal wieder erscheint eine Zahl **doppelt** (oder mehrfach). Setzen wir testweise die Anzahl der auszugebenden Zahlen mal auf 20 oder mehr, dann wird dieses Manko offensichtlicher. Doch was kann man dagegen tun?

Vielleicht hilft es dir weiter, wenn du dir vorstellst, wie es im richtigen Lotto abläuft: Aus einem »Pott« von Kugeln, von denen jede eine Zahl zwischen 1 und 49 repräsentiert, werden nacheinander sechs Kugeln gezogen. Mit jeder Ziehung wird die Anzahl der verfügbaren Kugeln geringer und die gezogene Zahl kommt für die nächste Ziehung nicht mehr in Betracht.

Was brauchen wir, um das zu simulieren? Am besten einen ganzen Topf mit 49 Variablen, von denen jede den »Zustand« einer Lottokugel bzw. Lottozahl verkörpert. Nehmen wir eine Null für »noch nicht verwendet« und eine Eins für »schon gezogen«.

Aber wie vereinbaren wir diese doch recht große Menge von Variablen? Doch hoffentlich nicht so:

```
int Lottozahl1, Lottozahl2, Lottozahl3,
  // usw. bis Lottozahl49;
```

Das kann sehr lästig werden, besonders wenn man eine größere Anzahl von solchen Variablen braucht – sagen wir 100? Glücklicherweise lässt sich das in C# vereinfachen. Mit

```
int[] Lottozahl = new int[49];
```

kannst du gleich ein ganzes Feld von Variablen in einem Rutsch vereinbaren. In den eckigen Klammern ([ ]) steht die Anzahl der Elemente, aus denen ein solches **Variablenfeld** besteht. Oft wird hier übrigens auch der englische Ausdruck **Array** gebraucht.

Will man auf eine einzelne dieser Variablen zugreifen, so benutzt man für die Nummerierung ebenfalls eckige Klammern:

In C# beginnt die Zählung bei 0, die erste Feldvariable heißt also `Lottozahl[0]`, und mit `Lottozahl[48]` ist das letzte Element des Feldes gemeint (die Zählung beginnt ja bei 0).

int[] Lottozahl = new int[49];

Lottozahl[0]	Lottozahl[1]	...	Lottozahl[47]	Lottozahl[48]

Was in den eckigen Klammern steht, nennt man **Index**. Außer konstanten Werten sind dort auch Variablen möglich.

> Um die eckigen Klammern einzutippen, musst du die Tastenkombinationen [AltGr]+[8] und [AltGr]+[9] benutzen.

Schauen wir uns die Vereinbarung eines Arrays genauer an. Das steht auf der linken Seite des Zuweisungszeichens:

```
int[] Lottozahl;
```

Die eckigen Klammern zeigen an, dass es hier nicht um eine einzelne Variable allein geht. Damit steht aber noch nicht der nötige Platz für dieses Feld im Arbeitsspeicher des Computers zur Verfügung. Den schaffen wir mit der Anweisung `new`, womit das Feld eigentlich erst erzeugt wird:

```
Lottozahl = new int[49];
```

Man kann diese Kombination aus Vereinbarung und Zuweisung mit `new` auch als die **Initialisierung** eines Feldes bezeichnen.

```
Typ[] Variablenfeld = new Typ[Anzahl] ;
```

Eine solche Struktur kennst du schon von der Erzeugung eines Objekts. Auch hier muss ja genügend Speicherplatz reserviert werden, in den die Daten des Objekts hineinpassen.

Für unser Lottoprogramm kommt nun noch eine kleine Änderung hinzu:

```
const int Max = 49;
int[] Lottozahl = new int[Max+1];
```

Mit `const` haben wir einen Maximalwert als **Konstante** festgelegt, der sich dann im gesamten Projekt mit dem Namen `Max` einsetzen lässt. Beachte, dass bei der Erzeugung des Arrays `Max+1` benutzt wird, denn nun reicht das verfügbare Feld von 0 bis 49. Die nullte Variable können wir ungenutzt lassen, was einige der folgenden Anweisungen bequemer macht.

Weil das folgende Programm sich natürlich nicht nur für Lottospiele vom Typ 6 aus 49 eignet, könntest du als Programmierer oder Programmiererin den Wert für `Max` auch mal anders setzen. Dann musst du das nur an einer Stelle tun, nämlich am Anfang in der Konstanten-Vereinbarung. Und überall, wo du dann `Max` einsetzt, passt sich der Wert automatisch an.

LOTTOZIEHUNG

Bevor unser Lottospiel starten kann, müssen erst alle »Kugeln im Pott« – sprich: alle Elemente des Feldes – durch eine 0 als »noch nicht gezogen« markiert werden:

```
for (int i = 1; i < Lottozahl.Length; i++)
  Lottozahl[i] = 0;
```

Bei Zählschleifen benutzt man häufig nur einen kurzen Namen für die Zählvariablen. Am beliebtesten sind einzelne Buchstaben. Der Buchstabe »i« steht als Abkürzung für den Begriff **Index**. Gemeint ist damit eine Messzahl, z.B. für eine Nummerierung. Man könnte aber auch `Nr` oder einen anderen Buchstaben für die `for`-Schleife verwenden.

Mit Length erhalten wir die »Feldlänge«, womit hier die Anzahl der Feldvariablen gemeint ist. (Wobei Length hier eine Eigenschaft und keine Methode ist, sonst müsste es Length() heißen.)

Kommen wir zum eigentlichen »Ziehen der Lottozahlen«. Mit der folgenden Schleife allein erhalten wir sechs Zufallszahlen, aber nicht garantiert sechs verschiedene:

```
const int Anzahl = 6;
for (int Nr = 1; Nr <= Anzahl; Nr++)
  Zufall = random.Next(1, Max);
```

Nebenbei sei erwähnt, dass ich ähnlich wie bei Max mit Anzahl eine weitere Konstante vereinbart habe. Damit ist auch die Anzahl der Ziehungen das ganze Programm über für eventuelle Änderungen flexibel.

Um nun doppelte Ziehungen auszuschalten, muss ich die gefundene Zufallszahl mit der entsprechenden »Kugel aus dem Pott« vergleichen:

```
(Lottozahl[Zufall] == 1)  // schon gezogen
```

Gilt diese Bedingung, dann brauchen wir eine neue Zufallszahl. Daraus folgt diese zweite Schleife (innerhalb der for-Schleife):

```
do
{
  Zufall = (int)(Math.random()*Max)+1;
}
while (Lottozahl[Zufall] == 1);
```

Es wird so lange eine Zufallszahl erzeugt, bis eine Nummer gefunden wurde, für die die »Kugel« **noch nicht** als gezogen markiert ist. Erst dann kann es weitergehen:

```
Lottozahl[Zufall] = 1;
```

Nun wird die neu gezogene Lottozahl (»Kugel aus dem Pott«) als gezogen markiert, ihr Wert also von 0 auf 1 geändert.

Anschließend kann dieser Wert ausgegeben werden:

```
Console.WriteLine(Nr + ". Ziehung: " + Zufall);
```

Damit hätten wir alles für unser Lotto-Programm zusammen, das jetzt so aussieht (→ LOTTO2):

```
// Lotto
const int Max = 49;
const int Anzahl = 6;
Random random = new Random();
int[] Lottozahl = new int[Max+1];
int Zufall = 0;
for (int i = 1; i < Lottozahl.Length; i++)
  Lottozahl[i] = 0;
// Sechs Zahlen "ziehen"
for (int Nr = 1; Nr <= Anzahl; Nr++)
{
  // noch nicht verwendete Zufallszahl suchen
  do
  {
    Zufall = random.Next(1, Max);
  }
  while (Lottozahl[Zufall] == 1);
  // Benutzte Zahl als "gezogen" markieren
  Lottozahl[Zufall] = 1;
  // "Gezogene" Zahl anzeigen
  Console.WriteLine(Nr + ". Ziehung: " + Zufall);
}
```

FELDSORTIERUNG

Wenn du nicht glaubst, dass nunmehr keine Lottozahl mehr doppelt angezeigt wird, kannst du den Wert der Konstanten-Anzahl mal auf 20 oder 30 erhöhen (bitte nicht auf mehr als 48).

Der Nachteil ist, dass alle Werte unsortiert ausgegeben werden, womit man bei vielen Zahlen den Überblick verlieren kann. Es sähe auch besser aus, wenn alle Zahlen zuerst sortiert und dann angezeigt würden. Dazu müssen wir nicht mal ein eigenes Verfahren programmieren, C# stellt uns mit der Methode `Array.Sort` das nötige Hilfsmittel zur Verfügung.

Für die Sortierung benötigen wir ein weiteres Feld, in dem alle sechs gezogenen Lottozahlen untergebracht werden:

```
int[] Zufall = new int[Anzahl+1];
```

`Zufall` wird jetzt zu einem Variablenfeld mit Platz für sechs gezogene Zahlen. Und damit sind einige kleine Modifikationen der `for`- und der `do-while`-Schleife nötig, denn überall muss nun `[Nr]` als Index hinzugefügt werden:

```
for (int Nr = 1; Nr <= Anzahl; Nr++)
{
  do
  {
    Zufall[Nr] = random.Next(1, Max);
  }
  while (Lottozahl[Zufall[Nr]] == 1);
  Lottozahl[Zufall[Nr]] = 1;
}
```

Anschließend erfolgt der Aufruf des Sortierprozesses (wobei das Array `Zufall` als Parameter übergeben werden muss):

```
Array.Sort(Zufall);
```

Und nun verlegen wir die Ausgabemethode in eine weitere `for`-Schleife, um die Lottozahlen nach Größe geordnet auszugeben:

```
for (int Nr = 1; Nr < Zufall.Length; Nr++)
  System.out.println
    (Nr + ". Ziehung: " + Zufall[Nr]);
```

Damit kommen wir zu unserer letzten Lotto-Version (→ LOTTO3):

```
// Lotto
const int Max = 49;
const int Anzahl = 6;
Random random = new Random();
int[] Lottozahl = new int[Max + 1];
int[] Zufall = new int[Anzahl + 1];
for (int i = 1; i < Lottozahl.Length; i++)
  Lottozahl[i] = 0;
// Sechs Zahlen "ziehen"
for (int Nr = 1; Nr <= Anzahl; Nr++)
{
  do {
    Zufall[Nr] = random.Next(1, Max);
  }
  while (Lottozahl[Zufall[Nr]] == 1);
  Lottozahl[Zufall[Nr]] = 1;
}
Array.Sort(Zufall);
for (int Nr = 1; Nr < Zufall.Length; Nr++)
  Console.WriteLine(Nr + ". Ziehung: " + Zufall[Nr]);
```

≫ Erweitere deinen Quelltext entsprechend, dann lasse das Programm – wieder mehrmals – laufen.

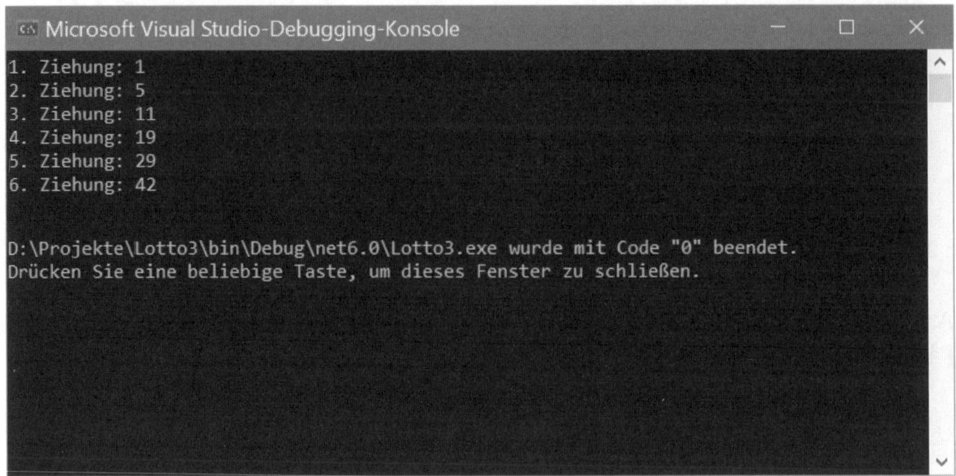

Wenn du willst, kannst du auch hier mal einen deutlich größeren Wert für Anzahl einsetzen, um festzustellen, dass das Sortieren auch bei großen Mengen funktioniert.

ZUSAMMENFASSUNG

Das war's erst mal wieder. Doch ehe du dir eine wohlverdiente Ruhepause gönnst, wollen wir zuerst sehen, was von alledem noch hängen geblieben ist. Hier sind neben ein paar alten Bekannten zur Erinnerung einige »Neulinge« aus dem C#-Wortschatz:

`while`	SOLANGE eine Bedingung erfüllt ist, führe einen Anweisungsblock aus (Bedingungstest am Schleifenanfang)
`do..while`	Führe einen Anweisungsblock aus, SOLANGE eine Bedingung erfüllt ist (Bedingungstest am Schleifenende)
`for`	FÜR eine Bedingung (eine bestimmte Anzahl von Wiederholungen) führe einen Anweisungsblock aus
`break`	Ans Ende einer Schleife springen
`continue`	An den Anfang einer Schleife springen
`const`	Vereinbarung einer Konstanten
`new`	Speicherplatz für Variablen, Objekte und Felder bereitstellen

`Length`	Anzahl der Elemente eines Arrays
`Sort()`	Methode: Elemente eines Arrays sortieren
`[ ]`	Eckige Klammern für Variablenfelder (Anzahl und Index)
`( )`	Runde Klammern für Bedingungen oder Parameter
`{ }`	Geschweifte Klammern für Anweisungsblöcke
`++`	Variablenwert um 1 heraufzählen (Inkrementieren)
`--`	Variablenwert um 1 herunterzählen (Dekrementieren)

EIN PAAR FRAGEN ...

1. Was sind die Unterschiede zwischen den drei Schleifentypen (`while`, `do`, `for`)?
2. Wie wird ein Feld von Variablen vereinbart und erzeugt?

... UND EIN PAAR AUFGABEN

1. Ändere das Kennwort-Projekt aus Aufgabe 3 (Kapitel 2) so ab, dass drei Eingabeversuche möglich sind, ehe das Programm endgültig abbricht.
2. Das Ratespiel kann ebenfalls eine `try-catch`-Struktur vertragen.
3. Erstelle ein Projekt, in dem nach Eingabe einer Reihe von Zahlen deren Mittelwert berechnet und angezeigt wird.
4. In einem weiteren Projekt soll ein Feld von Strings angelegt werden, über das sich mehrere eingegebene Namen sortieren und so wieder ausgeben lassen.

5 DO IT YOURSELF: FUNKTIONEN UND KLASSEN

Unsere bisherigen Projekte waren nicht sonderlich groß und somit überschaubar. Man hatte den Quelltext komplett im Blick. Doch wenn die Projekte »dicker« werden, gar sehr viel umfangreicher wie bei einer professionellen App oder einem anspruchsvolleren Spiel, dann wird der Umfang der Quelltexte irgendwann unüberschaubar.

Untergliedert man jedoch ein größeres Programm in Abschnitte, so besteht weniger Gefahr, die Übersicht zu verlieren. Dazu brauchen wir passende Hilfsmittel, und die finden wir in Funktionen und Methoden, Klassen und Objekten. Damit arbeitest du schon seit dem ersten Kapitel. Aber hier machen wir den Versuch, mal selbst »solche Dinger« zu basteln.

In diesem Kapitel lernst du

- wie man eigene Funktionen erstellt
- mehr über den Einsatz von Parametern
- den Unterschied zwischen Funktionen und Prozeduren kennen
- was lokale und globale Variablen sind
- wie man eine eigene Klasse »zusammenbaut«

- was ein Konstruktor ist
- was Kapselung und Vererbung bedeuten
- wozu `virtual` und `override` gut sind

C# IST LERNFÄHIG

C# hat eigentlich einen recht kleinen Grundwortschatz, der aus sogenannten Schlüsselwörtern besteht. Dazu gehören unter anderem `if`, `for`, `while`, nicht jedoch z.B. `WriteLine()` oder `Random.Next()`. Die stammen aus Modulen, die von C# automatisch mit eingebunden werden.

Oft muss der Name einer Klasse zusätzlich angegeben werden. Lässt man z.B. bei `Console.WriteLine()` den Anfangsteil `Console` weg und benutzt nur `WriteLine()` allein, so würde man eine Fehlermeldung bekommen.

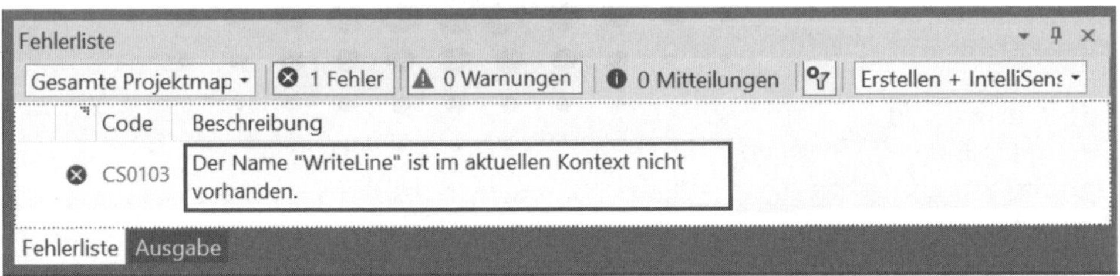

Insgesamt hat man durch die Zusatz-Module eine große Anzahl von verfügbaren Klassen und Methoden. Aber die reichen nicht immer und nicht jedem. Und deshalb gibt es die Möglichkeit, sich seine eigenen Funktionen zusammenzuzimmern.

Man kann also C# Neues beibringen und damit den Wortschatz dieser Sprache ständig erweitern. Und offenbar ist C# auch in der Lage, sich diese neu gelernten Wörter dauerhaft zu merken, sodass man für künftige Programme auf diesen (erweiterten) Wortschatz zurückgreifen kann.

Probieren wir das gleich einmal aus, aber fangen wir klein an. Ich benutze eine Funktion, deren Namen ich mir selbst ausgedacht habe und die erst mal nichts tut:

```
DoNothing();
```

Und damit C# damit auch etwas anfangen kann, müssen wir `DoNothing()` als Funktion vereinbaren. Aussehen könnte das etwa so:

```
// Definition
void DoNothing() { }
//Aufruf
DoNothing();
```

Wenn du das ausprobieren willst, erstelle am besten ein neues Projekt. Zuerst wird die Funktion vereinbart, darunter folgt dann der Funktionsaufruf. Und wenn du den obigen Quelltext eingibst und das Programm testest, wirst du bemerken, dass wirklich nichts passiert, was man von außen sehen kann.

Willst du aber unbedingt etwas zu sehen bekommen, dann ginge das z.B. mit einer solchen Funktion:

```
// Definition
void DoAnything()  {
  Console.WriteLine("Was?");
}
//Aufruf
DoAnything();
```

Das Wesentliche haben wir hier schon erfasst. Es gibt eine **Vereinbarung** oder **Definition**, damit C# das neue Wort lernen und in seinen Wortschatz aufnehmen kann. Und es gibt einen **Aufruf**, womit die Funktion aktiviert wird.

Bevor wir uns das jetzt näher anschauen, solltest du für dich klären, wie du es mit den Namen für Funktionen halten willst. Ich habe mich dafür entschieden, im Folgenden englische Namen zu verwenden. Zum einen sind die oft knapper formuliert als die deutschen, außerdem haben alle bereits vorhandenen Funktionen ebenfalls englische Namen. Viele Profi-Programmierer bevorzugen englische Namen, oft auch für die Variablen. Du kannst aber jederzeit deine eigenen (deutschen) Namen verwenden, wenn dir das besser passt.

Nun zu unserer neuen Funktion Marke Eigenbau. Die besteht aus einem Kopf und einem Rumpf.

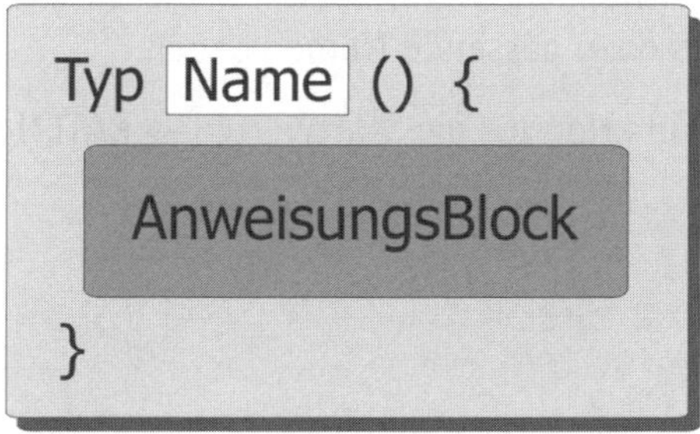

Das erinnert irgendwie an die Kontrollstrukturen, die du kennengelernt hast. Der **Funktionskopf** besteht aus einer Zeile. Zuerst kommt das Schlüsselwort `void`, dann folgt der Name und dahinter stehen immer (!) runde Klammern:

```
void DoAnything()
```

Der **Funktionsrumpf** besteht aus dem Anweisungsblock, hier nur aus einer Anweisung:

```
Console.WriteLine("Was?");
```

Auch wenn der Anweisungsblock nur eine Anweisung enthält, werden die geschweiften Klammern hier **immer** benötigt, sogar dann, wenn der Rumpf leer ist – wie du ja bei DoNothing() gesehen hast.

Doch was bedeutet void? Was soll das für ein Typ sein? Dieses Wörtchen heißt so viel wie »typ-los«. Jede Funktion muss in C# einen Typ haben, das könnte z.B. einer der Datentypen sein, die du bereits kennengelernt hast: int, float, string.

Aber es gibt auch Funktionen, die keinen Typ benötigen. Und dafür steht das Schlüsselwort void.

Beim Aufruf benutzt man nur den Namen.

FUNKTIONEN FÜRS RATESPIEL

Und nun machen wir uns auf die Suche nach einem vorhandenen Projekt, in dem sich neue Funktionen definieren und natürlich auch gleich nutzen lassen. Wie wäre es mit dem Raten-Projekt? Nehmen wir uns das doch mal vor und schauen, was dort mit selbst gebauten Funktionen geht.

Da es sich um ein Spiel handelt, wenn auch nur um ein kleines, könnten wir den Funktionen auch gleich dazu passende Namen geben.

Beginnen wir mit der Funktion für die Startwerte (→ RATEN4):

```
void InitGame()
{
  Random random = new Random();
  int Versuche = 0; int Zahl = 0;
  string Eingabe = "";
  int Zufall = random.Next(1, 1000);
}
```

In der nächsten Funktion geht es dann schon ums Spielen:

```
void PlayGame()
{
  while (Zahl != Zufall)
  {
    Console.Write("Rate mal: ");
    Eingabe = Console.ReadLine();
    Zahl = int.Parse(Eingabe);
    if (Zahl == 0) break;
    Versuche++;
    if (Zahl < Zufall)
      Eingabe = Eingabe + " ist zu klein";
    if (Zahl > Zufall)
      Eingabe = Eingabe + " ist zu groß";
    if (Zahl == Zufall)
      Eingabe = Eingabe + " ist richtig!";
    Console.WriteLine(Eingabe);
  }
}
```

Hier liegt auch die Wiederholungs-Schleife, die dafür sorgt, dass gespielt wird, bis die Zahl geraten wurde. Und so bleiben nur noch wenige Zeilen für die letzte Funktion:

```
void FinishGame()
{
  Console.WriteLine
    ("Das waren " + Versuche + " Versuche");
}
```

Und nun müssen alle drei Funktionen natürlich aufgerufen werden, womit dieser Hauptprogrammteil recht mager ausfällt:

```
InitGame();
PlayGame();
FinishGame();
```

- So, und nun bist du dran. Vielleicht ist es am besten, mal wieder ein neues Projekt zu erstellen. Dort tippst du alles ein. Oder du kopierst und änderst die letzte Raten-Version.

- Dann versuche dein Glück und starte das Programm.

Vielleicht kam es dir schon komisch vor, dass da im Quelltext so viele rote Wellenlinien sind. Und wenn dein Programm mit einer Fehlermeldung abbricht, dann liegt das nicht an dir, sondern daran, dass auf einmal irgendetwas mit den Variablen nicht mehr stimmt.

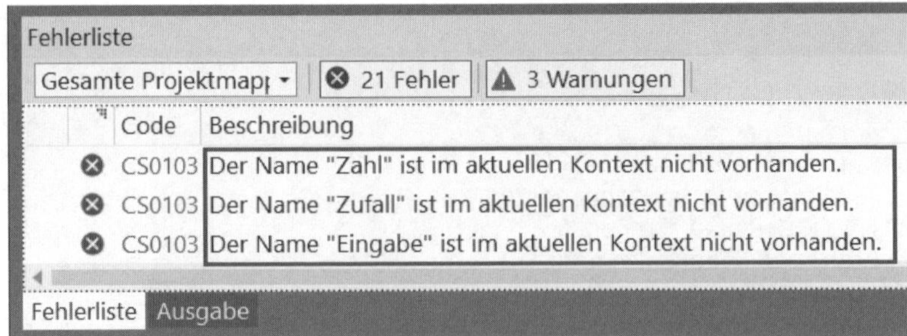

Anscheinend kann die Funktion `PlayGame()` mit allen Variablen nichts anfangen. Und auch bei `FinishGame()` gibt es Probleme. Obwohl doch sämtliche Variablen weiter oben in der `InitGame`-Funktion vereinbart und schon benutzt wurden. Also müssten sie doch eigentlich dem Computer bekannt sein. Was läuft da schief?

Wichtig zu wissen ist, dass das Projekt HALLO4 nur zur Anschauung dient, also **nicht** lauffähig ist.

LOKAL ODER GLOBAL?

Grundsätzlich sind erst mal **alle** Variablen nur in dem Bereich gültig, in dem sie vereinbart wurden. In den letzten Versionen des Raten-Projekts waren sie deshalb überall im Quelltext gültig, weil das Ganze quasi das Hauptprogramm war.

Jetzt sieht das anders aus: Erst kommen einige Funktions-Definitionen, die sich **außerhalb** befinden, oberhalb des eigentlichen Hauptprogramm-Teils, in dem sie dann aufgerufen werden. Und wie wir gerade erleben müssen, gelten Variablen nur **innerhalb** der Funktion, in der sie verwendet werden.

Was auch heißt, dass es hier für den Computer alle Variablen jeweils doppelt gibt und geben darf, nämlich als **verschiedene** Variablen mit demselben Namen. Doch jede Variable gilt **nur** in der Funktion, in der sie gerade benutzt wird.

Alle Variablen, die **innerhalb** irgendeiner Funktion vereinbart und definiert wurden, sind nur dort gültig – vom Gesamt-Programm aus gesehen, das aus zahlreichen Funktionen bestehen kann, handelt es sich um **lokale** Variablen. Nach dem Verlassen der Funktion gibt es die lokalen Variablen nicht mehr.

Da wir hier aber Variablen benötigen, die **überall** gelten, also in allen drei von uns vereinbarten Funktionen, müssen wir sie **global** machen.

Wie kriegen wir denn nun eine »Globalisierung« hin? Das schaust du dir am besten an, wenn du jetzt den gesamten Quelltext neu serviert bekommst (→ RATEN5):

```
// Raten
int Zahl = 0; int Zufall = 0;
string Eingabe = "";
int Versuche = 0;
// Funktionen
void InitGame()
{
  Random random = new Random();
  Zufall = random.Next(1, 1000);
}
void PlayGame()
{
  while (Zahl != Zufall)
  {
    Console.Write("Rate mal: ");
    Eingabe = Console.ReadLine();
    Zahl = int.Parse(Eingabe);
    if (Zahl == 0) break;
    Versuche++;
    if (Zahl < Zufall)
      Eingabe = Eingabe + " ist zu klein";
    if (Zahl > Zufall)
      Eingabe = Eingabe + " ist zu groß";
    if (Zahl == Zufall)
      Eingabe = Eingabe + " ist richtig!";
    Console.WriteLine(Eingabe);
  }
}
void FinishGame()
{
  Console.WriteLine
    ("Das waren " + Versuche + " Versuche");
}
// Hauptprogramm
InitGame();
PlayGame();
FinishGame();
```

Ganz oben sind alle Variablen global vereinbart.

```
int Zahl = 0; int Zufall = 0;
string Eingabe = "";
int Versuche = 0;
```

Hier wurden auch schon Startwerte gesetzt, die `InitGame`-Funktion ist dann allein für die Erzeugung der Zufallszahl zuständig. Ansonsten sieht alles andere so aus wie in Projekt RATEN4.

≫ Sorge nun dafür, dass dein Quelltext auch so aussieht wie da oben, speichere alles und starte das Spiel. Probiere es mehrmals aus.

Eigentlich müsste alles so funktionieren wie bei der Version dieses Ratespiels aus dem letzten Kapitel.

PARAMETER UND RÜCKGABE

Bei dem überschaubar kleinen Ratespiel ist es sinnvoll, dass alle Variablen global vereinbart sind. Ein Beispiel, in dem es viele lokale und globale Variablen gibt, haben wir jetzt noch nicht. Aber wir bleiben bei den Funktionen, denn du fragst dich vielleicht: Was ist mit den Klammern? Warum sind die bei unseren drei Funktionen leer, wo wir doch schon Funktionen hatten, bei denen in den Klammern »was drin« war.

Beispiele dafür sind `WriteLine()` und `Parse()`. Die Nutzung dieser beiden Funktionen ergibt doch eigentlich nur Sinn, wenn die jeweilige Funktion in Klammern etwas übernimmt, womit sie arbeiten kann.

```
Console.WriteLine("Hallo");
```

Das bedeutet, dass die Funktion `WriteLine()` den übergebenen Text anzeigen soll. Und das, was in Klammern übergeben wird, nennt man **Parameter** oder auch **Argument**.

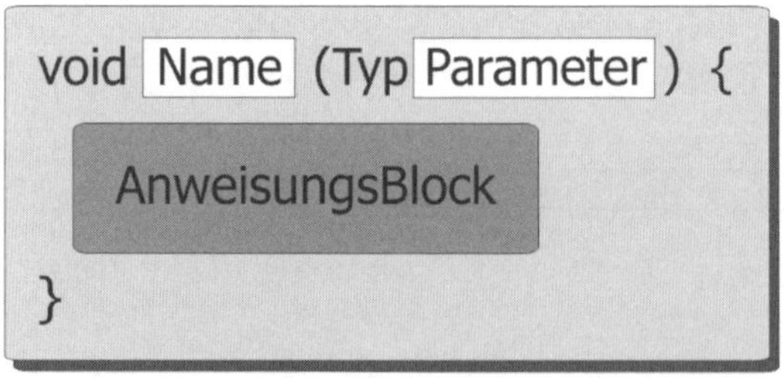

```
void Name (Typ Parameter) {
    AnweisungsBlock
}
```

```
Funktionsname (Parameter) ;
```

Ähnlich ist es mit der `Parse`-Funktion:

```
int Zahl = int.Parse("123");
```

Erst wird die Zeichenfolge "123" in eine Zahl umgewandelt, dieses Ergebnis wird dann der Variablen `Zahl` zugewiesen. Wie es scheint, gibt es da einen wichtigen Unterschied zwischen den beiden Funktionen: Die eine (`WriteLine`) übernimmt einen Parameter und zeigt ihn nur an. Die andere (Parse) übernimmt einen Parameter und gibt einen Wert **zurück**, der lässt sich dann z.B. einer Zahl-Variablen zuweisen.

```
Typ Name (Typ Parameter) {
  AnweisungsBlock
  return Wert;
}
```

```
Variable = Funktionsname (Parameter) ;
```

Wir werden gleich selbst Funktionen von jedem der beiden Typen erstellen – und dabei kommen wir auch auf das return zurück. Beginnen wir mit einer Funktion, die eine Zahl übernimmt und die Quadratzahl dazu ausgibt:

```
void ShowSquare(int Zahl) {
   Console.WriteLine (Zahl * Zahl);
}
```

Übergeben wir beim Aufruf der Funktion z.B. eine Fünf, so müsste als Ergebnis 25 angezeigt werden:

```
ShowSquare(5);
```

Hier ist eine andere Version:

```
int Square (int Zahl) {
  return Zahl * Zahl;
}
```

Hier wird nur das Quadrat gebildet, aber nichts angezeigt. Erst mal. Das Besondere ist, dass das Schlüsselwort return dafür sorgt, dass das Ergebnis **nach außen** dringen kann. Das, was dabei herauskommt, nennt man Rückgabewert.

Funktionen, die als void vereinbart sind, haben **keinen** Rückgabewert. Ein return ist also nur nötig, wenn eine Funktion einen Typ hat. Man bezeichnet solche Typ-losen Funktionen auch als **Prozeduren**. Da ist das return auch erlaubt, aber nur ohne Zusatz.

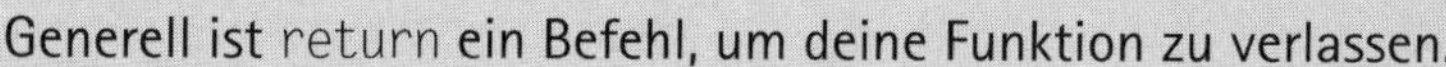

Generell ist return ein Befehl, um deine Funktion zu verlassen.

Aufgerufen werden die beiden Funktionen dann z.B. so (→ SQUARE1):

```
ShowSquare(5);
Console.WriteLine (Square(5));
```

Man könnte die zweite Funktion auch nur so aufrufen:

```
Square(5);
```

Doch dann würde man von außen davon nichts mitbekommen. Dass diese Funktion aus 5 eine 25 gemacht hat, würde erst nach außen dringen, wenn man die Funktion in eine Write-Anweisung einbaut oder z.B. in dieser Zuweisung:

```
int Quadrat = Square(5);
```

EIN NEUES BABY?

Von Klassen hatte ich schon mal geschrieben. Damit hatten wir auch bereits einiges zu tun. So funktioniert z.B. WriteLine() nicht ohne die Verknüpfung an die Klasse Console. Und für die Nutzung der Funktion Next() zum Erzeugen einer Zufallszahl war sogar ein Objekt nötig, das man erst aus einer Klasse erzeugen musste.

Wie ist denn so eine Klasse aufgebaut? Denn wir wollen gleich selbst so etwas zusammenbauen. Denn ebenso wie eigene Funktionen lassen sich auch eigene Klassen programmieren.

Die neue Klasse könnte z.B. aus dem Bereich der Mathematik sein, aber das muss nicht unbedingt sein. Machen wir doch einfach einen Zeitsprung um einige Jahrhunderte zurück und besuchen einen gewissen Dr. Frankenstein im Labor, um ihm über die Schulter zu schauen. Der hat nämlich eine solche Klasse entworfen:

```
public class Monster {
}
```

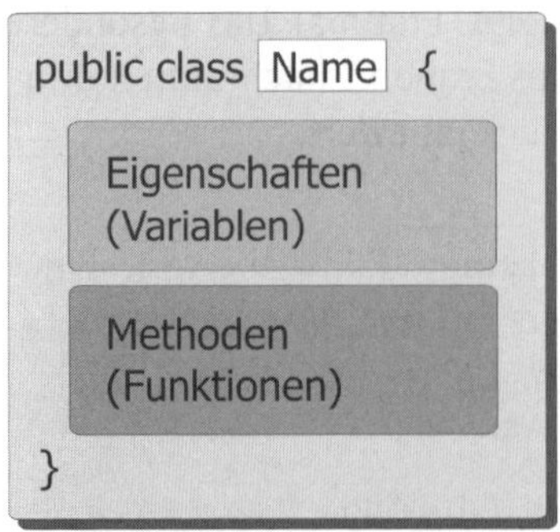

Zu bieten hat die neue Klasse derzeit noch nichts. Es soll hier auch nur um ein ganz einfaches Monster gehen, das einen Namen und sein Wesen als **Eigenschaften** (Variablen) hat. Dazu kommt eine passende Funktion, hier auch **Methode** genannt.

Eine Klasse besteht also in der Regel aus Variablen, die hier Eigenschaften genannt werden, z.B.

```
string Name;
```

Und sie hat eine oder mehrere Funktionen, hier Methoden genannt, z.B.:

```
void Show()
{
  Console.WriteLine(Name);
}
```

Dr. Frankenstein hatte keine so komfortablen Möglichkeiten wie wir, um seine Kreatur zu testen. Dafür geht es bei unserem Monster nicht so grauenerregend zu. Packen wir alles einmal zusammen:

```
public class Monster
{
  public string Name, Wesen;
  public Monster (string N, string W)
  {
    Name = N; Wesen = W;
  }
  public void Show()
  {
     Console.WriteLine ("Name : " + Name);
     Console.WriteLine ("Wesen: " + Wesen);
  }
}
```

Es gibt hier je zwei Variablen für die Eigenschaften und zwei Methoden. Die eine trägt seltsamerweise den Namen der Klasse: `Monster`, die andere (`Show`) sorgt dafür, dass jeweils Name und Wesen des Monsters angezeigt werden. Auffällig ist das mehrmals auftauchende `public`, zu dem ich aber erst später komme.

KONSTRUKTOR

Die zweite Methode `Show()` kommt dir bestimmt vom Aufbau her bekannt vor, aber was ist mit der ersten? Das ist eine ganz besondere Methode, **Konstruktor** genannt. Sie hat allgemein die Aufgabe, einem Objekt bei seiner Entstehung (»Konstruktion«) zu helfen. Konstruktor und Klasse haben in C# immer **denselben** Namen! Und ein Konstruktor braucht keinen Typ – nicht einmal `void`.

```
public Klasse () {
    AnweisungsBlock
}
```

Aber auch ein Konstruktor kann Parameter haben, deren Wert er dann intern weiterverwendet:

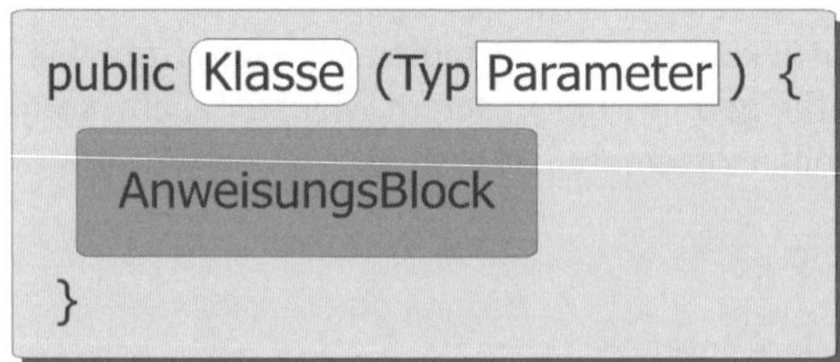

In unserem Falle sorgt der Konstruktor auch für die richtige Initialisierung, denn er gibt den beiden Eigenschaften der Klasse `Monster` jeweils einen Startwert.

Außer einem Konstruktor hat jede Klasse auch einen **Destruktor**. Beide sind immer standardmäßig vorhanden und werden in der Regel automatisch aktiviert, wenn man sie nicht selbst aufruft.

Während der Konstruktor ein Objekt erzeugt und aufbaut, sorgt der Destruktor für seine vollständige Entfernung, Er hat auch den Namen der Klasse, aber mit einem kleinen Zeichen davor, der sogenannten Tilde:

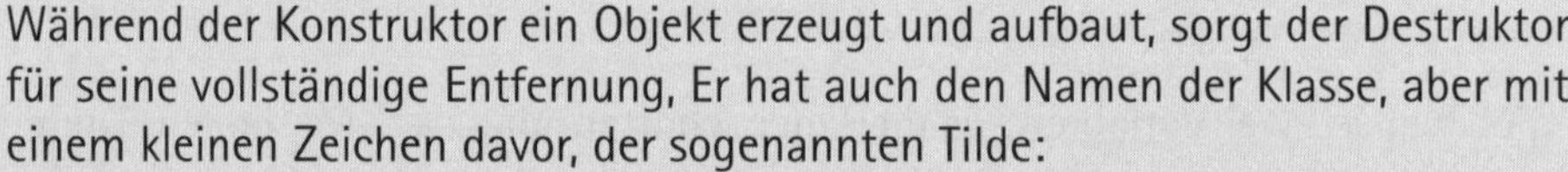

`~Monster()`

Er lässt sich auch direkt aufrufen. Doch das ist in der Regel nicht nötig, da er am Ende eines Programms für alle Objekte automatisch aktiviert wird. Und in die Klassendefinition muss er nur, wenn man selbst noch eine eigene Anweisung im Destruktor unterbringen will.

Nun wollen wir unsere Schöpfung in ein C#-Projekt einbetten.

- Erzeuge also erst einmal ein neues Projekt mit den Namen LABOR1.
- Dann tippe die obige Klassen-Definition komplett ein.

Nun folgt noch das sogenannte Hauptprogramm, das so aussieht (→ LABOR1):

```
// Hauptprogramm
Monster Frank = new Monster("Frankie", "ungewöhnlich");
Frank.Show();
```

Was da passiert, kennst du schon von der Klasse Random, von der wir auch ein Objekt erzeugt haben, um an eine Zufallszahl zu kommen, und auch hier wird zuerst ein **Objekt** vereinbart.

Das Schlüsselwort new sorgt dafür, dass für das ganze Objekt genügend Speicherplatz bereitgestellt wird. Du kennst dieses Wort bereits, wir hatten es schon einige Male benutzt.

Klasse Objekt = new Konstruktor(Parameter) ;

Hier wird new mit dem Aufruf des Konstruktors verbunden, dem wir zwei **Parameter** übergeben, damit das neu geschaffene Monster seinen Namen und auch wenigstens eine Eigenschaft kennt.

Anschließend sorgt die Methode Show() dafür, dass das auch sichtbar wird. Beachte, dass Show() nur funktioniert, wenn diese Methode verknüpft mit dem Objekt Frank aufgerufen wird.

Ein Spickzettel fasst noch einmal alles zusammen:

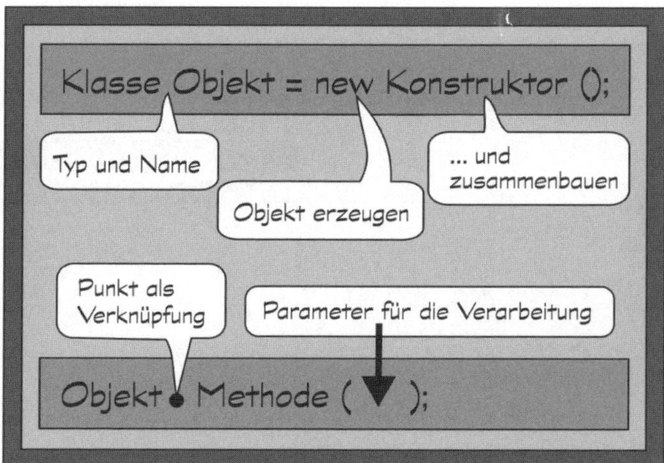

EINE NEUE DATEI

> Und nun starte das Programm. Klappt es?

Irgendetwas stimmt nicht, obwohl doch eigentlich alles stimmt. Oder? Schon als ich die vielen roten Wellenlinien im Quelltext gesehen habe, schwante mir nichts Gutes. Und nach dem Programmstart erscheint bei mir eine Fehlermeldung, die nicht mal darauf hinweist, wie ich diesen Fehler korrigieren kann.

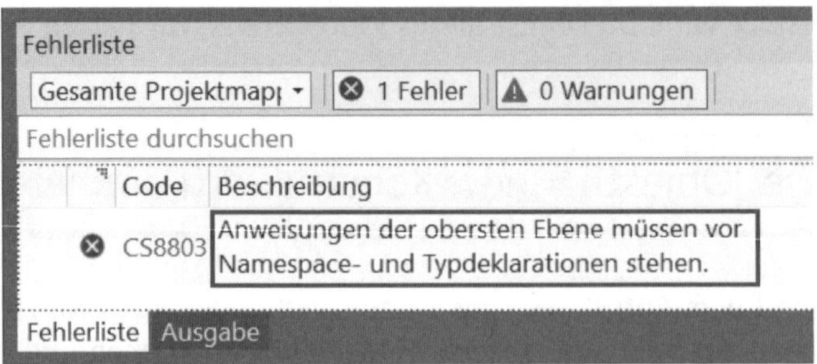

Überlies das, was da steht, einfach mal. Wir können dieser Fehlermeldung aus dem Weg gehen, indem wir unsere eigene Klasse `Monster` in einem **anderen** Quelltext unterbringen. Man kann auch sagen: Das neue Klassen-Baby braucht einen eigenen Laufstall bzw. eine eigene C#-Datei.

> Okay, erzeugen wir eine neue Klasse: Klicke dazu auf DATEI und NEU und dann auf DATEI.

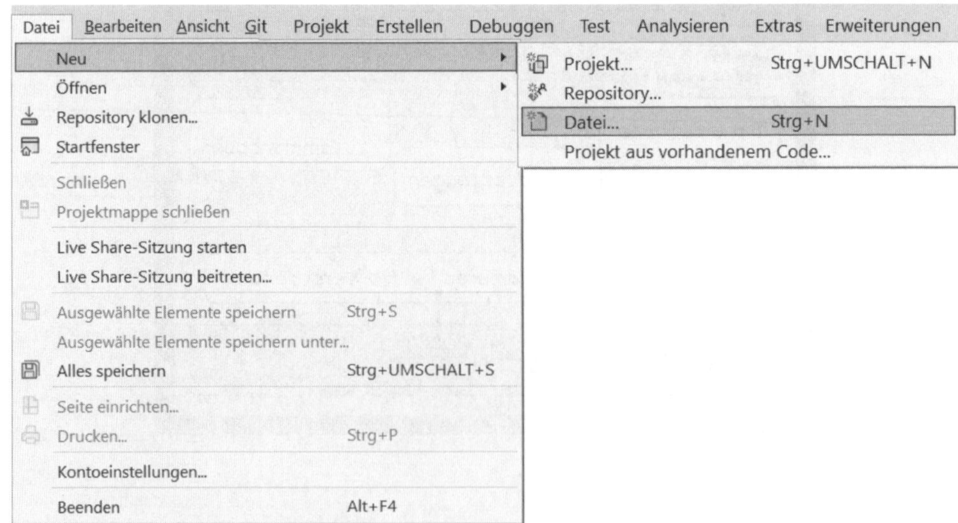

> Im sich nun öffnenden Dialogfeld suchst du in der mittleren Liste den Eintrag C#-KLASSE. Dann klickst du auf ÖFFNEN.

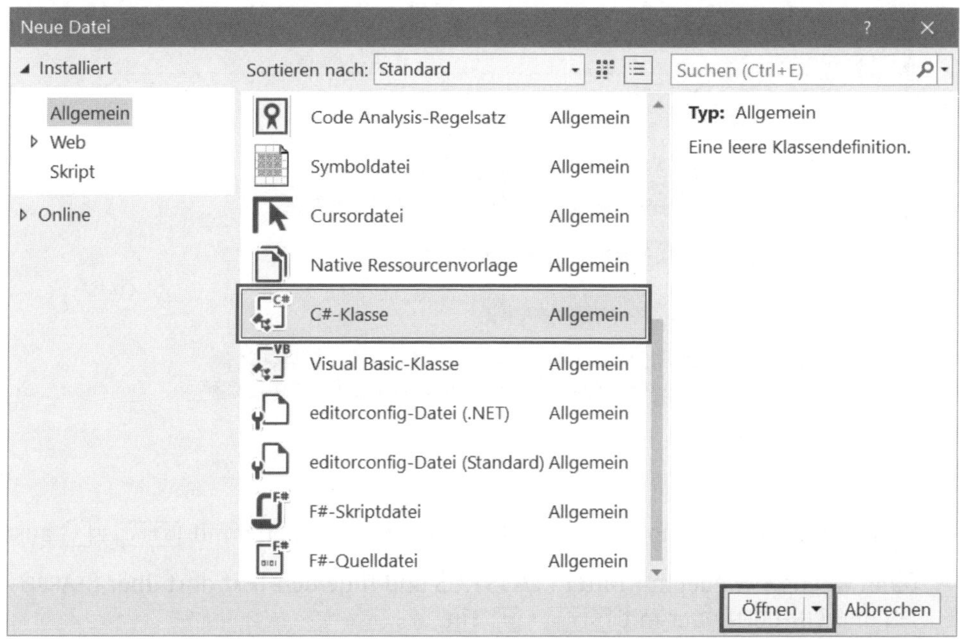

Und es gibt neben PROGRAM.CS eine weitere Datei mit dem Namen CLASS1.CS.

Class1.cs* | Program.cs

Sonstige Dateien | Class1

```
using System;

public class Class1
{
    public Class1()
    {
    }
}

```

- Hier können wir mit dem vorgeschlagenen Klassen-Gerüst nichts anfangen, also lösche den Text dort komplett.
- Dann wechsle in die Datei PROGRAM.CS und markiere dort den Quelltext für die selbst definierte Klasse.

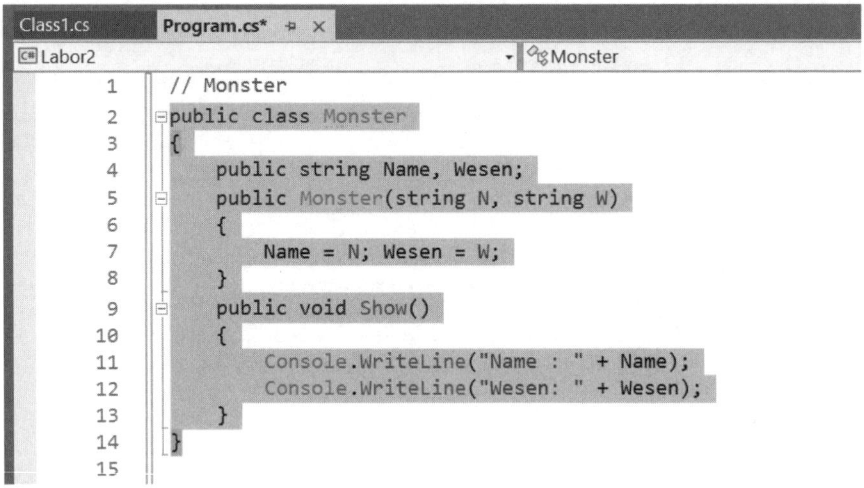
Class1.cs
Program.cs*
Labor2
Monster
// Monster
public class Monster
{
public string Name, Wesen;
public Monster(string N, string W)
{
Name = N; Wesen = W;
}
public void Show()
{
Console.WriteLine("Name : " + Name);
Console.WriteLine("Wesen: " + Wesen);
}
}

≫ Schneide diesen Text über BEARBEITEN und AUSSCHNEIDEN oder mit [Strg]+[X] aus.

≫ Dann wechsle wieder zur Datei CLASS1.CS und füge den Text dort über BEARBEITEN und EINFÜGEN oder mit [Strg]+[V] ein.

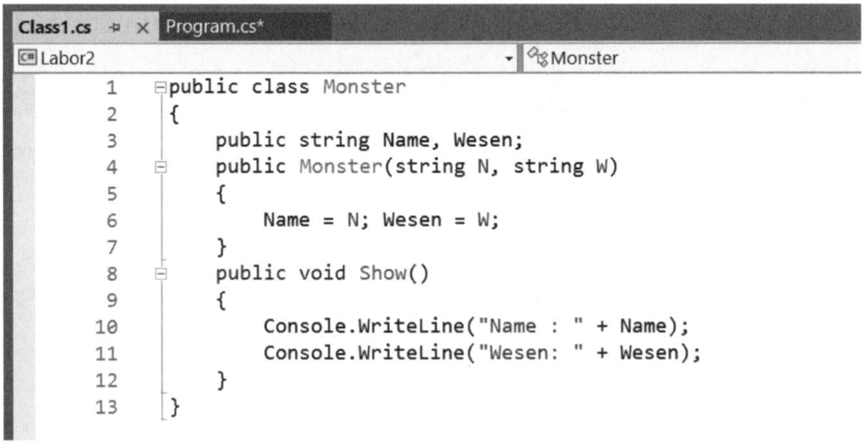
Class1.cs
Program.cs*
Labor2
Monster
public class Monster
{
public string Name, Wesen;
public Monster(string N, string W)
{
Name = N; Wesen = W;
}
public void Show()
{
Console.WriteLine("Name : " + Name);
Console.WriteLine("Wesen: " + Wesen);
}
}

Das war's auch schon (→ LABOR2).

LAUFEN LERNEN ...

≫ Vor einem Programmlauf solltest du am besten alles über DATEI und ALLES SPEICHERN sicher unterbringen.

Während die PROGRAM.CS normal gespeichert wird, musst du für CLASS1.CS den **passenden** Ordner erst suchen.

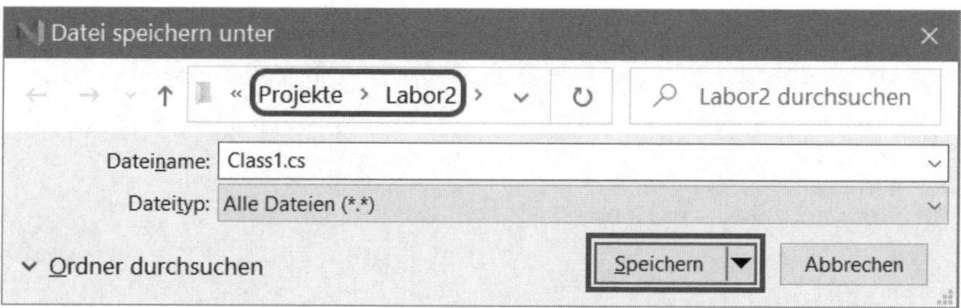

Was bedeutet, dass diese Datei **unbedingt** dort liegen muss, wo auch die zugehörige Datei mit dem Hauptprogramm liegt (PROGRAM.CS). Ich habe dafür vorher das Projekt kopiert und die Kopie in LABOR2 umbenannt.

≫ Wenn du den Ordner gefunden hast, klicke auf SPEICHERN.

Danach müssten beide CS-Dateien im selben Ordner sein.

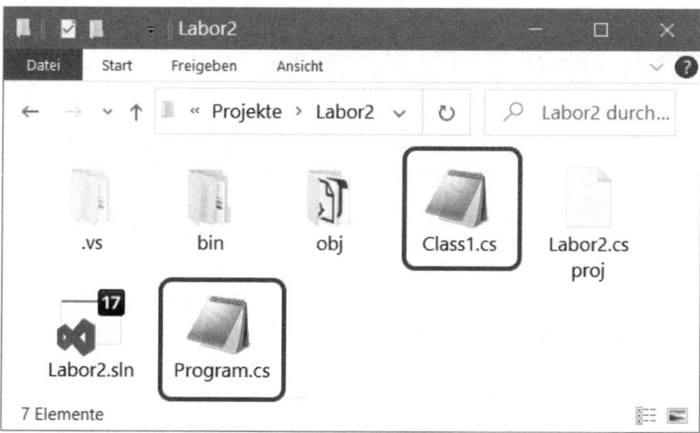

Schauen wir nun, was in PROGRAM.CS übrig geblieben ist:

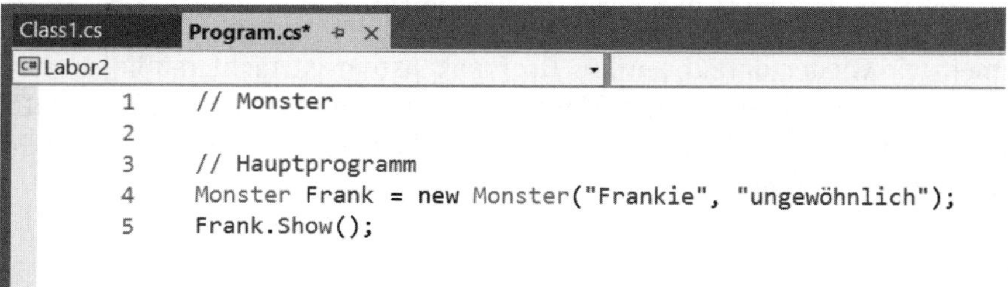

≫ Ob das klappt? Starte das Programm.

Und tatsächlich: Es funktioniert. Wir haben unsere erste eigene Klasse definiert und sie C# »beigebracht«.

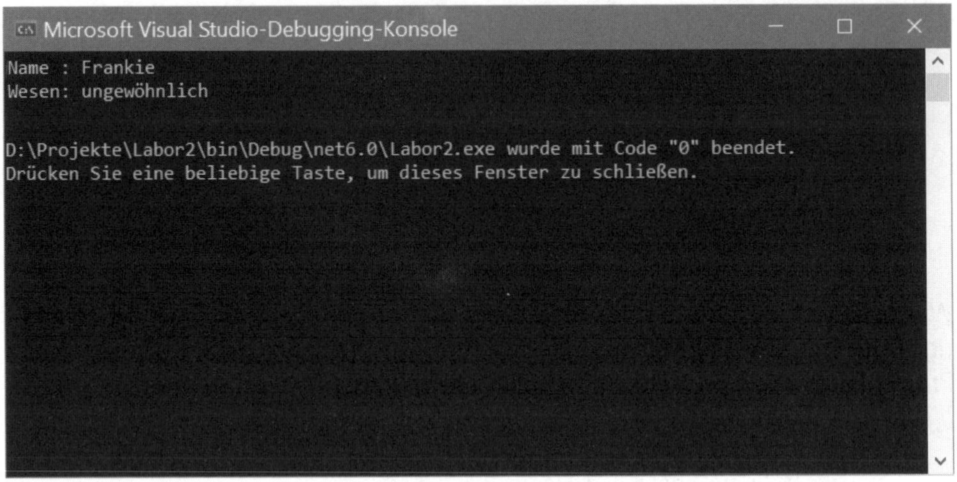

Microsoft Visual Studio-Debugging-Konsole

```
Name : Frankie
Wesen: ungewöhnlich

D:\Projekte\Labor2\bin\Debug\net6.0\Labor2.exe wurde mit Code "0" beendet.
Drücken Sie eine beliebige Taste, um dieses Fenster zu schließen.
```

KAPSELUNG UND VERERBUNG

Man nennt das Prinzip, mit Klassen und Objekten und Methoden zu programmieren, **Objektorientierte Programmierung** – kurz auch: OOP genannt.

Im Mittelpunkt steht das »Hantieren« mit Objekten. Davon gibt es jede Menge in unserer Alltagswelt. Das Konzept der OOP besteht darin, Daten und Methoden bzw. Funktionen zusammenzufassen. Statt Daten kann man hier auch Eigenschaften oder Variablen sagen. Und die Methoden bzw. Funktionen dienen dazu, die Daten zu bearbeiten bzw. mit ihnen umzugehen.

Alle Merkmale von gleichartigen Objekten fasst man in **Klassen** zusammen. In denen ist alles verpackt, was ein Objekt ausmachen kann. Das nennt man **Kapselung**. Bei einem Objekt spricht man auch von der **Instanz** einer Klasse. In unserem Fall ist `Monster` die Klasse und `Frank` ist das Objekt.

Kommen wir wieder darauf zurück. Dr. Frankenstein ist nicht müßig, er hat vor, noch zwei weitere Kinder seines Monsters zu erschaffen. Da wollen wir natürlich dabei sein. Im ersten Moment denkt man wohl daran, einfach drei Objekte der Klasse `Monster` zu erzeugen:

```
Monster Frank = new Monster("Frankie", "ungewöhnlich");
Frank.Show();
Monster Albert = new Monster("Bertie", "nachdenklich");
Albert.Show();
Monster Sigmund = new Monster("Sigi", "einfühlsam");
Sigmund.Show();
```

Doch eigentlich sollten Kinder sich von Eltern unterscheiden. Also durchaus etwas von `Monster`-Vater bzw. -Mutter erben, aber zusätzlich weitere Eigenschaften haben können. Dazu brauchen wir jetzt zwei **neue** Klassen, die müssen aber so vereinbart werden, dass sie von der Mutter-Klasse (oder der Eltern-Klasse) abgeleitet sind. In C# sehen die Klassen-Gerüste so aus (→ LABOR3):

```
public class GMonster : Monster
{
}
public class SMonster : Monster
{
}
```

Der Doppelpunkt (:) verbindet jeweils die Kind-Klasse mit der Mutter-Klasse `Monster`. Damit erben beide neuen Klassen all das, was in der ersten Klasse definiert wurde (so ähnlich, wie du von deinen Eltern einiges oder eine ganze Menge abbekommen hast). Und da kann dann noch was hinzukommen.

≫ Ergänze den Quelltext in CLASS1.CS um die neuen Klassendefinitionen.

So leer dürfen die Klassen nun nicht bleiben, das merkst du daran, dass ein versuchter Programmlauf wieder eine Fehlermeldung bringt.

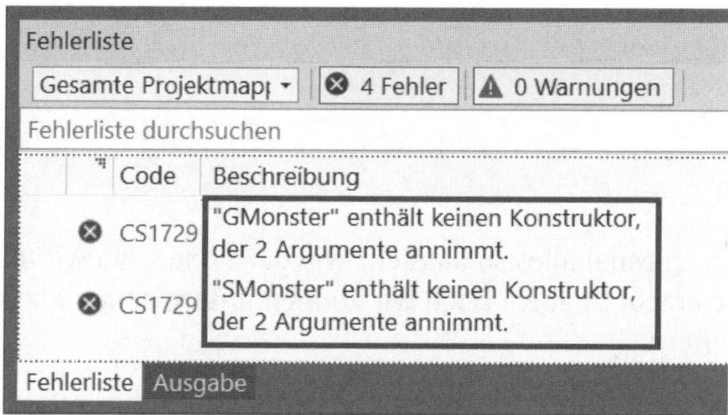

Auch abgeleitete Klassen brauchen einen eigenen Konstruktor. Aber auch der darf nicht leer sein, sondern muss den Konstruktor der Mutter-Klasse aufrufen. Womit er dann so aussieht – am Beispiel vom `GMonster`:

```
public class GMonster : Monster
{
  public GMonster(string N, string W) : base(N, W)
  {
  }
}
```

Und schon wieder ist da ein neues Wort: `base` bedeutet, dass der Konstruktor von Vater/Mutter `Monster` aktiviert wird. Zusätzlich sind natürlich anschließend weitere Anweisungen im neuen Konstruktor von `GMonster` möglich.

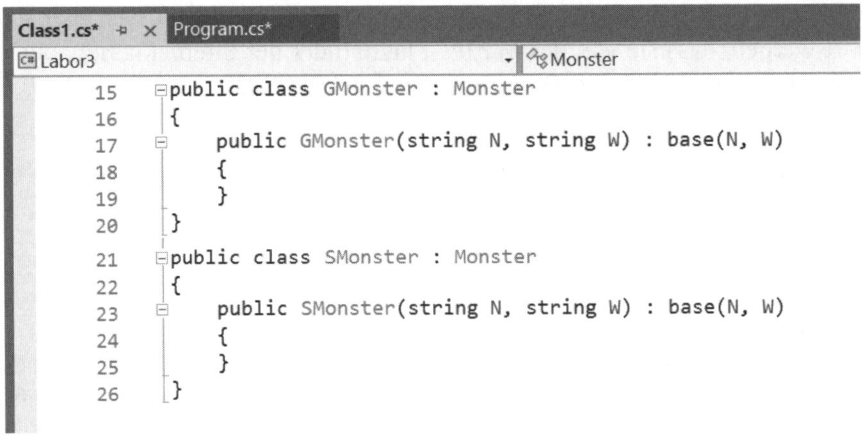

Class1.cs* Program.cs*

Labor3 Monster

```
public class GMonster : Monster
{
    public GMonster(string N, string W) : base(N, W)
    {
    }
}
public class SMonster : Monster
{
    public SMonster(string N, string W) : base(N, W)
    {
    }
}
```

Im Hauptprogramm (PROGRAM.CS) kann nun der Quelltext so angepasst werden:

```
// Hauptprogramm
Monster Frank =
  new Monster("Frankie", "ungewöhnlich");
Frank.Show();
GMonster Albert =
  new GMonster("Bertie", "nachdenklich");
Albert.Show();
SMonster Sigmund =
  new SMonster("Sigi", "einfühlsam");
Sigmund.Show();
```

Womit natürlich erst mal alles so aussieht wie ganz oben, wo wir alle drei Monster aus einer Klasse erzeugt haben. Doch wir können unsere neuen Klassen ja um neue Methoden erweitern.

Und das tun wir auch sofort, dabei darf die Methode ruhig relativ kurz sein. Sie sieht für alle drei Klassen gleich aus – bis auf ein Wort (→ LABOR4):

```
public string Type()  // class Monster
{
  return("Monster");
}
public string Type()  // class GMonster
{
  return("Geistes-Monster");
}
public string Type()  // class SMonster
{
  return("Seelen-Monster");
}
```

Hier gibt jede der drei Funktionen einen Text als Wert zurück, eine solche Methode kann man also z.B. einer Variablen zuweisen oder direkt ausgeben lassen.

≫ Füge jede der drei Type-Vereinbarungen in die passende Klassendefinition ein.

ERBSCHAFTS-PROBLEME?

Verschaffen wir uns einen kurzen Überblick über den Vererbungsmechanismus.

```
public class Kind : Mutter {
    Eigenschaften (Variablen)    +Erbschafts-variablen
    Methoden (Funktionen)        +Erbschafts-funktionen
}
```

Was man in der Abbildung nicht sieht: Nur das, was public vereinbart ist, kann auch direkt vererbt werden. Damit erfährst du also nun die Bedeutung dieses Schlüsselworts. Die Übersetzung lautet »öffentlich« und ohne diesen Zusatz wäre von außen z.B. die Show-Methode gar nicht verfügbar. Und sie würde auch nicht vererbbar sein. Also kann alles, was public vereinbart wurde, auch überall benutzt werden.

Von Kind-Klassen lassen sich auch wieder neue Klassen ableiten und so fort, sodass eine große Klassen-Familie entstehen kann. Die meisten Bibliotheken in C# sind auch genau so aufgebaut, bestehen also oft aus wenigen Basisklassen, von denen dann zahlreiche andere abgeleitet sind.

Wo nun alle drei Monster eine eigene Type-Methode haben, wollen wir die auch gleich benutzen. Dazu erweitern wir die Show-Methode in der Klassen-Datei entsprechend:

```
public void Show() {
  Console.WriteLine("Name : " + Name);
  Console.WriteLine("Wesen: " + Wesen);
  Console.WriteLine("Typ:   " + Type());
}
```

Das Hauptprogramm muss dazu nicht geändert werden.

≫ Passe deinen Quelltext entsprechend an und dann lasse das Programm laufen.

Und das kommt bei mir heraus:

```
Microsoft Visual Studio-Debugging-Konsole
Name : Frankie
Wesen: ungewöhnlich
Typ:   Monster
Name : Bertie
Wesen: nachdenklich
Typ:   Monster
Name : Sigi
Wesen: einfühlsam
Typ:   Monster


D:\Projekte\Labor4\bin\Debug\net6.0\Labor4.exe wurde mit Code "0" beendet.
Drücken Sie eine beliebige Taste, um dieses Fenster zu schließen.
```

Die drei Monster geben schön brav eine jeweils individuelle Auskunft. Oder? Eben nicht ganz, denn alle behaupten, sie seien – wie der Vater – auch einfach nur Monster.

Dabei greifen die Monster-Kinder zwar auf die **geerbte** Show-Methode zurück, aber dann benutzen sie leider **nicht** ihre **eigene** Methode, sondern auch die geerbte. Obwohl Type() jeweils noch einmal extra vereinbart wurde.

Woher sollen Bertie und Sigi denn wissen, welche Type-Methode sie verwenden müssen? Denn sie haben ja eigentlich zwei Funktionen mit dem gleichen Namen Type() zur Verfügung. Gibt es da nicht in C# einen Mechanismus, um die **eigene** Methode zu verwenden? Ja, es fehlen nur ein paar kleine Wörtchen. Hier noch einmal alle Methoden, leicht aufgerüstet (→ LABOR4):

```
// Monster
public virtual string Type() {
  return("Monster");
}
// GMonster
public override string Type() {
  return("Geistes-Monster");
}
// SMonster
public override string Type() {
  return("Seelen-Monster");
}
```

Das Schlüsselwort `virtual` sorgt dafür, dass die geerbte Methode in einer Kind-Klasse außer Kraft gesetzt werden kann. Das muss dann noch durch ein jeweiliges `override` bekräftigt werden.

> Wird eine Methode als `virtual` vereinbart, so darf sie in einer abgeleiteten Klasse außer Kraft gesetzt und durch eine neue Methode überschrieben werden. Diese neue Methode muss die Kennzeichnung `override` tragen.
>
> public virtual Typ Methode() {
> AnweisungsBlock
> }
> Mutter-Klasse
>
> public override Typ Methode() {
> AnweisungsBlock
> }
> Kind-Klasse

≫ Füge die neuen Wörter an der richtigen Stelle ein und starte das Programm.

Und endlich passt es. Nun sollte auch bei dir das Ergebnis so aussehen:

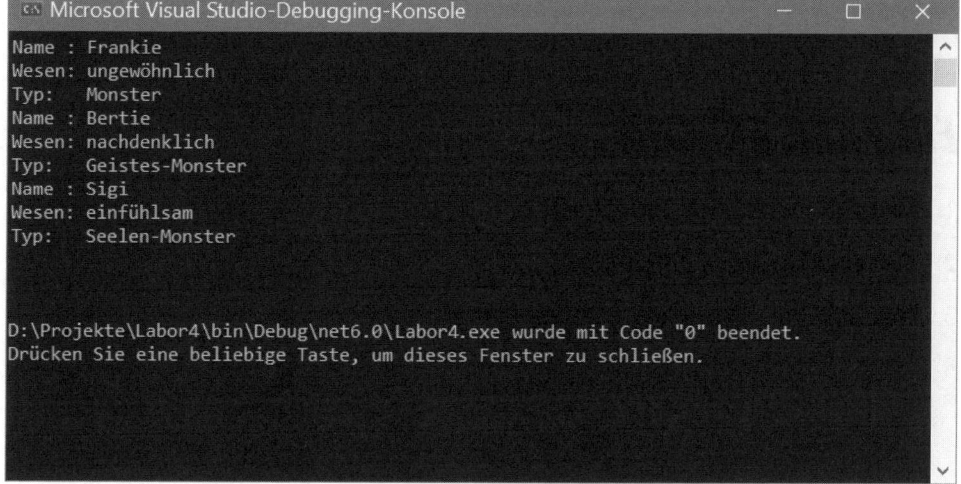

ZUSAMMENFASSUNG

Das war's für dieses doch etwas »dickere« Kapitel. Du hast deine erste eigene Klasse vereinbart und ein eigenes Objekt geschaffen. Wie Gott solltest du dich allerdings nicht fühlen (denn die Entstehung von Objekten der Klasse Mensch ist doch um einiges aufwendiger).

Nun machen wir erst mal wieder kurz Rast. Was von dem Neuen ist in diesem Kapitel hängen geblieben? Allzu viel ist es nicht, aber wichtig ist es schon, denn du kannst damit (fast) jede beliebige Funktion oder Klasse definieren:

void	Typ-lose Funktion, Prozedur
return	Funktion mit Rückgabewert verlassen (bei void-Funktion ohne)
class	Eine Klasse definieren
public	Klasse und/oder Elemente (Variablen, Funktionen) öffentlich zugänglich machen
[Konstruktor]	Initialisierungs-Funktion, die den Namen der Klasse trägt
new	Hier: Objekt erzeugen
:	Verbindung zwischen Mutter-Kind-Klasse
base	Aufruf des Mutter-Konstruktors
virtual	Klassenelement als überschreibbar vereinbaren
override	Geerbtes Klassenelement überschreiben

EIN PAAR FRAGEN ...

1. Sind Parameter auch Variablen?
2. Was sind Typ-lose Funktionen?
3. Was bedeuten Kapselung und Vererbung?

... UND EIN PAAR AUFGABEN

1. In einer Funktion soll die Summe der ganzen Zahlen von 1 bis zu einem eingegebenen Maximalwert ermittelt werden. Erstelle dazu ein Programm.
2. In einer Funktion soll der Mittelwert der ganzen Zahlen von 1 bis zu einem eingegebenen Maximalwert berechnet werden. Erstelle dazu ein Programm.
3. Durchforste deine bisherigen Projekte: Wo lassen sich Programmteile in Funktionen umwandeln und entsprechend einsetzen?

6 NICHT NUR WAS FÜRS AUGE: JETZT WIRD'S VISUELL

Da verwenden wir die ganze Zeit eine grafische Oberfläche, öffnen in Visual Studio Menüs, klicken uns durch Dialogboxen mit Schaltflächen, Anzeige- oder Eingabefeldern. Unsere bisherigen C#-Projekte wirken da eher etwas blass, denn dort haben wir doch meistens mit `WriteLine()` für eine ziemlich simple Optik gesorgt. Das soll sich jetzt ändern.

In diesem Kapitel lernst du

- was Formulare und Komponenten sind
- wie man Buttons einsetzt
- etwas über den Umgang mit Ereignissen und deren Methoden
- das Schlüsselwort `this` kennen

ERST MAL EIN FENSTER

Es wäre doch reizvoll, sich bei unseren Projekten nicht immerzu an die Konsole von Visual Studio binden zu müssen? Dann bräuchten wir für unser Programm ein eigenes Fenster. Schauen wir mal, wie uns das gelingen kann. Wenn es klappt, können wir daran gehen, dieses Fenster mit einigen Komponenten zu füllen.

Was sind **Komponenten**? Man versteht darunter Objekte, die in der Regel zur Bedienung oder Steuerung von Programmen verwendet werden, deshalb spricht man auch von **Steuerelementen.** Gemeint sind z.B. Schaltflächen (Buttons), Menüs, Anzeige- und Eingabefelder. Meistens kann man darauf mit der Maus klicken oder etwas eintippen.

> Weil der Projekttyp ein anderer ist, fangen wir jetzt so ähnlich an wie in Kapitel 1. Um das neue Projekt zu erzeugen, beginnst du mit Klick auf DATEI und NEU und PROJEKT.

Nun bekommst du das gleiche Dialogfeld, wie du es von deinen vergangenen Projekten kennst.

> Doch diesmal suchst du auf der rechten Seite nach dem Projekttyp WINDOWS FORMS-APP. Dazu musst du etwas nach unten blättern. Eigentlich gibt es davon mehrere, wähle den unteren Eintrag WINDOWS FORMS-APP (NET-FRAMEWORK).

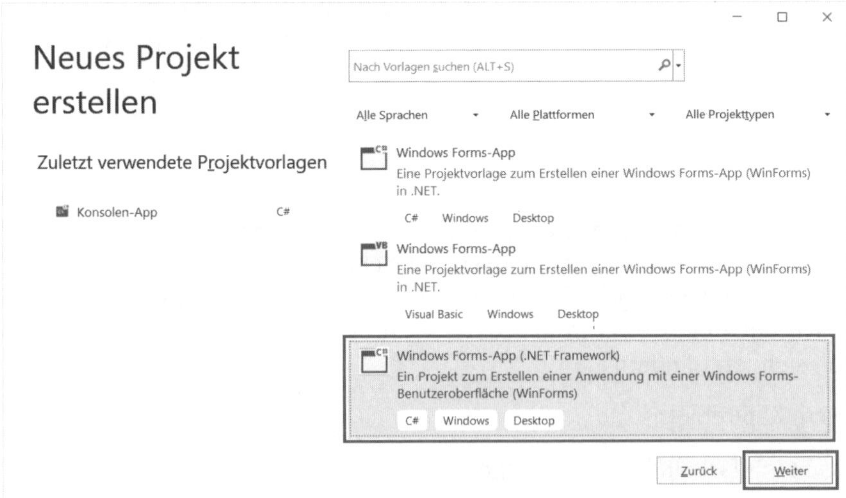

> Markiere den Eintrag und klicke dann auf WEITER.

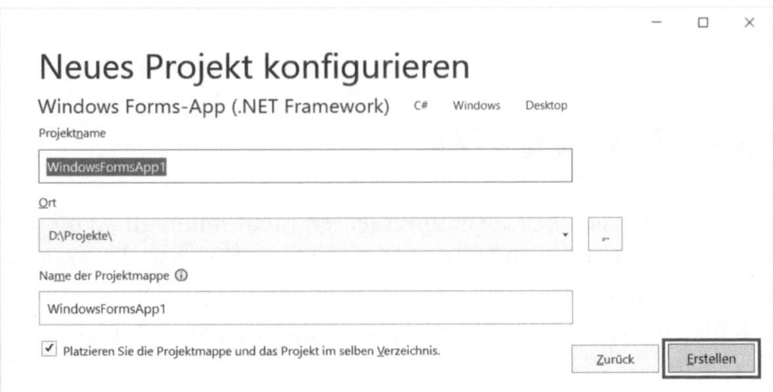

- Oben kannst du einen Namen eingeben (z.B. »Projekt2«), dann klickst du auf ERSTELLEN.

Und das war's auch schon. Was du nun zu sehen bekommst, unterscheidet sich schon von den bisherigen Konsolen-Projekten.

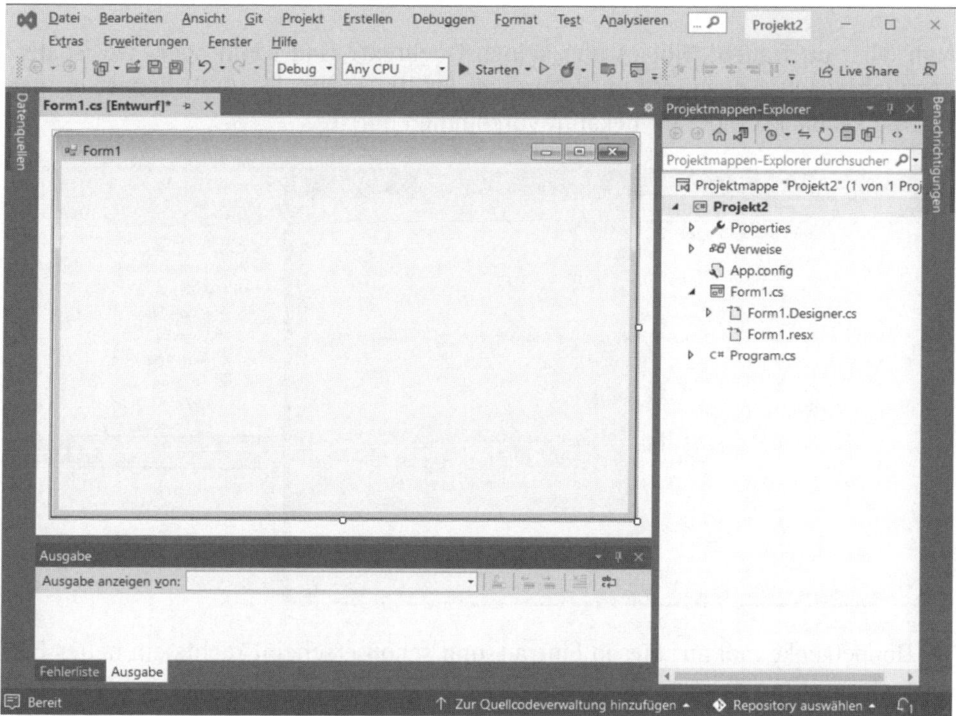

VON DER KONSOLE ZUM FORMULAR

Kein Quelltext ist zu sehen, dafür eine Fenstervorlage mit dem Titel FORM1. So etwas wird auch **Formular** genannt. Es kommt ein wenig altbacken daher, denn es hat noch das Format, das du vielleicht von Windows 7 kennst.

Das Aussehen des Formulars kommt daher, dass es **Windows Forms** als Toolkit (Werkzeugsammlung) für das Erstellen von grafischen Benutzeroberflächen schon sehr lange gibt. Eine neuere Sammlung wird mit **WPF** abgekürzt (Windows Presentation Foundation). Dieses Toolkit ist moderner, aber mittlerweile auch schon in die Jahre gekommen.

Verbreitet sind beide Komponenten-Pakete. Ich habe mich hier für Windows Forms entschieden, weil es für Anfänger einfacher zu handhaben ist. Allerdings ist WPF vielseitiger, was aber vorwiegend für professionellere Projekte von Interesse sein sollte. Umsteigen kann man jederzeit, doch man muss sich in WPF neu einarbeiten.

Ein WPF-Beispiel unseres Start-Projekts findest du im Download-Paket unter PROJEKT3.

Nun wirst du fragen: Gibt es hier keinen Quelltext? Und wenn doch, wo ist der? Schauen wir mal genauer hin. Rechts, im PROJEKTMAPPEN-EXPLORER findest du den Eintrag PROGRAM.CS, der dir bekannt vorkommen dürfte.

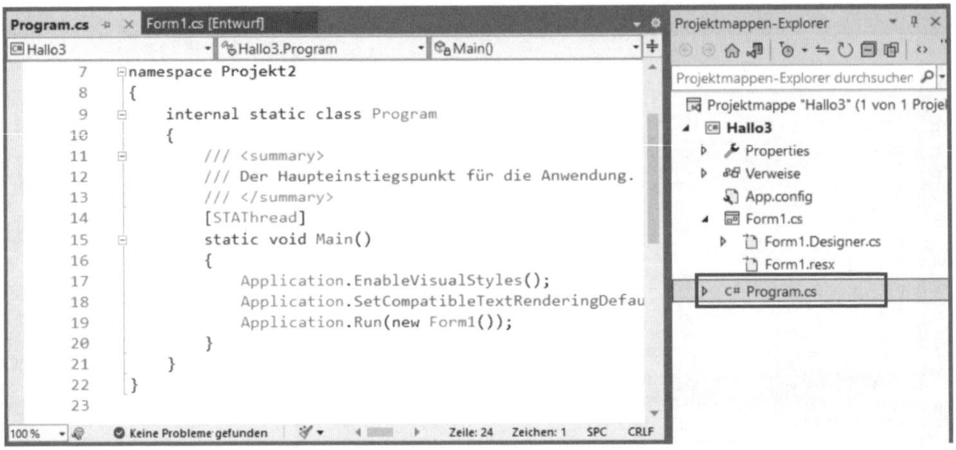

≫ Doppelklicke mal auf diesen Eintrag, und schon erscheint rechts ein neues Editorfenster mit einigem Quelltext.

Dass der anders aussieht als für eine Konsolen-Anwendung, dürfte klar sein. Wenn man da die Kommentarzeilen löscht, bleibt dieser Quelltext übrig:

```
using System;
using System.Collections.Generic;
using System.Linq;
using System.Threading.Tasks;
using System.Windows.Forms;
namespace Projekt2
{
  internal static class Program
  {
    [STAThread]
    static void Main()
    {
      Application.EnableVisualStyles();
      Application.SetCompatibleTextRenderingDefault
        (false);
      Application.Run(new Form1());
    }
```

```
    }
}
```

Vielleicht erinnerst du dich noch an den Abschnitt »Ein Blick zurück« in Kapitel 2? Da habe ich dir gezeigt, wie der Quelltext für eine Konsolen-Anwendung eigentlich aussehen müsste, wenn die neuen Versionen von Visual Studio sie nicht automatisch verbergen würden.

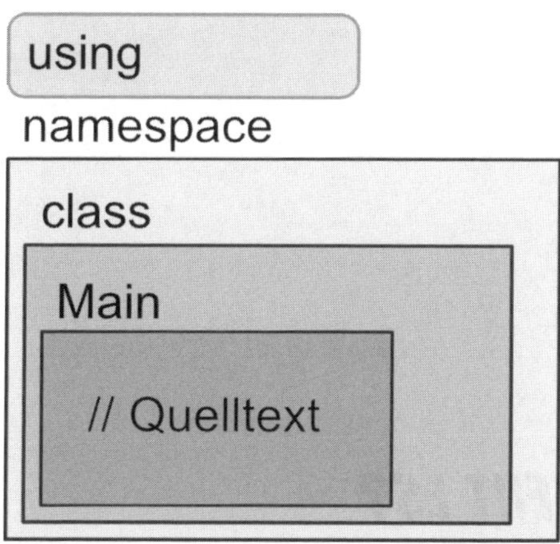

Und auch hier tauchen wieder einige Wörter auf, die du schon dort gesehen hast, dazu gehören `using`, `namespace` und `Main()`. Ich fange dabei von hinten an:

`Main()` ist der Name der Hauptfunktion eines C#-Programms, die nötig ist, damit das ganze Projekt überhaupt funktionieren kann. Dort stehen einige Methoden, die dazu dienen, zuerst die Anwendung zu initialisieren und sie dann laufen zu lassen – bis sie beendet wird. Den eigentlichen Programmlauf erledigt die Methode `Run()`.

`namespace` heißt »Namensraum«. Damit werden alle Wörter erfasst, die zu einem bestimmten Bereich gehören, hier erfasst der Namensraum `Projekt2`, also das aktuelle Projekt, das wir bearbeiten wollen.

Hinter `namespace` steht also der Projektname und hinter `class` der Name der Programm-Datei.

Und damit das ganze System läuft, müssen von außen Zusatzbibliotheken eingebunden werden, was durch `using` geschieht. Denn wie du weißt, verfügt C# selbst nur über eine gute Handvoll Schlüsselwörter.

≫ Starte doch einfach mal dieses Programm.

Das Ergebnis mündet hier nun nicht mehr in ein Konsolenfenster, sondern es erscheint ein eigenes echtes Windows-Fenster. Es ist noch leer, aber es hat sich optisch der aktuellen Windows-Version angepasst.

HALLO, WIE GEHT ES?

Wie wäre es, das fast schon vergessene (?) Hallo-Projekt wieder hervorzukramen und ihm ein neues Kleid zu verpassen? Zum Beispiel könnte das Ergebnis unserer Bemühungen dann so aussehen (→ HALLO3):

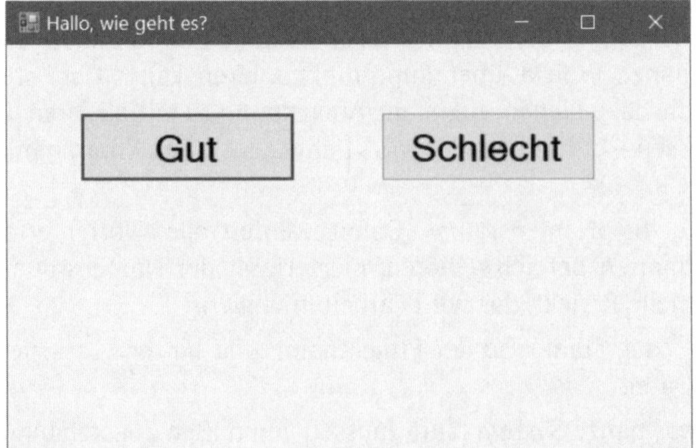

Dazu müssen wir unser Formular mit ein paar Komponenten füllen – Anweisungen in den Quelltext müssen wir dazu nicht eingeben, denn wie oben im Titel des Kapitels angekündigt, geht es hier visuell zu. Was konkret heißt, wir basteln uns unser Projekt zusammen, indem wir die neuen Komponenten mit der Maus einfügen und positionieren.

Zuerst aber verpassen wir dem Formular einen neuen Titel. Wir benötigen einen Zugang zu den **Eigenschaften** des Formulars, dazu gehören u.a. die Größe, die Lage oder der Name. Und eben auch der Titel.

≫ Um das passende Fenster zu öffnen, klickst du auf ANSICHT und im Menü ganz weit unten auf EIGENSCHAFTEN-Fenster. Oder du benutzt die Taste [F4].

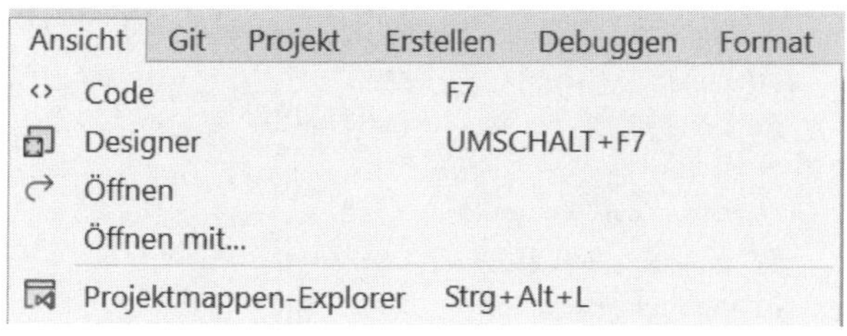

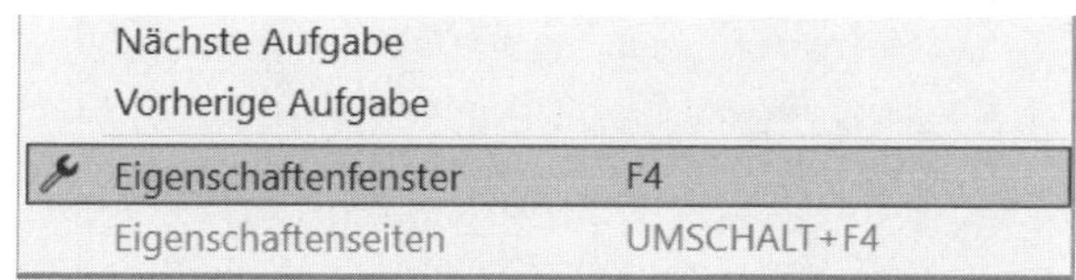

Rechts öffnet sich nun ein langes schmales Fenster. Und jetzt heißt es Vorsicht. Du findest nämlich dort den Eintrag FORM1 an zwei Stellen. Nur der hinter TEXT darf geändert werden.

Ersetze den Eintrag hinter TEXT durch die Frage »Hallo, wie geht es?«.

Kommen wir zu den Komponenten, zwei Schaltflächen oder Buttons. Doch wo kriegen wir die her? Sie befinden sich im Toolbox-Fenster, das wir aber erst mal öffnen müssen.

≫ Dazu klicke auf ANSICHT und dann (auch weiter unten) auf TOOLBOX. Oder du benutzt die Tastenkombination Strg + Alt + X.

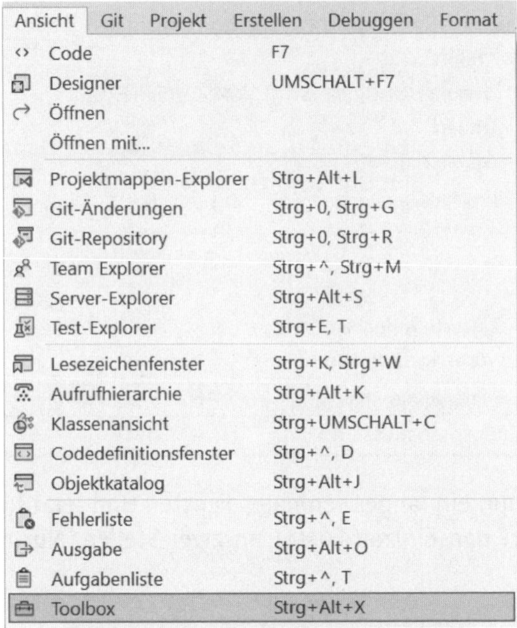

≫ Nun erscheint links eine lange Liste. Damit diese dir nicht die Sicht auf das Fenster mit dem Formular versperrt, klicke auf das kleine Stecknadel-Symbol in der Toolbox rechts oben.

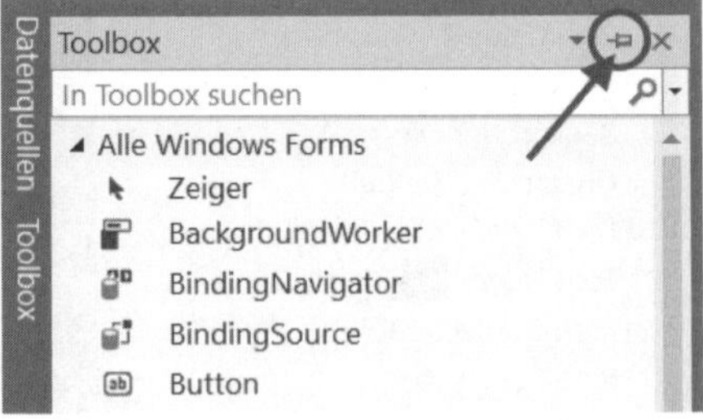

Das Fenster wird etwas schmaler und schmiegt sich nun links ans Formularfenster an.

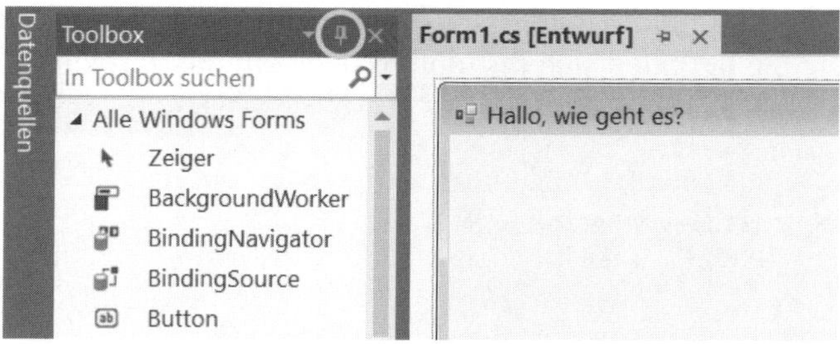

Die Komponenten, die wir brauchen, sind vom Typ BUTTON.

≫ Suche den entsprechenden Eintrag und klicke darauf. Dann wechsle mit dem Mauszeiger in das Formular und klicke dort hinein.

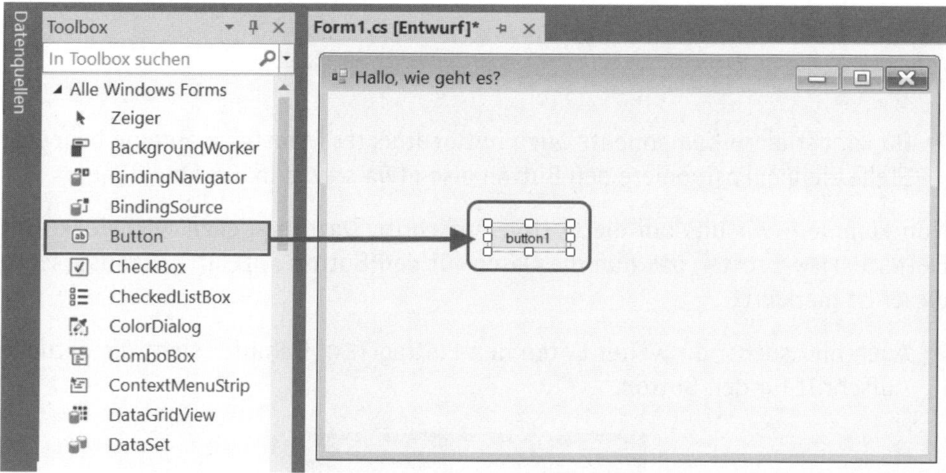

Und schon hast du eine rechteckige Schaltfläche, auf die man mit der Maus klicken kann. Die Aufschrift lautet BUTTON1.

GUT ODER SCHLECHT?

Das werden wir später ändern. Erst einmal wollen wir den Button größer machen. Dazu musst du an einer der Ecken ziehen. Am Button befinden sich insgesamt acht Knoten.

≫ Auf einen solchen Knoten klickst du jetzt und hältst die Maustaste gedrückt. Dann ziehst du mit der Maus schräg nach unten oder oben. Wenn du meinst, dass die Schaltfläche groß genug ist, lass die Maustaste wieder los.

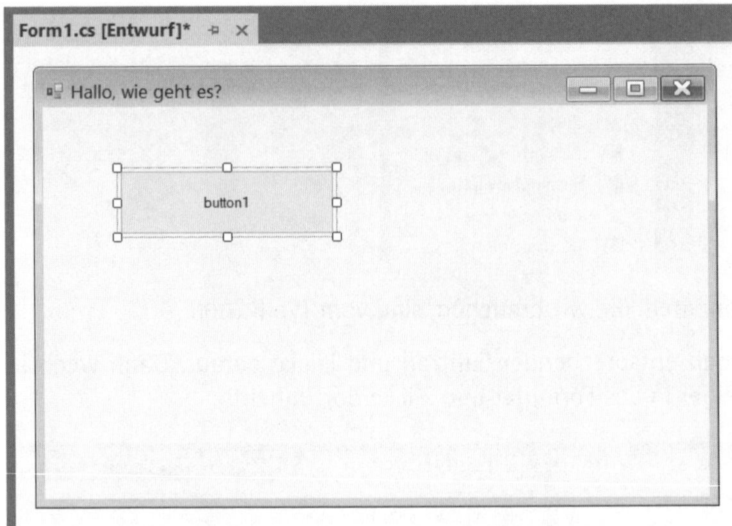

- Du kannst diese Komponente auch mit gedrückter Maustaste an eine beliebige Stelle ziehen. Positioniere den Button also etwa so wie in der Abbildung.

Nun kümmern wir uns um die Button-Aufschrift. Dazu brauchen wir wieder das EIGENSCHAFTEN-Fenster, das nun die Daten für den Button anzeigt – vorausgesetzt, dieser ist markiert.

- Auch hier suchst du weiter unten den Eintrag TEXT. Dahinter steht die aktuelle Aufschrift für den Button.

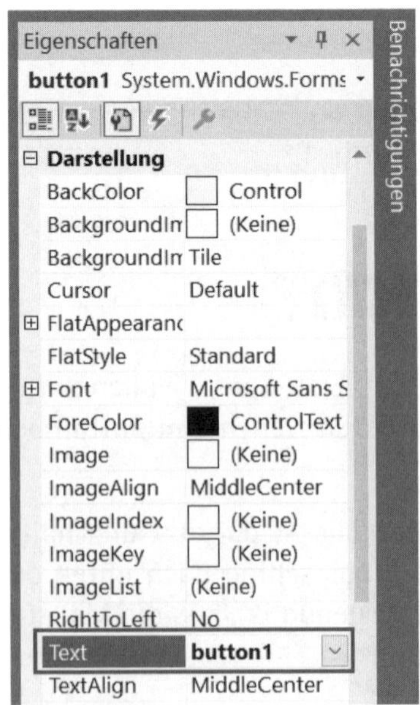

≫ Lösche nun BUTTON1 und tippe den Text »Gut« ein.

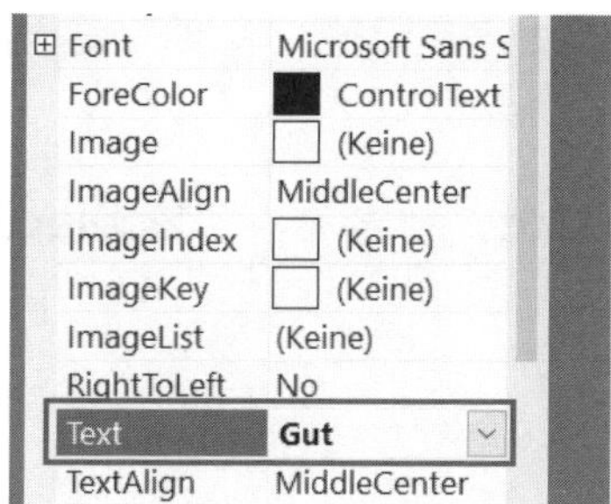

≫ Wenn du willst, kannst du auch die Schriftgröße ändern. Dazu klickst du auf das kleine Plus vor FONT, um das Untermenü zu öffnen, dort trägst du hinter SIZE eine Zahl deiner Wahl ein.

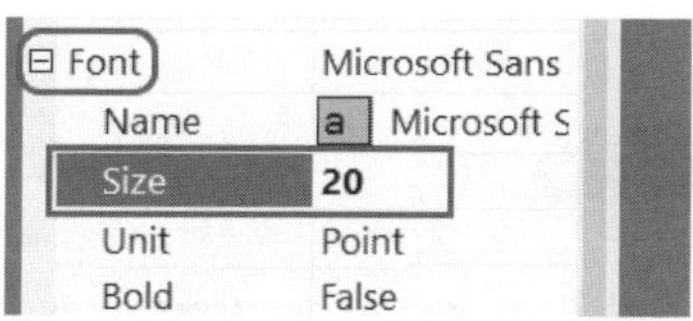

Anschließend könnte das Formular so aussehen:

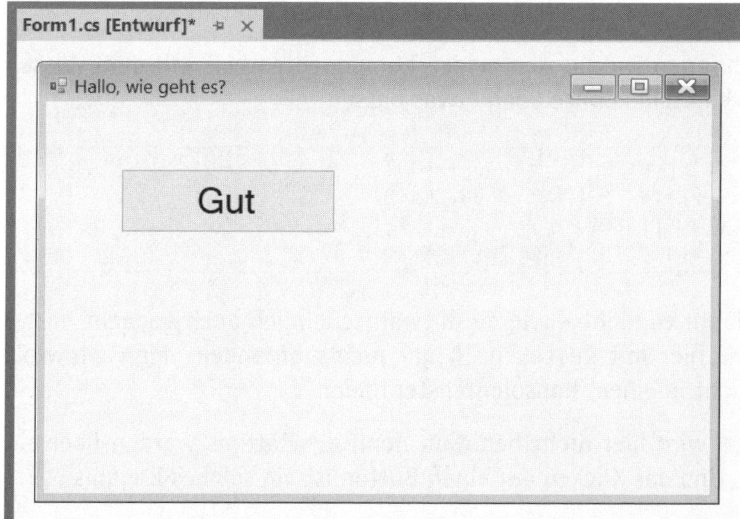

≫ Nun wiederhole das alles noch einmal mit einem zweiten Button, der bekommt die Aufschrift SCHLECHT.

Und schon hast du den visuellen Teil des Projekts erledigt.

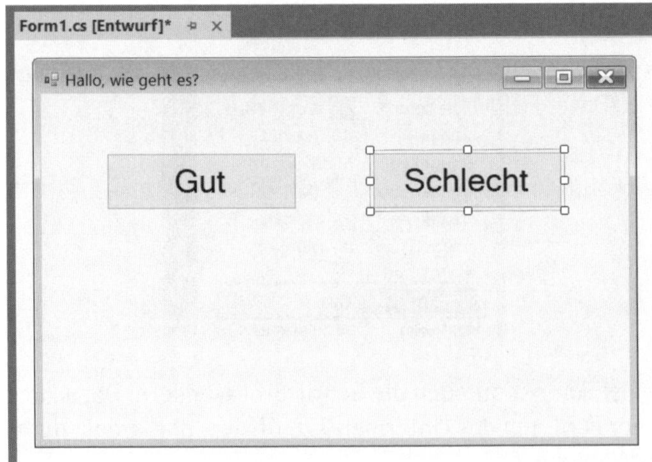

ES PASSIERT ETWAS

Nach dem Start kannst du das Projekt ausprobieren, es lässt sich auf beide Schaltflächen klicken, aber dabei kann schnell Frust aufkommen, denn dies bewirkt nichts weiter. Da wäre eine Meldung wie »Das freut mich« oder »Das tut mir leid« schon wünschenswert – je nachdem, auf welchen Knopf man klickt.

Wie aber bringen wir das den beiden Komponenten bei? Mit dem Wissen aus vergangenen Kapiteln könnte doch etwas passen:

```
if (button1.pressed)
  Console.WriteLine("Das freut mich!");
if (button2.pressed)
  Console.WriteLine("Das tut mir leid!");
```

Aber so klappt es nicht – wie du dir wahrscheinlich auch gedacht hast. Vor allem können wir hier mit `WriteLine()` gar nichts anfangen, denn wir wollen ja die Anzeige nicht in einem Konsolenfenster haben.

Und das `if` wird hier nicht benötigt, denn die Buttons werden über ein **Ereignis** abgefragt. Und das Klicken auf einen Button ist ein solches Ereignis.

Ein Betriebssystem wie Windows arbeitet **ereignisorientiert**. Das heißt, dass alles, »was so abläuft« – also z.B. Buttonklicks, das Öffnen oder Schließen von Fenstern oder Dialogboxen, das Verschieben oder Ändern der Größe von Fenstern – von Windows als Ereignis angesehen wird. Das englische Wort dafür ist **Event**. Auch C# stützt sich auf diese Ereignissteuerung. Zu jedem Ereignis gibt es eine passende Funktion bzw. Methode.

Und nun wenden wir uns dem Quelltext zu.

≫ Dazu klickst du doppelt auf die Formularfläche und öffnest damit den Editor für die Quelltext-Datei FORM1.CS.

Ein Doppelklick auf den Namen FORM1.CS im PROJEKTMAPPEN-EXPLORER würde nur die Entwurfs-Ansicht mit dem Formular öffnen.

```
namespace Hallo3
{
    public partial class Form1 : Form
    {
        public Form1()
        {
            InitializeComponent();
        }
        private void Form1_Load(object sender, EventArgs e)
        {

        }
    }
}
```

Das, was du im Quelltext siehst, wird dir zum Teil bekannt vorkommen. Erst kommen viele using-Anweisungen, die die Einbindung von Zusatzbibliotheken betreffen. Sie sind in der Abbildung hier nicht zu sehen.

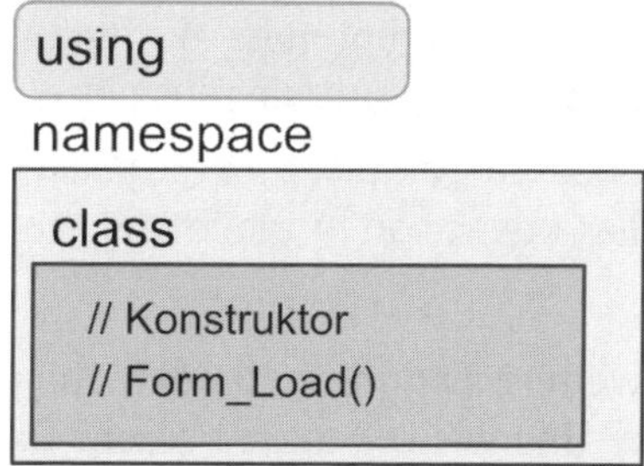

Die Anzeige beginnt mit namespace, dem ersten für uns wichtigen Eintrag. Dahinter steht der Name unseres aktuellen Projekts und damit auch der der Projektmappe.

Darunter folgt eine Klassenvereinbarung, die etwas anders aussieht, als du es kennst. Sie bezeichnet das aktuelle Formular, das den Namen Form1 trägt. Und wie du siehst, ist diese Klasse von der Mutterklasse Form abgeleitet. Das ist nötig, weil die Klasse Form ein leeres Formular darstellt, während unser Formular einige Komponenten bekommen hat.

Und in der Klasse Form1 wird bereits ein Konstruktor aufgerufen. Darunter dann die erste – ebenfalls automatisch erzeugte – Methode Form1_Load(). Das gleichnamige Ereignis tritt auf, **bevor** das Formular zu sehen ist. Da packen wir später Anweisungen hinein, die vor dem Erscheinen des Formulars erledigt werden sollen.

Wenn mal nichts von einer Form_Load-Methode zu sehen ist, **doppelklicke** einfach auf das Formular.

Ist da nicht noch ein neues Wort aufgetaucht? Was bedeutet private? Auf eine so gekennzeichnete Methode kann nur **innerhalb** der Klasse oder des Objekts zugegriffen werden, in dem sich die Methode befindet. Man sagt: Der Zugriffsmodus ist **privat**.

Es ist hier ja auch nicht nötig, dass irgendwo von außen eine Methode wie Form_Load() aktiviert wird. Das macht nur innerhalb des Formulars Sinn.

Ganz anders sieht es beim Konstruktor aus, der ist unter public vereinbart: Damit kann von außen ein Formular erzeugt werden, was ja auch notwendig ist. Man sagt: Der Zugriffsmodus ist **öffentlich**.

Ich möchte an dieser Stelle noch einen dritten Zugriffsmodus erwähnen: protected. Ein damit vereinbartes Element ist zunächst mal für »Außenstehende« privat. Also können nur Funktionen, die Elemente derselben Klasse sind, damit etwas anfangen. Klingt nach dem Zugriffsmodus private.

Nun kommt aber das Neue: Während bei einer private-Vereinbarung auch **abgeleiteten** Klassen der Zugriff verboten ist, dürfen protected-Elemente dort benutzt werden. Klingt nach dem Zugriffsmodus public.

Das gilt aber nur für die Klassen-Familie, protected ist also ein »Zwischending« – dieser Zugriffsmodus hat etwas von private und etwas von public.

Nun brauchen wir zwei weitere Ereignismethoden für die beiden Schaltflächen. Doch wie erzeugen wir die? Und wie sollen sie heißen? Da nimmt uns Visual Studio die Arbeit ab:

- **Doppelklicke** im Entwurfsfenster für das Formular jeweils auf den ersten und dann auf den zweiten Button.

Dazwischen wird die Ansicht ins Quelltextfenster wechseln. Und dort wurden dann diese zwei Methoden neu erzeugt:

```
private void button1_Click(object sender, EventArgs e)
{
}
private void button2_Click(object sender, EventArgs e)
{
}
```

`button_Click()` heißen die beiden Methoden, der Name am Anfang richtet sich nach dem Namen der zugehörigen Komponente. Und das, was du jetzt in diese Methode an Anweisungen hineintippst (also zwischen die geschweiften Klammern), das ist dann das, was passiert, wenn auf den jeweiligen Button geklickt wird.

Der **Doppelklick** ist wichtig! Denn solltest du auf die Idee kommen, nicht zuerst die Buttons anzuklicken, sondern einfach gleich die gesamten Ereignis-Methoden in den Quelltext einzutippen, dann funktioniert das Programm nicht wie gewünscht.

Du kannst das Programm zwar starten, ein Klick auf die Buttons wird aber nichts bewirken. Warum? Einfach, weil es zwischen dem Button und der Ereignis-Methode keine **Verbindung** gibt. Die wird erst durch den Doppelklick auf die entsprechende Komponente hergestellt.

Wenn du wissen willst, wo im Quelltext diese Verbindung zu finden ist, dann kannst du die Datei FORM1.DESIGNER.CS öffnen:

```
Form1.Designer.cs | Form1.cs | Form1.cs [Entwurf]
Hallo3 | Hallo3.Form1 | components
#region Vom Windows Form-Designer generierter Code
/// <summary>
/// Erforderliche Methode für die Designerunterstützung.
/// Der Inhalt der Methode darf nicht mit dem Code-Editor geändert werden.
/// </summary>
private void InitializeComponent()
{
    this.button1 = new System.Windows.Forms.Button();
    this.button2 = new System.Windows.Forms.Button();
    this.SuspendLayout();
    // button1
    this.button1.Location = new System.Drawing.Point(70, 60);
    this.button1.Name = "button1";
    this.button1.Size = new System.Drawing.Size(200, 60);
    this.button1.TabIndex = 0;
    this.button1.Text = "Gut";
    this.button1.UseVisualStyleBackColor = true;
    this.button1.Click += new System.EventHandler(this.button1_Click);
```

Zuerst beachte den Hinweis in den Kommentarzeilen und komme **nicht** auf die Idee, am Inhalt dieser Datei etwas zu **ändern**! Dann schaue weiter unten nach der folgenden Zeile (hier für den ersten Button):

```
this.button1.Click
+= new System.EventHandler(this.button1_Click);
```

Dem Ereignis `button1.Click` wird über einen sogenannten **EventHandler** eine Ereignis-Methode zugewiesen. Diese kann dann durch das Ereignis aktiviert werden.

ANTWORT NACH MASS

Nun stehen wir aber vor einem neuen Problem: Wie sollen die Anweisungen lauten, damit ein Text angezeigt wird? Schau dir die Lösung an (→ HALLO3):

```
private void button1_Click(object sender, EventArgs e)
{
  MessageBox.Show("Das freut mich!", "");
}
private void button2_Click(object sender, EventArgs e)
{
  MessageBox.Show("Das tut mir leid!", "");
}
```

Die Methode `MessageBox.Show()` sorgt dafür, dass eine Meldung in einem Meldefenster angezeigt wird, das sich zusätzlich zum Formular öffnet:

```
MessageBox.Show(Anzeigetext, Titel);
```

Diese Methode übernimmt zwei Parameter, als letzten habe ich eine sogenannte Leerkette übergeben, also wird im Titel der Box kein Text angezeigt. Du kannst dir aber selbst einen ausdenken.

≫ Nun tippe den obigen Quelltext ein und starte dann das Programm. Klicke dann nacheinander auf GUT und SCHLECHT.

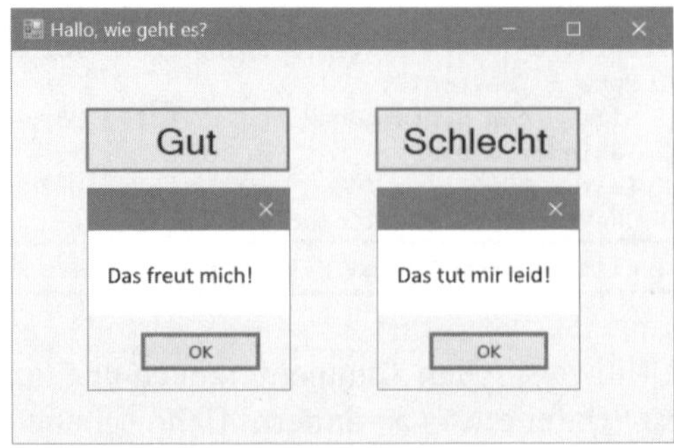

≫ Mit Klick auf OK schließt du die jeweilige Meldebox wieder.

Eine Alternative zum obigen Projekt wäre es, die Antworten einfach in der Titelleiste des Formulars anzuzeigen. Dann könnte es nach einem Klick auf GUT so aussehen:

Dazu muss der Quelltext in den `button_Click`-Methoden von FORM1.CS so geändert werden (→ HALLO3A):

```
private void button1_Click(object sender, EventArgs e)
{
  this.Text = "Das freut mich!";
}
private void button2_Click(object sender, EventArgs e)
{
  this.Text = "Das tut mir leid!";
}
```

Hier wird nun der anzuzeigende Text direkt der Titelleiste des Formulars zugewiesen:

```
this.Text = "Das freut mich!";
this.Text = "Das tut mir leid!";
```

Das leuchtet im Prinzip ein, doch wozu ist das `this` gut? Damit ist das Formular **selbst** gemeint. Weil die Methode innerhalb der `Form1`-Klasse steht, wird damit klar ausgedrückt, dass mit TEXT eine Eigenschaft des Formulars selbst gemeint ist.

Grundsätzlich gilt: Will man sich auf ein Element der Klasse beziehen, in der eine Anweisung vorkommt, verweist man mit `this` direkt darauf (was man hier auch als »diese Klasse« übersetzen kann).

ZUSAMMENFASSUNG

Nun sind wir in die visuelle Programmierung eingestiegen, was um einiges komfortabler ist als das Arbeiten an bloßen Konsole-Projekten. Visual Studio nimmt uns eine Menge Arbeit ab, indem es bestimmte Prorammzeilen automatisch einfügt. Kennengelernt hast du aber noch nicht viel, bloß ein Formular und einen Komponententyp. Doch in den nächsten Kapiteln schauen wir mal, was es da noch so an Elementen gibt.

Dein C#-Wortschatz ist wieder gewachsen, denn auch hier sind eine ganze Reihe neuer Wörter aufgetaucht:

`using`	Einbinden von zusätzlichen Bibliotheken (Wortschatzerweiterung)
`namespace`	Namensbereich für das aktuelle Projekt
`Main()`	Hauptfunktion eines Programms
`Run()`	Hier: visuelle Anwendung laufen lassen
`this`	Verweis auf die aktuelle Klasse
`Form`	Formular/Fenster
`Button`	Komponente: Schaltfläche
`Text`	Titel oder Aufschrift von Formular/Button
`Font`	Schriftart (u.a. auch Schriftgröße)
`MessageBox`	Klasse für (einfache) Meldefenster
`Show()`	Methode: ein Meldefenster anzeigen
`Form_Load()`	Ereignis-Methode: bevor das Formular für die Anzeige angezeigt wird
`button_Click()`	Ereignis-Methode: wenn ein Button angeklickt wird
`private`	Eigenschaften oder Methoden sind nur innerhalb einer Klasse oder eines Objekts zugänglich, also »privatisiert«.
`protected`	Eigenschaften oder Methoden sind innerhalb einer Klassen-Familie zugänglich.
`public`	Eigenschaften oder Methoden sind öffentlich zugänglich.

EIN PAAR FRAGEN ...

1. Welche Komponenten kennst du?
2. Wie werden Komponenten und Ereignisse verknüpft?

... UND EINE AUFGABE

1. Erstelle ein Horoskop-Programm, das zu jedem Sternzeichen einen Button bietet und auf Mausklick eine kurze Meldung ausgibt.

7 ALLES UNTER KONTROLLE: KOMPONENTENSAMMLUNG

Außer Formularen und Schaltflächen hat Windows Forms noch eine ganze Menge mehr Komponenten zu bieten. Da könnte man doch in einem Fenster auch ein paar dieser Dinger mischen. Das Hallo-Projekt aus dem letzten Kapitel bietet dazu schon noch etwas Spielraum – wie du gleich sehen wirst.

In diesem Kapitel lernst du

- mehr über Buttons
- wie man Komponenten exakt positionieren kann
- Listenfelder kennen
- einiges über Options- und Kontrollfelder
- etwas über `bool`-Variablen

KLEINE KNOPFPARADE

Die zwei Antworten auf die Frage »Wie geht es dir?« im Hallo-Projekt sind recht mickrig, finde ich. Deshalb erweitern wir unser Projekt mal ganz mutig auf insgesamt sechs Schaltflächen. In der Tabelle findest du meinen Vorschlag für die Aufschriften auf den Buttons und die zugehörigen Antwortsätze:

Button	Diagnose
Prima	Das ist ja toll!
Gut	Das freut mich!
Mäßig	Das geht ja noch!
Sag ich nicht	Wenn du meinst ...
Schlecht	Das tut mir leid!
Miserabel	Das ist ja schlimm!

Damit sind statistisch gesehen die wohl meisten Antworten unserer Bevölkerung erfasst. Lediglich die mehr oder weniger aufmunternden Worte sind von Seelsorger zu Seelenklempner verschieden (→ HALLO4):

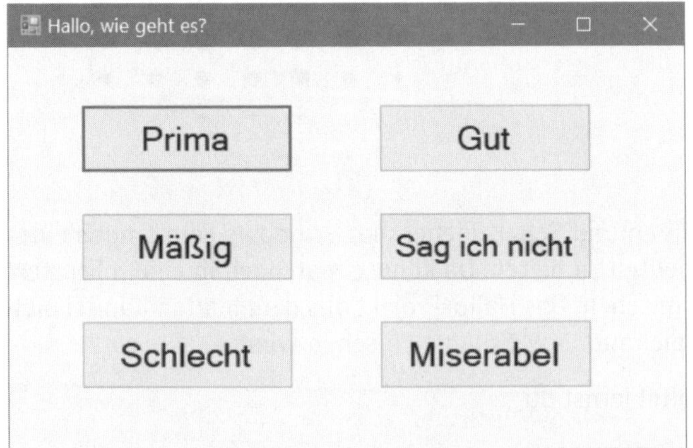

Das eigentliche Programm ändert sich im Wesentlichen nur in seinem Umfang. Wenn du willst, kannst du das Projekt kopieren und umbenennen.

Wie das geht? Hier noch einmal die Kurzform (ansonsten siehe Kapitel 3):

Projekt-Ordner `Strg`+`C`, dann `Strg`+`V`. Ordner-Kopie umbenennen – z.B. von HALLO3 in HALLO4.

In Visual Studio den Namen von Projektmappe und Projekt im PROJEKTMAPPEN-EXPLORER umbenennen – in den Namen des neuen Projekt-Ordners.

Es dürfte nicht so einfach sein, alle Buttons auf die gleiche Größe zu bringen und dann noch passend zu positionieren. Deshalb solltest du dir ein bisschen von Visual Studio helfen lassen.

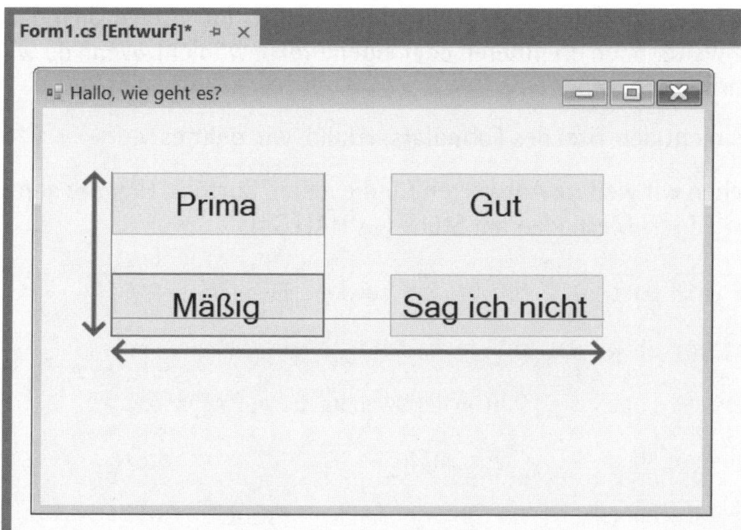

Wenn du bei gedrückter Maustaste eine Komponente verschiebst, erscheinen Hilfslinien, an denen du dich beim Positionieren orientieren kannst. Visual Studio versucht, die jeweils neue Komponente an vorhandenen auszurichten, so gut es geht. Ganz genau geht es im EIGENSCHAFTEN-Fenster (das du z.B. mit [F4] öffnen kannst).

- Suche dort unter LAYOUT nach den Einträgen LOCATION und SIZE. Dort kannst du punktgenau die Position und die Größe des Buttons einstellen. Wichtig ist, dass die beiden Zahlen durch ein **Semikolon** getrennt eingetippt werden müssen.

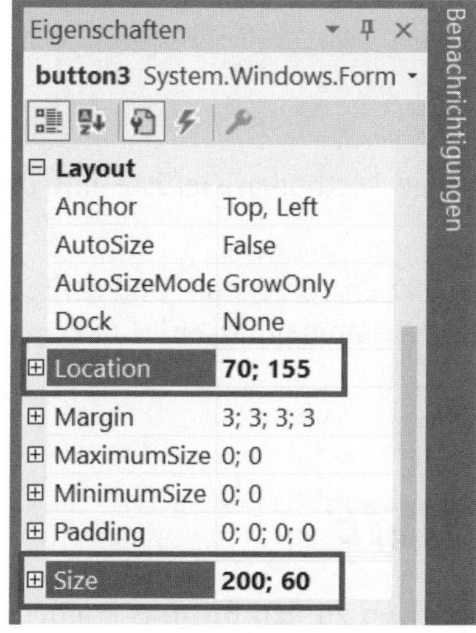

- Erzeuge nun die nächsten vier Schaltflächen (in der TOOLBOX über den Eintrag BUTTON) und passe sie in Größe und Position an.

- Als Nächstes gib ihnen eine geeignete Aufschrift (du kannst dich dabei an der Tabelle weiter oben orientieren oder eigene Texte wählen). Wenn du willst, passe die Schrift noch an.
- Vergiss nicht den Titel des Formulars: »Hallo, wie geht es?«

Nun brauchen wir weitere Antworten für die neuen Buttons. Hier der ganze Text für die `button_Click`-Methoden am Stück (→ HALLO4):

```
private void button1_Click(object sender, EventArgs e)
{
  MessageBox.Show("Das ist ja toll!", "");
}
private void button2_Click(object sender, EventArgs e)
{
  MessageBox.Show("Das freut mich!", "");
}
private void button3_Click(object sender, EventArgs e)
{
  MessageBox.Show("Das geht ja noch!", "");
}
private void button4_Click(object sender, EventArgs e)
{
  MessageBox.Show("Wenn du meinst ...", "");
}
private void button5_Click(object sender, EventArgs e)
{
  MessageBox.Show("Das tut mir leid!", "");
}
private void button6_Click(object sender, EventArgs e)
{
  MessageBox.Show("Das ist ja schlimm!", "");
}
```

- Erzeuge zuerst die übrigen Methoden-Gerüste mit Doppelklick auf die neuen Buttons.
- Dann erweitere dein Projekt entsprechend. Und achte darauf, dass Button-Aufschrift und Meldungstext zusammenpassen! Nun kannst du das Programm starten und ausprobieren.

ALLES IN EINER LISTE

Auf der Suche nach Alternativen zu den Buttons kramen wir jetzt ein bisschen in der Komponentensammlung. Schließlich willst du es nicht immer nur mit »Knöpfen« zu tun haben. Unser Projekt kann auch ganz ohne Schaltflächen funktionieren, wenn wir uns für eine Liste entscheiden, in der alle Aufschriften stehen, die du den Buttons verpasst hast.

Am besten legst du gleich ein neues Projekt an. Wenn du willst, kannst du dort die benötigten Quelltextabschnitte hineinkopieren.

Die Komponente, die wir jetzt benutzen, heißt `ListBox` bzw. Listenfeld. Dort müssen nun alle sechs Texte untergebracht werden, die vorher auf den Buttons standen.

≫ Suche in der langen Liste der TOOLBOX deinen Eintrag LISTBOX und klicke darauf. Dann klicke ins Formular und ziehe die Komponente etwas auf.

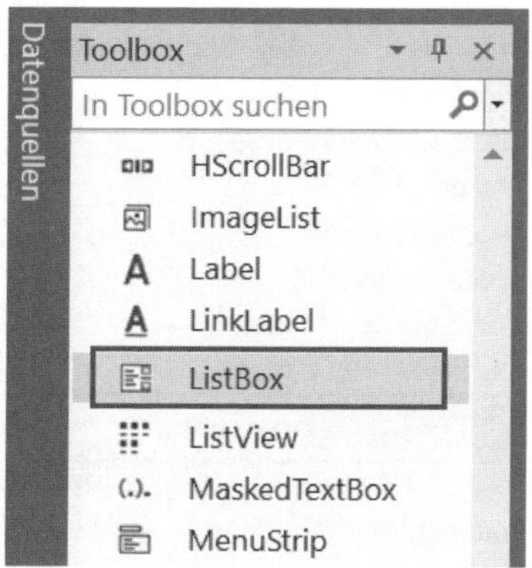

Das Ergebnis sieht so aus (die Größe lässt sich nachträglich noch anpassen):

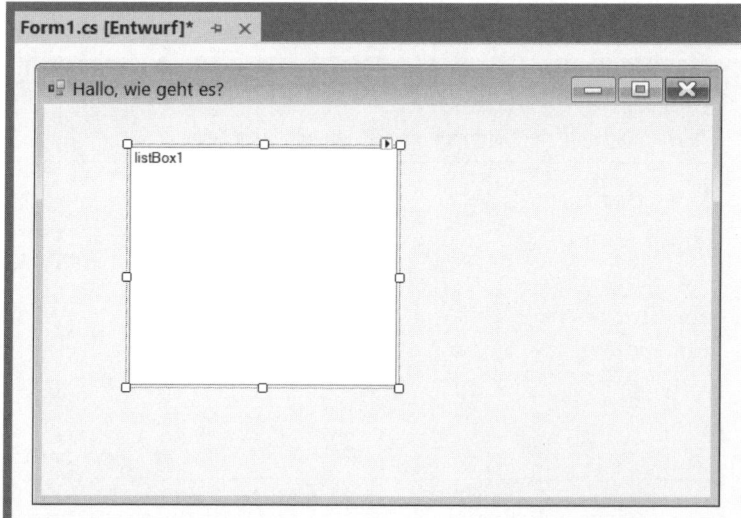

Wie kriegen wir unsere Antworten nun in diese Liste? Schauen wir mal im EIGENSCHAFTEN-Fenster nach.

≫ Suche dort nach dem Eintrag ITEMS und klicke auf den kleinen Button mit den drei Punkten (hinter SAMMLUNG).

Ein leeres Eingabefeld öffnet sich, ein Texteditor.

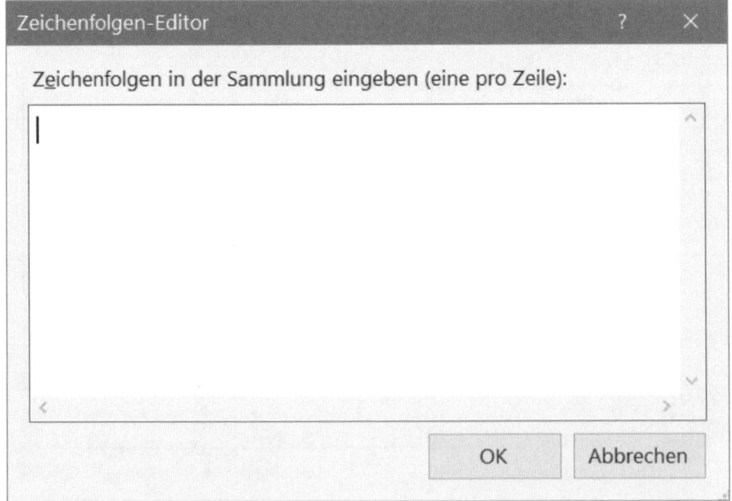

- Tippe nun nacheinander alle Antworten, die vorher auf den Buttons standen, ein und drücke jedes Mal die Eingabetaste, um in die nächste Zeile zu gelangen. Zum Schluss klickst du auf OK.

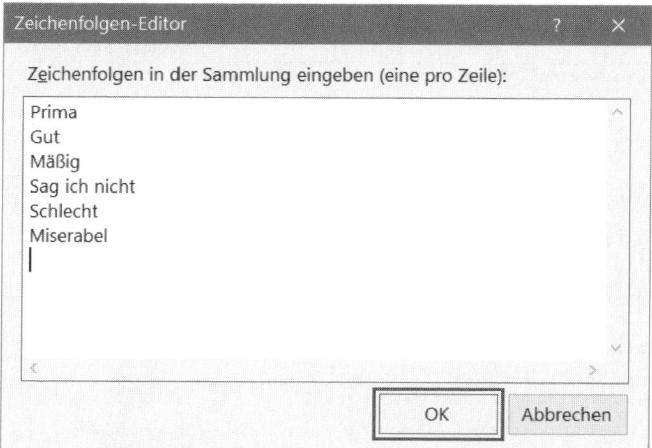

Und damit landen die früheren Texte von den Schaltflächen auch in der Listbox. Wenn du willst, kannst du über FONT und SIZE (auch im EIGENSCHAFTEN-Fenster) die Schrift noch etwas größer machen – so wie ich (→ HALLO5):

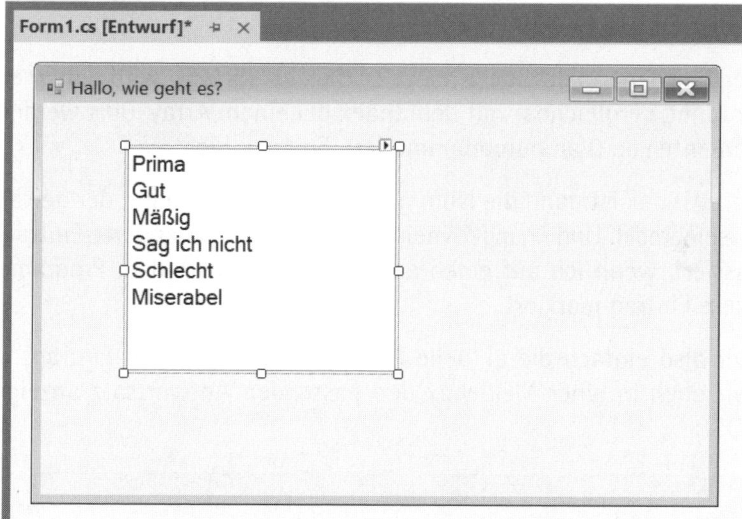

DU HAST DIE WAHL

Nun soll das Programm auch reagieren, wenn du beim Lauf einen dieser Einträge anklickst.

≫ Ob die Ereignis-Methode hier `listBox_Click()` oder anders heißt, erfährst du, wenn du auf die Komponente doppelklickst.

```
namespace Hallo5
{
    public partial class Form1 : Form
    {
        public Form1()
        {
            InitializeComponent();
        }
        private void Form1_Load(object sender, EventArgs e)
        {
        }
        private void listBox1_SelectedIndexChanged(object sender, EventArgs e)
        {

        }
    }
}
```

Ein ganz schön langer Name, der da steht: `listBox1_SelectedIndexChanged()`. Und was heißt das? Zunächst mal würde uns eine reine `Click`-Methode nicht viel nützen, denn damit würde nur auf das Anklicken der Liste reagiert, wobei es egal wäre, welcher Eintrag gewählt wurde.

Um die verschiedenen Einträge in einer Listbox zu »orten«, wird jedem eine Nummer zugeordnet, vergleichbar mit dem Index bei einem Array. Dort werden die einzelnen Elemente von 0 an durchnummeriert. So auch hier.

Mit `SelectedIndex` ist dann die Nummer des Eintrags gemeint, der gewählt wurde (englisch »selected«). Und `Changed` meint: wenn sich der markierte Eintrag ändert – was ja passiert, wenn ich auf einen anderen klicke. Nach dem Programmstart ist erst mal kein Eintrag markiert.

Werten wir also einfach die aktuelle Nummer des gewählten Eintrags aus, dann können wir auch in einer Meldebox den passenden Antwortsatz anzeigen lassen (→ HALLO5):

```
private void listBox1_SelectedIndexChanged
(object sender, EventArgs e)
{
  switch (listBox1.SelectedIndex)
  {
    case 0:
      MessageBox.Show("Das ist ja toll!"); break;
    case 1:
      MessageBox.Show("Das freut mich!"); break;
    case 2:
      MessageBox.Show("Das geht ja noch!"); break;
    case 3:
      MessageBox.Show("Wenn du meinst ..."); break;
    case 4:
      MessageBox.Show("Das tut mir leid!"); break;
```

```
    case 5:
      MessageBox.Show("Das ist ja schlimm!"); break;
  }
}
```

Tatsächlich heißt auch die Eigenschaft der Listbox, die abgefragt wird, `SelectedIndex`. Und die `switch`-Struktur bietet sich hier geradezu an.

≫ Fülle die Ereignis-Methode für die Listbox mit den obigen Zeilen, dann starte das Programm und teste jeden Eintrag.

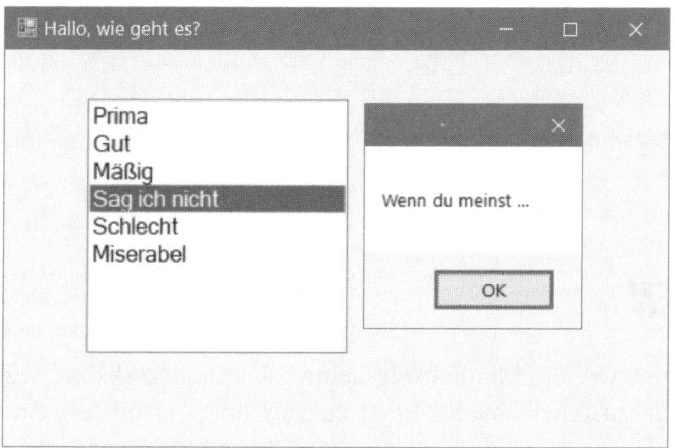

Alternativ zur `ListBox` gibt es auch den Typ `ComboBox`, der sich zuerst nur einzeilig zeigt.

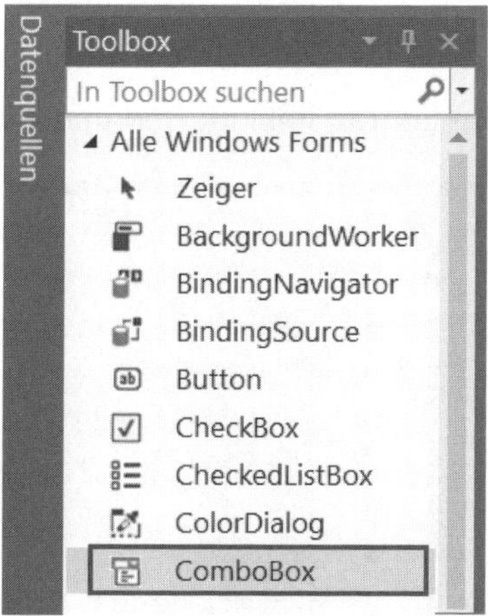

Erst nach dem Aufklappen erscheint eine Liste, aus der man dann einen Eintrag auswählen kann. Bei einer ComboBox könnte man in die obere, noch leere Zeile auch etwas eintippen – was für unser Beispiel aber nicht sinnvoll ist.

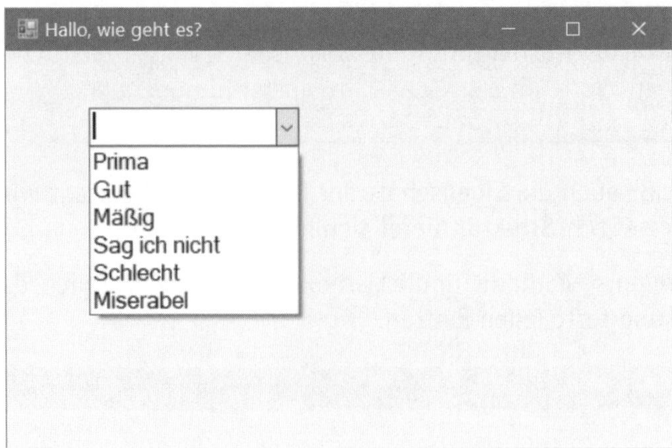

Wenn du an diesem Komponententyp interessiert bist, schau dir mal das Projekt HALLO5A an.

OPTIONEN

Es gibt noch eine weitere Möglichkeit, deine Stimmungslage bzw. seelische Verfassung optisch darzustellen. Auch hier ist es wohl am sinnvollsten, ein neues Projekt zu beginnen.

Die neue Komponente trägt den Namen `RadioButton` und wird auch **Optionsfeld** genannt. Ein solches Objekt hat vor dem angezeigten Text als Symbol einen Kreis. Befindet sich darin ein Punkt, gilt der Eintrag als markiert. Von diesen Komponenten brauchen wir wie schon bei den Buttons sechs Stück.

≫ Suche in der Toolbox den Eintrag RADIOBUTTON und klicke darauf.

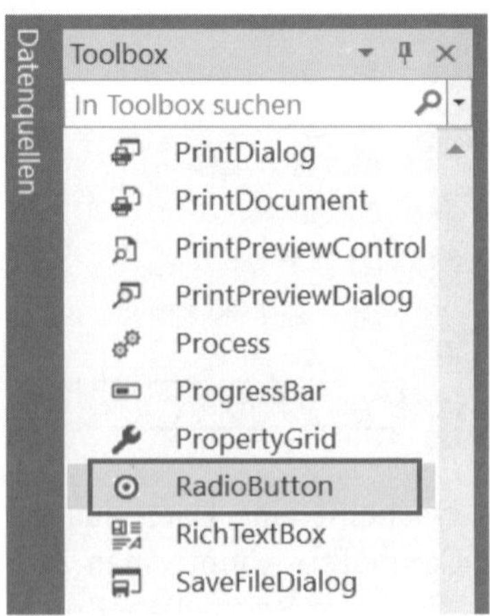

≫ Dann verteile insgesamt sechs solcher Komponenten auf dem Formular. Lasse dich dabei von der Ausrichtungshilfe von Visual Studio unterstützen. (Oder stelle deine eigenen Werte im EIGENSCHAFTEN-Fenster hinter LOCATION ein.)

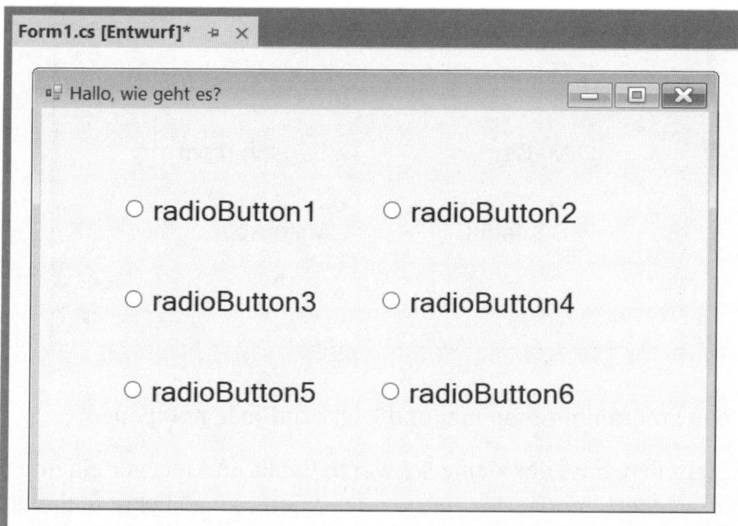

Die Größe der Optionsfelder richtet sich nach dem Text, der in ihnen steht. Ich habe hier bereits eine größere Schrift eingestellt.

≫ Als Nächstes öffnest du das EIGENSCHAFTEN-Fenster und änderst für jede Komponente den Wert für TEXT – beginnend mit »Prima« usw.

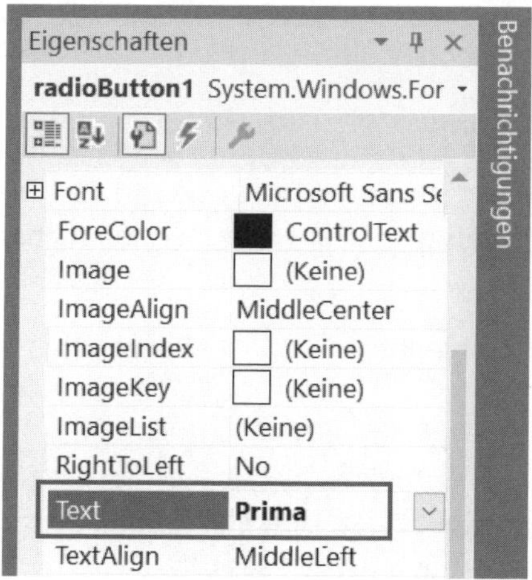

Danach sollte das Formular so oder ähnlich aussehen (→ HALLO6):

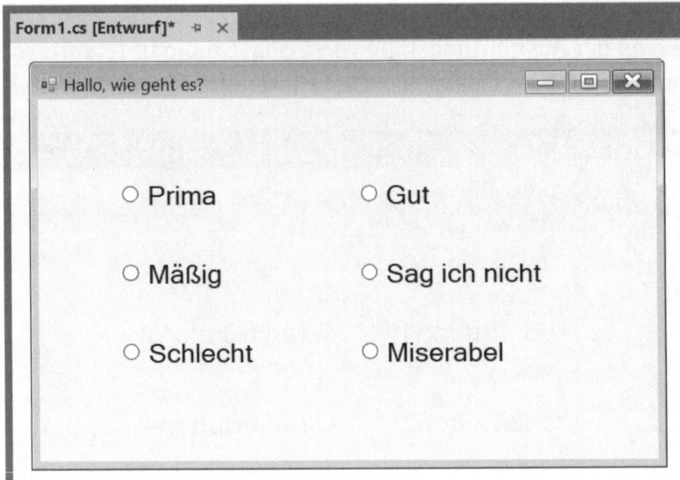

≫ Starte das Programm schon mal und klicke auf jede Komponente.

Du wirst feststellen, dass der kleine schwarze Punkt im Kreis vor einem Eintrag von Feld zu Feld wandert, markiert ist immer der zuletzt angeklickte Radiobutton.

Das Interessante dabei ist, dass anscheinend mehrere Optionsfelder automatisch eine Gruppe bilden, denn theoretisch hätte es ja auch sein können, dass sich alle Radiobuttons hintereinander anklicken lassen und dann ihren Zustand beibehalten.

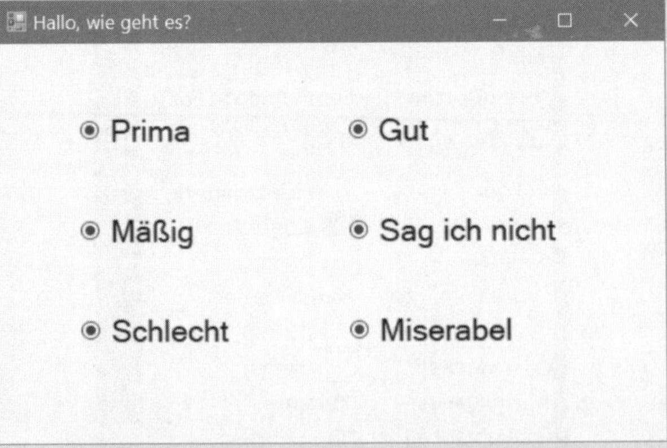

Was natürlich nicht gewünscht ist. Und hier – dank der automatischen Zusammenfassung als Gruppe – auch **nicht** passiert.

Kümmern wir uns jetzt darum, dass zu jedem Optionsfeld eine passende Meldung erscheint.

≫ Doppelklicke nacheinander auf jede Komponente.

radioButton_CheckedChanged() heißt die Ereignis-Methode hier. Sie bezieht sich auf die Markierung vor dem Eintrag, was heißt, dass jede Änderung ein Ereignis auslöst. Wenn ich auf einen neuen Eintrag klicke, verändern sich die Zustände des alten und des neuen Optionsfeldes. Also müssen wir innerhalb der Methoden abfragen, welchen Zustand der Radiobutton hat.

Nun benötigen wir die Eigenschaft Checked, die anzeigt, ob ein Radiobutton angeklickt wurde oder sich wieder deaktiviert hat. Und das führt uns zu diesem Quelltext (→ HALLO6):

```
private void radioButton1_CheckedChanged
(object sender, EventArgs e)
{
  if (radioButton1.Checked)
    MessageBox.Show("Das ist ja toll!");
}
private void radioButton2_CheckedChanged
(object sender, EventArgs e)
{
  if (radioButton2.Checked)
    MessageBox.Show("Das freut mich!");
}
private void radioButton3_CheckedChanged
(object sender, EventArgs e)
{
  if (radioButton3.Checked)
    MessageBox.Show("Das geht ja noch!");
}
private void radioButton4_CheckedChanged
(object sender, EventArgs e)
{
  if (radioButton4.Checked)
    MessageBox.Show("Wenn du meinst ...");
}
private void radioButton5_CheckedChanged
(object sender, EventArgs e)
{
  if (radioButton5.Checked)
    MessageBox.Show("Das tut mir leid!");
}
private void radioButton6_CheckedChanged
(object sender, EventArgs e)
{
  if (radioButton6.Checked)
    MessageBox.Show("Das ist ja schlimm!");
}
```

» Tippe das alles ein und lasse das Programm dann laufen. Klicke auf jedes Optionsfeld.

VON PÜNKTCHEN UND HÄKCHEN

Eigentlich klappt alles gut, aber irgendwas stört. Es ist die Tatsache, dass am Anfang, gleich nach dem Programmstart, schon ein Radiobutton aktiviert ist. Das müssen wir also noch ändern.

Eine naheliegende Möglichkeit wäre es, das erste Optionsfeld schon im Konstruktor auf »aus« zu setzen:

```
public Form1()
{
  InitializeComponent();
  radioButton1.Checked = false;
}
```

Doch bei mir funktionierte das nicht. Außerdem ist eigentlich jedes Optionsfeld – wie man im EIGENSCHAFTEN-Fenster sehen kann – bereits auf `Checked = false` geschaltet. Die Umschaltung für das erste Optionsfeld erfolgt also erst **nach** dem Programmstart.

Es gibt in C# Variablen, die nur die Werte `false` und `true` annehmen können. Man nennt diesen Typ `bool`. Eigentlich hattest du schon mit diesem Typ zu tun, oft, ohne es zu wissen: Jede Bedingung z.B. für eine `if`- oder `while`-Struktur ist vom Typ `bool`, denn es gibt hier nur diese beiden Möglichkeiten:

Bedingung erfüllt = `true`

Bedingung nicht erfüllt = `false`

Man kann `true` und `false` auch mit »An« oder »Aus« gleichsetzen (englisch »Off-On«), eine `bool`-Variable kann also auch eine Art Schalter sein.

Ich habe keine andere Lösung gefunden als diese:

≫ Suche im EIGENSCHAFTEN-Fenster für **jeden** Radiobutton den Eintrag TABSTOP und setze ihn über das kleine Dreieck ganz rechts auf FALSE.

Danach sollte es klappen. Beim Start ist kein Optionsfeld ausgewählt, eine Meldung bekommst du also erst angezeigt, wenn du auf eins von ihnen klickst.

Wir wollen jetzt eine weitere Komponente dazu holen. Es geht um den Typ CheckBox, auch als **Kontrollfeld** bezeichnet. Diese Komponente hat vor dem angezeigten Text als Symbol ein kleines Quadrat. Befindet sich darin ein Häkchen, gilt der Eintrag als markiert.

Dazu erweitern wir das ganze Fragen nach dem Befinden auf die drei Bereiche Seele, Geist und Körper. Wir brauchen also drei Checkboxen zusätzlich. Aber erst ordnen wir die vorhandenen Optionsfelder um. Sie müssen mehr zusammenrücken, damit die neuen Komponenten Platz haben. Natürlich kannst du zusätzlich das Formular größer machen, wenn du willst.

≫ Suche nun in der TOOLBOX den Eintrag CHECKBOX und klicke darauf. Dann verteile 3 Kontrollfelder im rechten Bereich des Formulars.

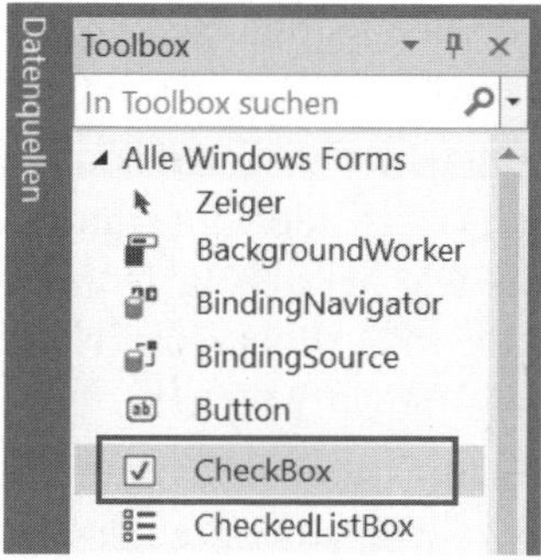

≫ Dann wechsle ins EIGENSCHAFTEN-Fenster und gib den drei Komponenten die Aufschriften (TEXT) »Körper«, »Geist« und »Seele«.

Womit das Formular nun etwa so aussehen könnte:

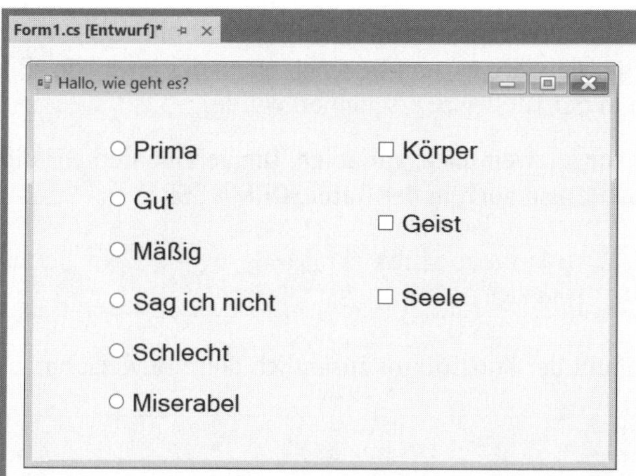

Wenn du willst, kannst du das Programm starten. Beim Klick auf ein Kontrollfeld erscheint im quadratischen Kästchen davor ein Häkchen.

Was genau ist eigentlich der Unterschied zwischen den beiden hier verwendeten Typen? Vielleicht verschafft dir diese Tabelle etwas Überblick:

Name	Funktion	Aktiviert
Optionsfeld (Radiobutton)	In einer Gruppe kann **immer nur eine** Komponente aktiviert sein.	Punkt im Kreis
Kontrollfeld (Checkbox)	In einer Gruppe können **beliebig viele** Komponenten aktiviert sein.	Häkchen im Quadrat

Es gibt auch ein paar andere Namen, unter denen dir diese Komponenten im Hilfetext von C# oder Windows begegnen können. Ich habe mich für die Namen in der ersten Spalte entschieden:

- weil man bei Optionsfeldern (= `RadioButton`) eine Option ein- oder ausschalten kann. »Schaltfeld« wäre auch gut, klingt aber zu stark nach »Schaltfläche«. Dabei ist das z.B. wie bei den Tasten eines Radios: Immer nur eine kann gedrückt sein. (Rate mal, woher der Name »Radiobutton« kommen könnte.)
- weil man bei Kontrollfeldern (= `CheckBox`) eine Einstellung markieren (= abhaken) kann. Auch nicht schlecht wäre der Begriff »Wahlfeld«.

KÖRPER, GEIST UND SEELE

Nun sollte aber auch etwas passieren, wenn die Kontrollfelder angeklickt und damit aktiviert wurden. Wie wäre es zum Beispiel, wenn der jeweilige »Diagnosebereich« zusätzlich oben in der Titelleiste erscheinen würde?

Dazu brauchen wir jetzt ein paar Variablen. Die vereinbaren wir direkt am Anfang in der Klasse `Form1`, also auch in der Datei FORM1.CS:

```
private string Titel = "Hallo, wie geht es? ";
private string Diagnose = "";
```

Außerdem bekommt der Konstruktor zusätzlich diese Anweisung:

```
this.Text = Titel;
```

Damit wird der Text der Titelleiste des Formulars zugewiesen. Und der kann sich ja ändern – je nachdem, welche Checkbox aktiviert ist.

Die zweite Variable Diagnose wird nötig, weil die Meldung zur Auswahl eines Optionsfeldes nicht sofort erscheinen soll, sondern erst, wenn du bei den Kontrollfeldern deine Auswahl getroffen hast. Deshalb spendieren wir dem Formular noch einen Button. Erst wenn du auf den klickst, wird der Diagnosetext angezeigt.

Nun müssen sämtliche Ereignis-Methoden für die Radiobuttons so aussehen – am Beispiel für das **erste** Optionsfeld (→ HALLO7):

```
private void radioButton1_CheckedChanged
(object sender, EventArgs e)
{
  if (radioButton1.Checked)
    Diagnose = "Das ist ja toll!";
}
```

Wie regeln wir jetzt das mit den Kontrollfeldern? Die zugehörige Ereignis-Methode erhältst du wieder durch Doppelklick auf jede der drei Checkboxen.

CheckedChanged() heißt auch hier die Methode, die deine Wahl auswertet. Wie wäre es mit dieser »Füllung«?

```
private void checkBox1_CheckedChanged
(object sender, EventArgs e)
{
  Titel = Titel + " Körper ";
  this.Text = Titel;
}
```

Dem Titel wird ein Text hinzugefügt, der neue Titel wird angezeigt. Der Haken: Jedes Mal, wenn ich eine Checkbox anwähle, wird ein Stück Text an den Titel angefügt, So aber soll es nicht sein, jedes der drei Wörter »Körper«, »Geist«, »Seele« darf immer nur **einmal** im Titel vorkommen.

Es wird also nun ein bisschen komplizierter. Bei den Optionsfeldern musste immer nur eines berücksichtigt werden, da immer nur eines aktiviert sein kann. Bei den Kontrollfeldern können es beliebig viele sein. Dem müssen wir jetzt Rechnung tragen.

Was konkret heißt: Wir brauchen mehr Variablen, und zwar diesmal als Arrays:

```
private bool[] Wahl = new bool[3];
private string[] Bereich =
  new string[3] { " Körper ", " Geist ", " Seele " };
```

Das erste Array ist vom Typ bool, dort speichern wir den Zustand der jeweiligen Checkbox. Das zweite Array habe ich nicht nur vereinbart, sondern alle beteiligten Elemente bekommen auch gleich einen Wert.

Und das ist neu: Wenn **mehrere** Startwerte im Einsatz sind, müssen diese in **geschweifte** Klammern gesetzt werden, die einzelnen Startwerte sind jeweils durch ein **Komma** getrennt.

Typ[] Variablenfeld = new Typ[Anzahl] { Startwerte } ;

Wenn einem Array Startwerte zugewiesen werden, kann man die Angabe der Anzahl in den eckigen Klammern auch weglassen, denn die Startwerte bestimmen ja die Anzahl der Elemente. Außerdem ließe sich dann die Vereinbarung auch so abkürzen:

```
private string[] Bereich =
{ " Körper ", " Geist ", " Seele " };
```

Sobald man diese Werte aber einem neuen Array zuweisen will, muss dort new benutzt werden. Ich bleibe dabei, Arrays gleich zu Anfang mit new zu erzeugen.

Als Nächstes geben wir den Wahl-Variablen jeweils den Wert false. Das kann in der Methode Form1_Load() geschehen (→ HALLO7):

```
private void Form1_Load(object sender, EventArgs e)
{
  for (int Nr = 0; Nr < 3; Nr++) Wahl[Nr] = false;
}
```

Und nun füllen wir die CheckChanged-Methoden:

```
private void checkBox1_CheckedChanged
(object sender, EventArgs e)
{
  Wahl[0] = checkBox1.Checked;
}
private void checkBox2_CheckedChanged
(object sender, EventArgs e)
{
  Wahl[1] = checkBox2.Checked;
}
private void checkBox3_CheckedChanged
(object sender, EventArgs e)
{
  Wahl[2] = checkBox3.Checked;
}
```

Wie du siehst, übernehmen die Wahl-Variablen einfach den Zustandswert der Kontrollfelder.

DER LETZTE SCHLIFF

Nun fehlt noch die Schaltfläche, denn ohne diese gibt es nichts zu sehen.

≫ Füge einen Button ins Formular ein und beschrifte ihn mit OK.

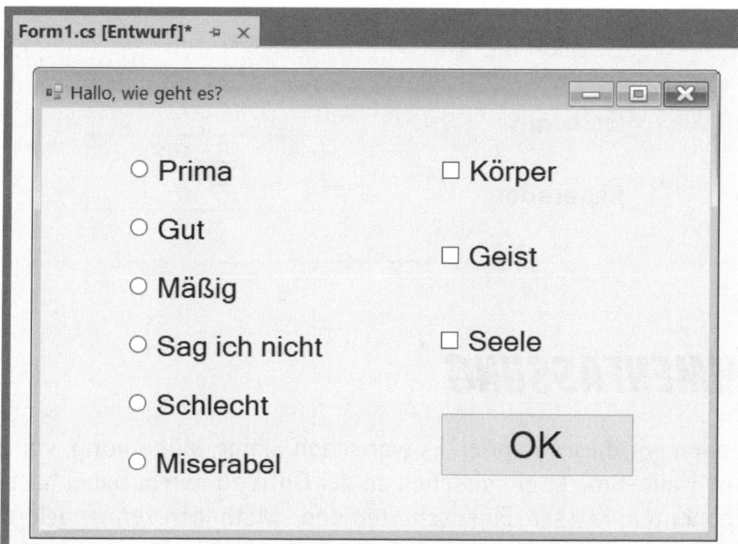

Dann doppelklicke darauf und fülle die button_Click-Methode mit diesem Quelltext (→ HALLO7):

```
private void button1_Click(object sender, EventArgs e)
{
  Titel = "Hallo, wie geht es?  ";
  for (int Nr = 0; Nr < 3; Nr++)
  {
    if (Wahl[Nr]) Titel = Titel + Bereich[Nr];
  }
  this.Text = Titel;
  MessageBox.Show(Diagnose, "");
}
```

Zuerst wird der Text für die Titelleiste des Formulars neu gesetzt, so als sei (noch) kein Kontrollfeld ausgewählt. Dann wird in einer for-Schleife getestet, welche Checkboxen aktiviert wurden, und der Titeltext wird neu zusammengesetzt. Zuletzt wird die Titelleiste aktualisiert und endlich auch die Diagnose angezeigt.

≫ Ergänze den Quelltext entsprechend und teste dann das Programm ausgiebig.

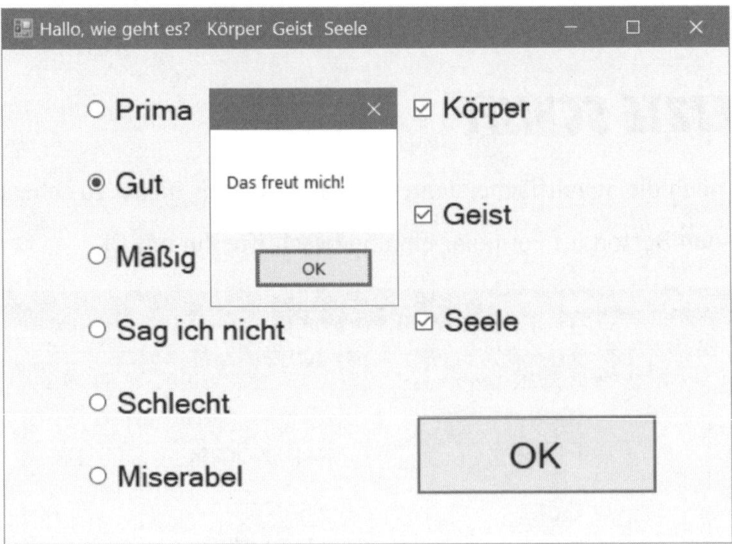

ZUSAMMENFASSUNG

Damit beenden wir dieses Kapitel. Es war schon einige Mühe nötig, vor allem, um beim letzten Hallo-Projekt ein bisschen an der Optik zu feilen. Dabei hast du einige neue Komponenten, Klassen-Eigenschaften und -Methoden kennengelernt:

`CheckBox`	Komponente: aktivierbares Kontrollfeld (in einer Gruppe lassen sich **alle** anwählen)
`ListBox`	Komponente: Listenfeld, in dem sich einer von mehreren Einträgen auswählen lässt
`ComboBox`	Eine Kombination aus Eingabefeld und (aufklappbarer) Liste, in dem man einen von mehreren Einträgen auswählen kann
`RadioButton`	Komponente: aktivierbares Optionsfeld (in einer Gruppe lässt sich nur **eines** anwählen)
`SelectedIndexChanged()`	Ereignis-Methode: wenn in einer Liste ein Eintrag markiert wird
`SelectedIndex`	Nummer des ausgewählten Listeneintrags (Zählung beginnt bei 0)
`CheckedChanged()`	Ereignis-Methode: wenn sich der Zustand eines Optionsfeldes oder Kontrollfeldes ändert

Checked	Ein Optionsfeld oder ein Kontrollfeld ist ausgewählt oder nicht (true/false).
Location	Position einer Komponente
Size	Größe einer Komponente
TabStop	Reihenfolge einer Komponente im Formular
Text	Aufschrift einer Komponente oder Titel eines Formulars

Und hier noch ein weiterer Typ für Variablen:

bool	Datentyp: kann nur true oder false sein, »Schaltvariable«

EIN PAAR FRAGEN ...

1. Wie ermittelt man in einem Listenfeld, welcher Eintrag ausgewählt worden ist?
2. Wie kontrolliert man, ob ein Optionsfeld bzw. ein Kontrollfeld aktiviert bzw. selektiert ist?

... ABER NUR EINE AUFGABE

1. Setze im Horoskop-Projekt aus der ersten Aufgabe in Kapitel 6 (HOROSKOP1) statt der Buttons eine Gruppe von Optionsfeldern (RadioButton) ein.

8 WER WEISS WAS? QUIZ-PROJEKT TEIL 1

Mit dem Wissen, das du bis jetzt hast, kannst du dich nun an dein nächstes Spiel wagen. Hierbei geht es nicht mehr ums Raten, sondern um Wissen. So kann dir unser nächstes Spiel sogar beim Lernen helfen, denn dieses Spiel ist ein Quiz. Wie gut das wird, hängt allerdings mehr von dem Material aus Fragen und Antworten ab als vom Programm selbst.

In diesem Kapitel lernst du

- ein Anzeigefeld (`Label`) kennen
- mehr über den Umgang mit Arrays
- den Typ `List` kennen
- wie man Textdaten laden und anzeigen kann

ERST DER PLAN, DANN DER BAU

Was brauchen wir? Eine Anzeige für die Frage und dann drei Schaltflächen für die möglichen Antworten. Und mit einem Mausklick kannst du dann die deiner Meinung nach richtige Antwort auswählen.

In einer Basisversion könnte das Ganze zunächst dieses »Gesicht« haben:

Das obere Element ist eine neue Komponente, ein **Label**. Es zeigt einfach nur Text an und wird deshalb auch Anzeigefeld genannt. Normalerweise hat ein Label keinen Rahmen – den habe ich hier nur gestrichelt angedeutet, damit man nicht denkt, da wäre nichts. Das ist also der unsichtbare Rahmen für die Anzeige der Frage.

Zuerst erzeugen wir jetzt ein neues Projekt, das erst mal nur das Grundgerüst für unser kommendes Quiz enthalten soll.

> Fülle das Formular mit einem Label und drei Buttons, die du passend vergrößerst und positionierst. Außerdem solltest du für alle Buttons TABSTOP auf FALSE einstellen.

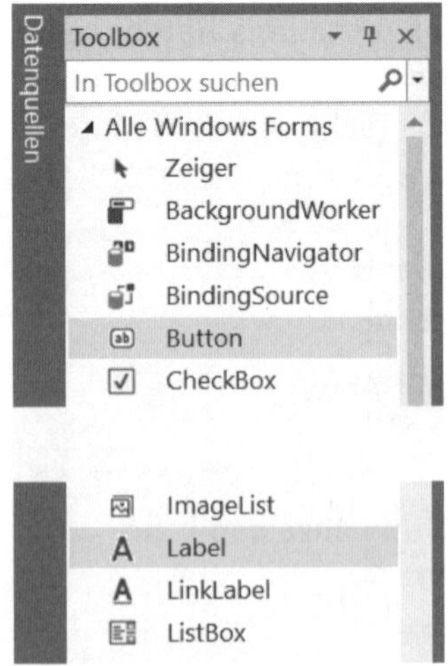

Dann brauchen wir ein paar Variablen:

```
private string Frage = "Was?";
private string[] Antwort =
  new string[] {"1", "2", "3"};
```

Wie du siehst, kann hier die zweite Doppelklammer leer bleiben, weil die Anzahl der Elemente durch die Liste der Startwerte dahinter festgelegt wird. Man könnte hier die String-Vereinbarungen auch leer lassen:

```
private string Frage = "";
private string[] Antwort = new string[] {"", "", ""};
```

Sowohl das Label als auch die Buttons müssen später beim Programmstart erst mal keinen Text haben. Denn der ändert sich ja je nach Quizfrage. Doch es kann ja nicht schaden, wenn man beim Ausprobieren auch schon etwas sehen kann.

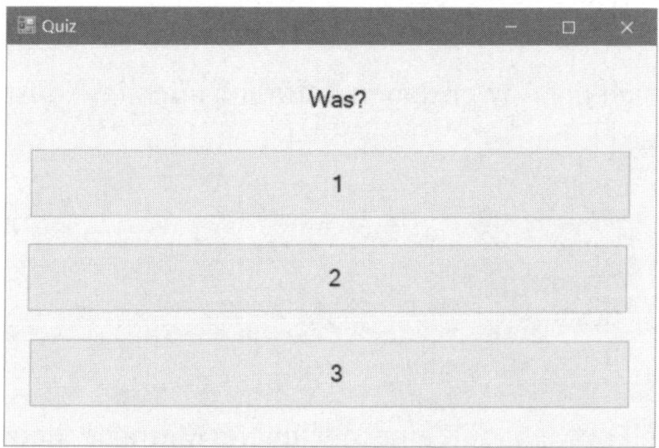

Damit der Text fürs Label mittig angezeigt wird, musst du vorher im EIGENSCHAFTEN-Fenster hinter TEXTALIGN von TOPLEFT auf MIDDLECENTER umstellen.

> Klicke dazu auf den kleinen Button mit dem angedeuteten Dreieck, es öffnet sich ein kleines Menü, in dem klickst du auf den Button in der Mitte.

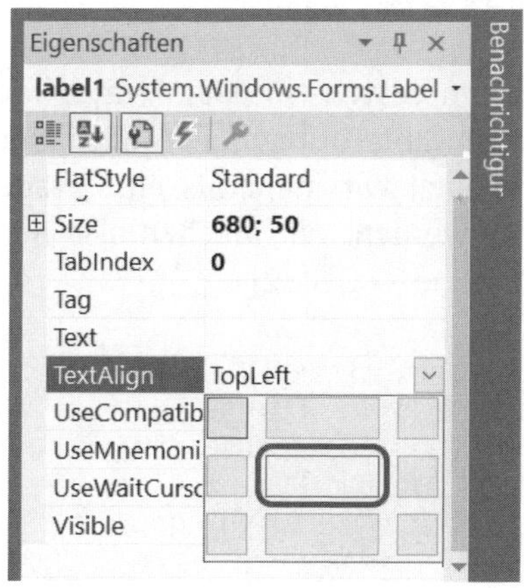

In die Form_Load-Methode packen wir jetzt die Zuweisungen für die Texte der Komponenten (→ QUIZ1):

```
private void Form1_Load(object sender, EventArgs e)
{
  label1.Text  = Frage;
  button1.Text = Antwort[0];
  button2.Text = Antwort[1];
  button3.Text = Antwort[2];
}
```

≫ Gib diesen Quelltext ein, dann starte das Programm.

So schlecht sieht das Ganze nicht aus. Das nötige Gerüst ist da, jetzt fehlen noch die Quizaufgaben und die passenden Methoden.

Übrigens lassen sich die Anweisungen natürlich auch im Konstruktor aufrufen:

```
public Form1()
{
  InitializeComponent();
  label1.Text  = Frage;
  button1.Text = Antwort[0];
  button2.Text = Antwort[1];
  button3.Text = Antwort[2];
}
```

Da wir aber mit Form_Load() eine geeignete Methode haben, die **vor** dem Erscheinen des Formulars aktiv wird, habe ich mich dafür entschieden, diese Methode für die Start-Anweisungen zu benutzen.

FRAGE UND ANTWORTEN

Fürs Erste vereinbaren wir am besten ein paar Arrays, in denen wir unsere Fragen und die zugehören Antworten unterbringen. Für jede Frage soll es ja drei Antwortmöglichkeiten geben. Und weil wir mehr als eine Frage brauchen, muss Frage schon jetzt zu einem Array werden. Wir machen also die ursprünglichen string-Vereinbarungen etwas »dicker« (→ QUIZ2):

```
private string[] Frage = new string[]
  {"Wie heißt die Hauptstadt von China?",
   "Wie heißt die Hauptstadt von Australien?",
   "Wie heißt die Hauptstadt von Rumänien?"};
private string[,] Antwort = new string[,]
  {{"Peking", "Shanghai", "Singapur"},
   {"Austria", "Cangaroo", "Canberra"},
   {"Budapest", "Bukarest", "Beulenpest"}};
private int[] Korrekt = new int[] {0, 2, 1};
private int Aktuell;
```

Wir beginnen erst mal (vorsichtig) mit nur wenigen Quizaufgaben, später lässt sich das Ganze dann fast beliebig erweitern. Hier haben wir ein (kleines) Quiz-Paket von insgesamt drei Fragen und zu jeder Frage drei Antwortmöglichkeiten. Auf die vielleicht etwas seltsam anmutende Vereinbarung des `Antwort`-Arrays komme ich gleich.

Wenn du genau hinschaust, entdeckst du ein drittes Array. Das enthält die Nummer der jeweils richtigen Antwort. Und die Variable `Aktuell` dient dazu, sich die aktuelle Quizaufgabe zu merken.

Ich habe mich hier auf so wenige Quizaufgaben beschränkt, weil es jetzt nur darum geht, zu zeigen, wie die Arrays ihre Startwerte bekommen. Auch war ich zu faul, mir für jede Aufgabe eine andere Grundfrage auszudenken. Du hast natürlich freie Bahn, meine Texte durch Fragen und Antworten zu ersetzen, die dir mehr »schmecken«.

Schauen wir mal genauer auf die Antworten, denn da gibt es eine Art Doppel-Array zu entdecken. Man erkennt es an dem Komma innerhalb der eckigen Klammern: `string[,] Antwort` bedeutet, dass dieses Array **zweidimensional** ist. Was auch heißt, dass die anderen beiden Arrays **eindimensional** sind.

Was bedeutet das hier mit der Dimension? Man könnte sagen, ein eindimensionales Array ist eine Art Kette: Die einzelnen Variablen liegen direkt hintereinander. Auf jedes Element greift man durch einfachen Index (in eckigen Klammern) zu.

string Frage[]		
Frage[0]	Frage[1]	Frage[2]

Bei einem zweidimensionalen Array sind die Variablen in Reihen und Spalten angeordnet. Hier muss man einen doppelten Index benutzen, um die einzelnen Elemente zu erreichen.

string Antwort[,]		
Antwort[0,0]	Antwort[1,0]	Antwort[2,0]
Antwort[0,1]	Antwort[1,1]	Antwort[2,1]
Antwort[0,2]	Antwort[1,2]	Antwort[2,2]

Gezählt wird ja immer ab 0, nicht ab 1. Zur nullten Frage gehören also die drei Antworten, deren erster Index null ist.

Für eine erste Anzeige der Daten müssten die entsprechenden Zuweisungen angepasst werden, z.B. so:

```
label1.Text  = Frage[0];
button1.Text = Antwort[0,0];
button2.Text = Antwort[0,1];
button3.Text = Antwort[0,2];
```

≫ Passe deinen Quelltext an und starte das Quiz.

Na ja, von einem Spiel kann da noch keine Rede sein, denn es gibt nur immer eine einzige der zur Verfügung stehenden Quizaufgaben zur Auswahl. Das sollten wir also schleunigst ändern.

RICHTIG ODER FALSCH

Um im richtigen Spiel eine zufällige Frage auszuwählen und diese samt Antworten anzeigen zu können, verwenden wir eine eigene Methode. Zuerst sollten Label und Buttons beim Start noch nichts anzeigen. Das ist damit erledigt, dass wir im EIGENSCHAFTEN-Fenster alle Textwerte gelöscht haben. Für das Stellen einer Quizaufgabe vereinbaren wir eine neue eigene Methode (→ QUIZ2):

```
public void ShowQuest(int Nr)
{
  label1.Text  = Frage[Nr];
  button1.Text = Antwort[Nr, 0];
  button2.Text = Antwort[Nr, 1];
  button3.Text = Antwort[Nr, 2];
  Aktuell = Nr;
}
```

Damit nicht immer derselbe Text angezeigt wird, braucht die Methode eine Nummer als Parameter. Diese merkt sich das Quiz in der Variablen `Aktuell`.

Die Methode habe ich `public` vereinbart, damit sie auch von außen aktiviert werden kann. Hier rufen wir diese Methode erst mal in `Form1_Load()` auf. Dazu brauchen wir aber eine weitere Variable, damit beim Start des Programms nicht immer dieselbe Frage gestellt wird.

Das Gespann aus `Random`-Objekt und `Next`-Methode kennst du ja schon vom Zahlenraten. Hier erzeugen wir innerhalb von `Form1_Load()` eine zufällige Zahl und lassen dann dazu Frage und Antworten anzeigen:

```
private void Form1_Load(object sender, EventArgs e)
{
  Random random = new Random();
  int Zufall = random.Next(3);
  ShowQuest(Zufall);
}
```

Der Parameter 3 ist dabei die Obergrenze, unter der die Zufallszahl liegen soll. So wird zuerst eine 0, 1 oder 2 erzeugt, dann erscheint die entsprechende Quizaufgabe.

≫ Ergänze dein Programm und probiere es dann mehrmals aus. Wird immer etwas anderes angezeigt?

Was nun noch fehlt, ist eine Auswertung, ob die angeklickte Antwort richtig oder falsch ist. Das erledigen wir in den `button_Click`-Methoden (→ QUIZ2):

```
private void button1_Click(object sender, EventArgs e)
{
  if (Korrekt[Aktuell] == 0) label1.Text = "Richtig!";
  else label1.Text = "Falsch! " +
    Convert.ToString(Korrekt[Aktuell] + 1);
}
private void button2_Click(object sender, EventArgs e)
{
  if (Korrekt[Aktuell] == 1) label1.Text = "Richtig!";
  else label1.Text = "Falsch! " +
    Convert.ToString(Korrekt[Aktuell] + 1);
}
private void button3_Click(object sender, EventArgs e)
{
  if (Korrekt[Aktuell] == 2) label1.Text = "Richtig!";
  else label1.Text = "Falsch! " +
    Convert.ToString(Korrekt[Aktuell] + 1);
}
```

Die Bedingung `Korrekt[Aktuell] == Button-Nummer` vergleicht das aktuelle Element des `Korrekt`-Arrays mit der Nummer des gedrückten Buttons (gezählt ab 0). Wenn du den richtigen Button angeklickt hast, wird das anerkennend angezeigt. Ist deine Wahl falsch, bekommst du zusätzlich noch die Nummer der richtigen Antwort.

Dabei bewirkt `Convert.ToString()` die Umwandlung einer Zahl in einen String. Bisher hatten wir ja oft den umgekehrten Fall.

Die Klasse `Convert` hat einiges zu bieten, allerdings nur in Sachen Typumwandlung. Hier eine kleine Tabelle:

`Convert.ToBoolean()`	Umwandlung in `bool`-Wert
`Convert.ToDateTime()`	Umwandlung in Datum und/oder Zeit
`Convert.ToInt32()` `Convert.ToInt64()`	Umwandlung in ganze Zahl (32 = normal; 64 = sehr groß)
`Convert.ToSingle()` `Convert.ToDouble()`	Umwandlung in Dezimalzahl mit einfacher oder doppelter Genauigkeit
`Convert.ToString()`	Umwandlung in Zeichenkette (String)

Das sind nur einige Beispiele. Mit `Int32` und `Int64` sind normale ganze Zahlen (32 Bit) und besonders große (64 Bit) gemeint. Ein Bit belegt einen einzelnen Speicherplatz im Computer.

`Single` entspricht dem dir schon bekannten `float`, `Double` meint Zahlen mit doppelt so vielen möglichen Stellen hinter dem Komma.

DIE PASSENDE TEXTDATEI

Du kannst deine Quizaufgaben leicht selbst vermehren, indem du die Anzahl auf z.B. 10 oder mehr erhöhst. Dabei wird die Array-Vereinbarung im Quelltext jedoch immer umfangreicher – und möglicherweise unübersichtlicher. Mit der Zeit wirst du dir einen komfortableren Weg wünschen, um auch an größere Mengen von Text für dein Quiz-Projekt zu gelangen. Es ist auch kein guter Programmierstil, wenn große Mengen Textmaterial, das nicht zum eigentlichen Programm gehört, im Quelltext stehen.

Ideal wäre es doch, wenn man seine Texte einfach außerhalb des eigentlichen Programms mit einem Editor oder Textprogramm eingibt und als ganz normale Textdatei speichert? Und dein Programm sammelt dann während der Laufzeit alle Zeilen aus dieser Datei und baut sie in seine Arrays ein. Dann könnte man auch problemlos 20, 50 oder mehr Fragen sammeln und verwalten.

Beginnen wir damit, dass wir einiges an Fragen und Antworten in einer reinen Textdatei sammeln. Eine solche Datei kann man z.B. im Windows-Editor erzeugen und als Datei mit der Kennung TXT speichern – ich nenne sie QUIZ.TXT. Diese sollte dann auch gleich im aktuellen Projekt-Ordner liegen.

Es geht aber auch mit Visual Studio selbst. Dort kannst du eine solche Textdatei über DATEI und NEU und dann DATEI erzeugen.

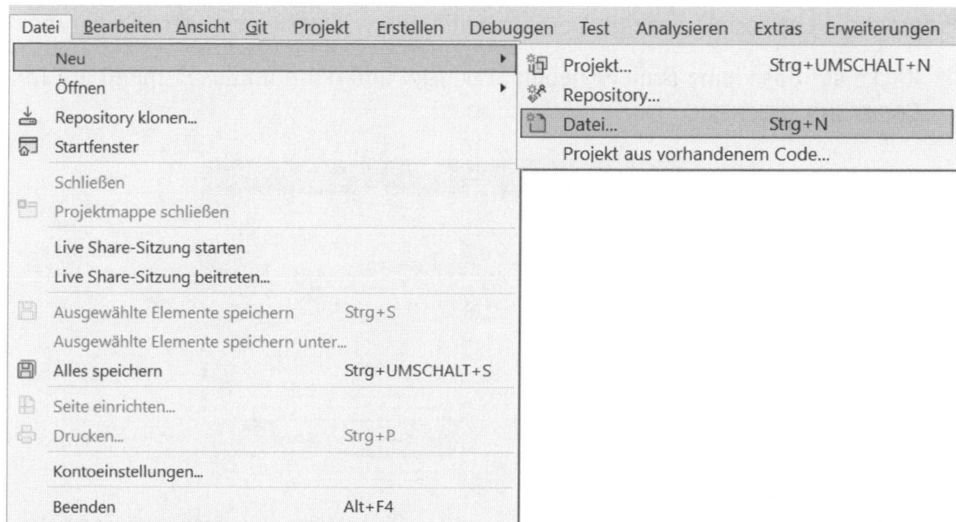

» Im Dialogfenster wählst du TEXTDATEI und klickst auf ÖFFNEN.

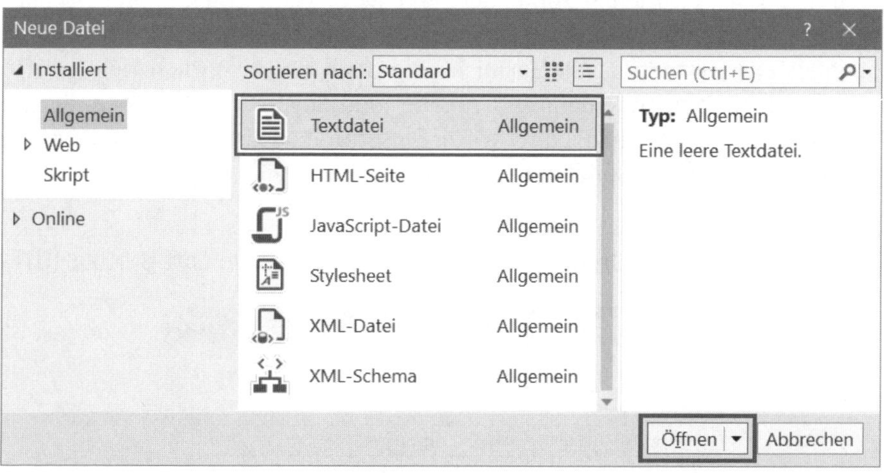

» Anschließend speicherst du diese Datei unter dem Namen QUIZ.TXT im aktuellen Projektordner. Aber nicht sofort und direkt.

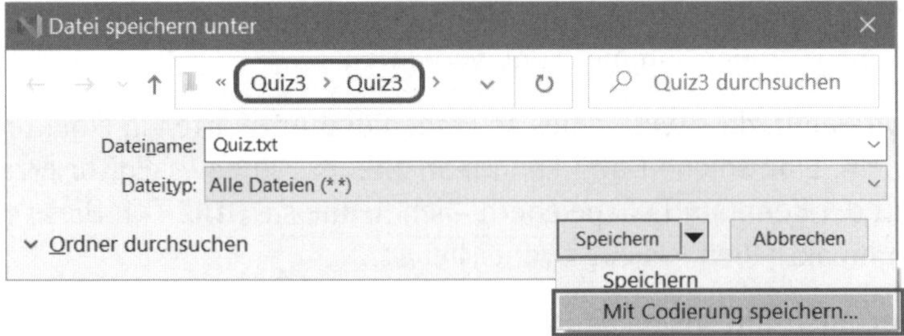

Der Haken: Der Text wird in einem Format gespeichert, das deutsche Umlaute im C#-Programm nicht korrekt anzeigt. Deshalb benötigen wir hier eine andere Codierung.

- Klicke auf das kleine Dreieck neben Speichern und dann im Zusatzmenü auf Mit Codierung speichern.

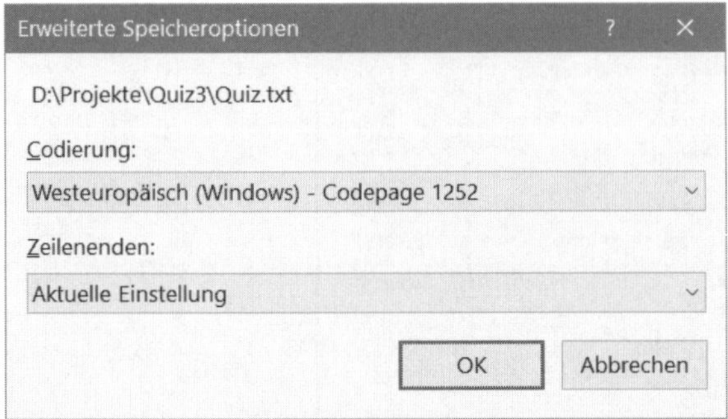

Im Dialogfeld wird die aktuelle Codierung angezeigt: Westeuropäisch (Windows).

Eigentlich gibt es für jeden Sprachbereich eine eigene Codierung der Buchstaben eines Alphabets und anderer Zeichen. Weil wir in Westeuropa leben, ist der voreingestellte Standard von Visual Studio auch der eigentlich richtige. Nur nutzt C# lieber den sogenannten **Unicode** (und davon vor allem den, der mit dem Kürzel UTF-8 gekennzeichnet wird). Dieser Unicode ist international gültig, er umfasst zahlreiche Alphabete.

- Öffne über das kleine Dreieck rechts eine Liste und wähle dort Unicode (UTF-8).

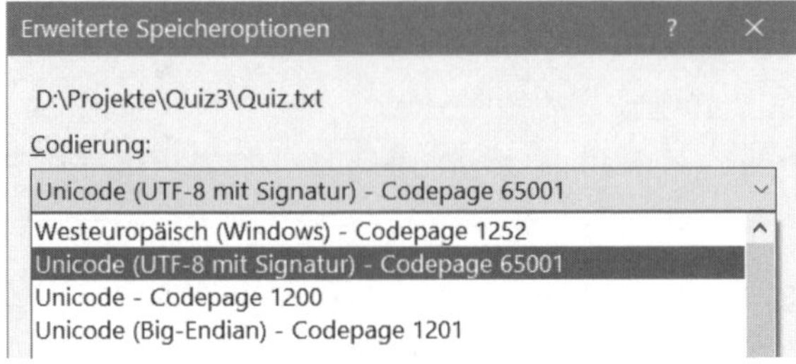

≫ Dann klicke auf OK.

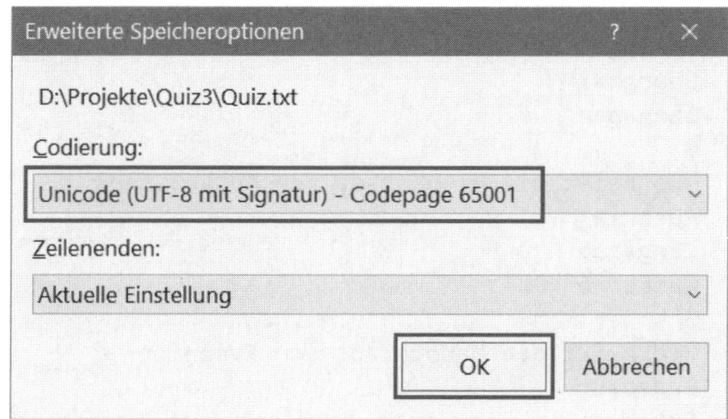

Und die Datei landet im aktuellen Projektordner.

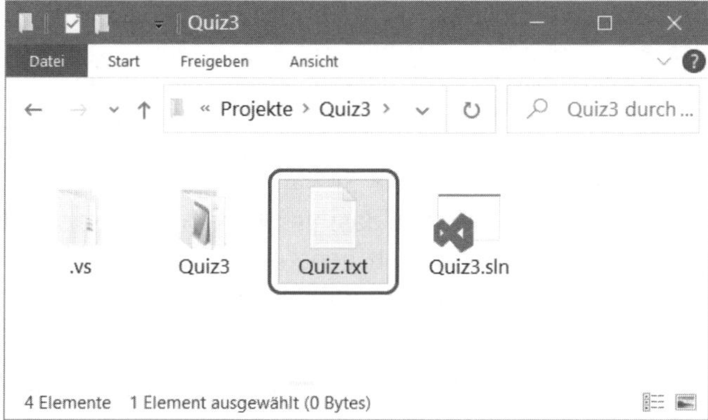

Wenn du deinen Text mit dem Windows-eigenen Editor bearbeitest, wird dort die Datei standardmäßig im UTF-8-Format gespeichert.

DATENSAMMLUNG

≫ Und nun fülle diese Textdatei mit mehr oder weniger klugen Fragen und Antworten, je eine pro Zeile. Vergiss nicht, in einer Extrazeile am Ende immer die Nummer der richtigen Antwort einzutragen.

Bei den Download-Dateien unter *www.mitp.de/0586* gibt es eine kleine Textdatei namens QUIZ.TXT mit ein paar weiteren Fragen.

Form1.cs Form1.cs [Entwurf] Quiz.txt

```
Wie heißt die Hauptstadt von China?
Peking
Shanghai
Singapur
0
Wie heißt die Hauptstadt von Australien?
Austria
Cangaroo
Canberra
2
Wie heißt die Hauptstadt von Rumänien?
Budapest
Bukarest
Beulenpest
1
Was ist die Flora?
Tierwelt
Pflanzenwelt
Fantasiewelt
1
```

In der Regel wissen wir nicht, wie viele Strings in einer solchen Datei vorhanden sind. Man kann auch einfach festlegen, dass es z.B. nicht mehr als 50 Quizaufgaben geben darf. Aber dann muss man auch genauso viele Textgruppen haben. Sonst kann es vorkommen, dass das Quiz-Programm eine Frage stellen will, die es gar nicht gibt, weil es zufällig eine Stelle wählt, wo die Array-Elemente leer sind.

Am besten wäre es, wir hätten einen »Datenbehälter« zur Verfügung, der flexibler ist als ein festes Array. Und man bestimmt den Maximalwert der Quizaufgaben erst, wenn alle geladen und »durchgezählt« wurden.

Und tatsächlich gibt es mit `List` einen passenden Typ, der so vereinbart werden kann:

```
private List<string> Frage = new List<string>();
```

Da eine solche Feldliste verschiedene Datentypen sammeln kann, haben wir hier – mit spitzen Klammern! – den Typ `string` festgelegt, weil es ja um Texte geht.

Hier ist ein Quelltext, der den Einsatz einer solchen Liste demonstriert (→ LISTE1):

```
private List<string> Frage = new List<string>();
// Konstruktor
private void Form1_Load(object sender, EventArgs e)
{
  Frage.Add(" Was?");
  Frage.Add(" Wie?");
  Frage.Add(" Wo?");
```

```
  string Liste = "Liste: ";
  foreach (string Element in Frage)
    Liste = Liste + Element;
  button1.Text = Liste;
}
```

Die nötige Bibliothek `System.Collections.Generic` für den Typ `List` ist bereits in der `using`-Gruppe mit eingebunden.

In der `Form_Load`-Methode werden dieser Liste einfach Elemente hinzugefügt. Das erledigt die Methode `Add()`, die als Parameter einen Text übernimmt.

Interessant wird es bei der `for`-Schleife. So kennst du die noch gar nicht. Eigentlich könnte es doch so oder ähnlich aussehen:

```
for (int Nr = 0; Nr < 3; Nr++)
  Liste = Liste + Frage[Nr];
```

Der Zugriff auf ein Element der Liste erfolgt – wie du es vom Array kennst – über den Index in eckigen Klammern.

Kommen wir zu der neuen `for`-Schleife, die für Arrays und Listen gilt und dort alle Elemente abarbeitet:

```
foreach (string Element in Frage)
  Liste = Liste + Element;
```

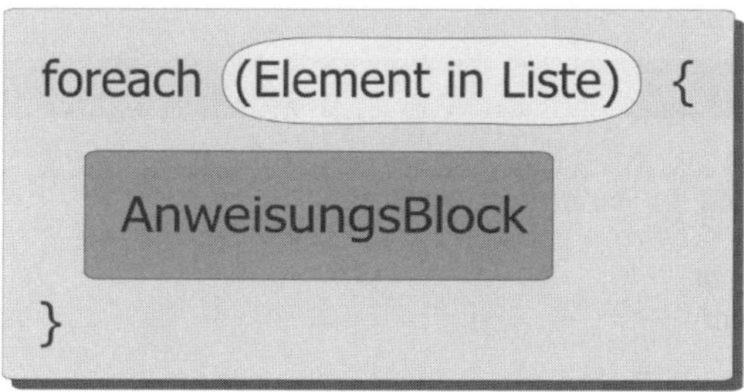

Diese Kontrollstruktur bedeutet:

FÜR jedes Element einer Liste oder einer sonstigen Sammlung

soll der Computer einen Anweisungsblock WIEDERHOLEN.

Wie gesagt, funktioniert diese Struktur auch bei Arrays (→ LISTE1A). Wie praktisch sie ist, muss man jeweils sehen. Wir schauen nachher bei unserem Quiz-Projekt, ob wir sie dort gebrauchen können.

DATENTRANSFER

Vorher machen wir einen Ausflug zu einem anderen kleinen Programmbeispiel. Dort geht es darum, einen Text aus einer Datei einzulesen und in einer String-Liste unterzubringen.

Dazu benötigen wir natürlich eine Struktur, die auf Dateien zugreifen kann. Wichtig ist, dass die Test-Datei im **selben** Ordner liegt wie das aktuelle Projekt.

Schauen wir uns mal eine Möglichkeit für den Datenverkehr an (→ FILE1):

```
private string Datei = @"d:\projekte\file1\quiz.txt";
// Konstruktor
private void Form1_Load(object sender, EventArgs e)
{
  string[] Textfeld =
    System.IO.File.ReadAllLines(Datei);
  textBox1.Lines = Textfeld;
}
```

Hier wird die betreffende Textdatei in einem Rutsch eingelesen und in einem Textfeld angezeigt. Der Dateipfad wurde vorher in einer String-Variablen angegeben. Wichtig ist dabei, dass vor dem Pfadnamen ein sogenannter Klammeraffe (@) steht – dieses Zeichen kennst du von E-Mail-Adressen. Andernfalls kann man den Pfad auch so beschreiben:

```
private string Datei = "d:\\projekte\\file1\\quiz.txt";
```

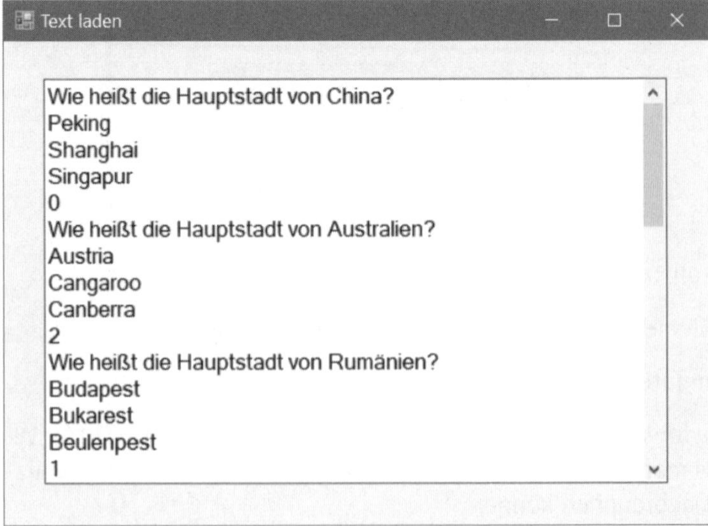

Eine TEXTBOX ist eine Komponente, die man mit dem Label vergleichen kann. Das Besondere ist, dass hier wahlweise einzeilige oder mehrzeilige Textanzeigen möglich sind. Die Eigenschaft Lines ist ein Textarray, das beliebig viele Textzeilen aufnehmen kann.

Wichtig ist das »Zauberwort« ReadAllLines(), eine Methode, die in der Lage ist, alle Zeilen einer Textdatei einzulesen. Die lassen sich dann in einem Array oder in einer Liste ablegen.

Es gibt natürlich auch das Gegenstück, um einen Text in einer Datei zu speichern (→ FILE2):

```
private string Datei = @"d:\projekte\file2\test.txt";
// Konstruktor
private void Form1_Load(object sender, EventArgs e)
{
  string[] Testtext = { "Was?", "Wie?", "Wo?" };
  System.IO.File.WriteAllLines
    (Datei, Testtext, Encoding.UTF8);
  string[] Textfeld =
    System.IO.File.ReadAllLines(Datei);
  textBox1.Lines = Textfeld;
}
```

Existiert die betreffende Datei noch nicht, wird sie vorher automatisch neu erzeugt. Dann werden die Daten dort abgelegt. In diesem Fall ist ein zweiter Parameter hinzugefügt, der dafür sorgt, dass die Datei im internationalen Text-Code UTF-8 gespeichert wird.

Natürlich bietet C# zahlreiche weitere Methoden, mit denen sich Daten von außerhalb einlesen oder in einer externen Datei speichern lassen. Denn es gibt ja nicht nur Text als Daten.

Hier benötigen wir nur Methoden für Textdateien, deshalb solltest du auch noch die Methoden für einzelne Textzeilen kennenlernen. Denn man will ja nicht immer einen kompletten Text benutzen (→ FILE3):

```
string[] Textfeld = new string[5];
System.IO.StreamReader reader =
  new System.IO.StreamReader(Datei);
for (int Nr = 0; Nr < 5; Nr++)
  Textfeld[Nr] = reader.ReadLine();
reader.Close();
textBox1.Lines = Textfeld;
```

Die Klasse StreamReader bietet einige Read-Methoden zum Laden und Lesen von Dateien. Natürlich gibt es auch eine Klasse StreamWriter zum Öffnen von und Schreiben in Dateien sowie eine Reihe von Write-Methoden (→ FILE4).

Wichtig ist, dass hier der Reader oder Writer am Schluss mit `Close()` geschlossen werden muss.

`ReadAllLines()` und `WriteAllLines()` sind Methoden der Klasse `File`.

Das ganze Angebot liegt in der Bibliothek `System.IO`. Die könnte man auch per `using`-Anweisung ganz oben im Quelltext mit einbinden:

```
using System.IO;
```

Dann kann man diesen Teil bei der Nutzung von Klassen und Methoden weglassen.

AUFSAMMELN UND EINORDNEN

Nun haben wir eigentlich alles an Basiswissen zusammen, um den Inhalt einer Textdatei einzulesen und auf unsere Array-Listen zu verteilen. Das packen wir jetzt in unsere nächste Quiz-Version. Beginnen wir mit den Vereinbarungen der neuen Eigenschaften (→ QUIZ3):

```
private string Datei = @"d:\projekte\quiz3\quiz.txt";
private List<string> Frage    = new List<string>();
private List<string> Antwort1 = new List<string>();
private List<string> Antwort2 = new List<string>();
private List<string> Antwort3 = new List<string>();
private List<int> Korrekt     = new List<int>();
private int Aktuell;
private int Max = 0;
```

Ich habe, außer für die Frage, für jede Antwort eine eigene Liste erzeugt. Eine andere Möglichkeit wäre eine Liste von Arrays als Elemente, was mir hier aber aufwendiger erscheint. Dazu kommt mit `Korrekt` die Liste mit den Nummern der richtigen Antworten.

Und am Ende stehen noch zwei Zahlvariablen: `Aktuell` beinhaltet die Nummer der Quizaufgabe, die gerade »dran« ist. Und in `Max` steht später die maximale Anzahl der Aufgaben, die erst berechnet werden muss. Anfangs ist sie auf null gesetzt.

Als Nächstes vereinbaren wir die Methode, die für das Einlesen des gesamten Textes sorgen soll. Und nicht nur das, die einzelnen Textzeilen müssen auch noch auf die verschiedenen Listen verteilt werden (→ QUIZ3):

```
public void ReadFile()
{
  try
  {
```

```
    string[] Textfeld =
      System.IO.File.ReadAllLines(Datei);
    Max = (int) Textfeld.Length / 5;
    for (int i = 0; i < Max; i++)
    {
      Frage.Add(Textfeld[i * 5]);
      Antwort1.Add(Textfeld[i * 5 + 1]);
      Antwort2.Add(Textfeld[i * 5 + 2]);
      Antwort3.Add(Textfeld[i * 5 + 3]);
      Korrekt.Add(int.Parse(Textfeld[i * 5 + 4]));
    }
  }
  catch (Exception e)
  {
    MessageBox.Show("Fehler!");
  }
}
```

Ich habe hier sicherheitshalber eine `try-catch`-Struktur um den ganzen »Ladevorgang« gelegt, denn es kann durchaus passieren, dass eine Datei mal nicht gefunden wird oder nicht gelesen werden kann.

Zuerst wird der komplette Text mit `ReadAllLines()` eingelesen und in einem String-Array zwischengelagert. Die Gesamtzahl der Textzeilen lässt sich über `Textfeld.Length` ermitteln.

Während sich die Anzahl der Elemente eines Arrays mit `Length` ermitteln lässt, braucht man bei einer Liste die Eigenschaft `Count`.

Nun müssen wir die Anzahl der vorhandenen Quizaufgaben ermitteln. Jede besteht aus 5 Zeilen, also lässt sich `Max` so berechnen:

```
Max = (int) Textfeld.Length / 5;
```

Wir teilen die Anzahl aller Zeilen durch 5 und machen aus dem Ergebnis eine ganze Zahl. Dann folgt in einer `for`-Schleife die Verteilung auf die einzelnen Listen:

```
Frage.Add(Textfeld[i * 5]);
Antwort1.Add(Textfeld[i * 5 + 1]);
Antwort2.Add(Textfeld[i * 5 + 2]);
Antwort3.Add(Textfeld[i * 5 + 3]);
```

So bekommen die Listen die passenden Textanteile. Das sieht z.B. für die erste Quiz-Aufgabe so aus:

Formel		i = 0
[i*5]	Frage	Wie heißt die Hauptstadt von China?
[i*5+1]	Antwort1	Peking
[i*5+2]	Antwort2	Shanghai
[i*5+3]	Antwort3	Singapur
[i*5+4]	Korrekt	0

Doch halt, habe ich da nicht was vergessen? Ja, die letzte Liste namens Korrekt. Da gibt es eine Besonderheit zu bedenken: Aus der Textzeile muss hier eine Zahl werden. Das kann die Parse-Funktion erledigen:

```
Korrekt.Add(int.Parse(Textfeld[i * 5 + 4]));
```

Womit wir dann endlich alle Quizaufgaben »im Kasten« hätten. Nun fehlt noch die Methode für die Anzeige (→ QUIZ3):

```
public void ShowQuest (int Nr) {
  label1.Text = Frage[Nr];
  button1.Text = Antwort1[Nr];
  button2.Text = Antwort2[Nr];
  button3.Text = Antwort3[Nr];
  Aktuell = Nr;
}
```

Auch hier wird die Nummer der aktuellen Quizaufgabe übernommen und an Aktuell weitergegeben. Danach bekommen das Label und die Buttons ihre Daten aus den Array-Listen.

Nun müssen die neuen Methoden auch in der Form_Load-Methode aktiviert werden:

```
private void Form1_Load(object sender, EventArgs e)
{
  ReadFile();
  Random random = new Random();
  int Zufall = random.Next(Max);
  ShowQuest(Zufall);
}
```

Zuerst kommt das Einlesen der Textdatei mit den Quizaufgaben. Erst dann wird eine Zufallszahl erzeugt, denn erst nach dem Einlesen ist ja bekannt, wie viele Aufgaben maximal zur Verfügung stehen:

```
int Zufall = (int)(Math.random()*Max);
```

≫ Passe deinen Quelltext an die Neuerungen an und starte das Spiel. Und dann wird gefragt und du kannst antworten – aber das Ganze jeweils nur einmal. Wenn du das Programm mehrmals startest, dann dürften auch mehrere verschiedene Quiz-Fragen kommen – meistens jedenfalls.

ZUSAMMENFASSUNG

Jetzt ist (wieder) eine größere Pause fällig! Denn es gab eine ganze Menge an Informationen, die auch erst mal verdaut werden muss. Hier sind die Neuigkeiten des Kapitels:

`Label`	Komponente: Anzeigefeld für einzeiligen Text
`TextBox`	Komponente: Anzeigefeld für mehrzeiligen Text
`Lines`	Array für mehrzeiligen Text
`TextAlign`	Angezeigten Text ausrichten (rechts, links, Mitte)
`@`	(möglicher) Vorsatz für Dateipfade
`System.IO`	Bibliothek für die Ein-/Ausgabe von Daten
`StreamReader`	Klasse für Lese-Operationen
`StreamWriter`	Klasse für Schreib-Operationen
`ReadLine()`	Methode: Einzelzeile aus Textdatei lesen
`WriteLine()`	Methode: Einzelzeile in Textdatei schreiben
`Close()`	Methode: eine Datei schließen
`File`	Klasse für den Datentransfer
`ReadAllLines()`	Methode: alle Zeilen einer Textdatei auslesen
`WriteAllLines()`	Methode: alle Zeilen eines Texts in Datei schreiben
`List`	Liste von Elementen, wie ein Array mit flexibler Anzahl
`<>`	Spitze Klammern für Typangabe einer Liste
`Add()`	Methode: einer Liste ein neues Element hinzufügen
`Count`	Anzahl der Elemente einer Liste
`Length`	Anzahl der Elemente eines Arrays
`Convert`	Klasse für Typumwandlungen
`ToString()`	Zahl in String umwandeln
`foreach`	FÜR alle Elemente in einem Array oder einer Liste führe einen Anweisungsblock aus

EIN PAAR FRAGEN ...

1. Was ist der Unterschied zwischen Array und `List`?
2. Wie kann man Textdateien vom Programm aus laden oder speichern?

... ABER KEINE AUFGABEN

Nun erweitern wir unser Quiz-Projekt um das, was nötig ist, um endlich ein richtiges Spiel daraus zu machen. Außerdem statten wir es mit etwas zusätzlichem Komfort aus und experimentieren mit einigen Varianten. Dass es beim Spielen noch mehr zu lernen gibt, siehst du, wenn wir aus dem Quiz zusätzlich einen Vokabeltrainer machen.

In diesem Kapitel lernst du

- verschiedene Varianten des Quiz-Spiels kennen
- den Nicht-Operator kennen
- wie aus einem Quiz ein Vokabeltrainer werden kann
- wie man eine Mehrfachauswahl auswerten kann

EINE ODER VIELE?

Wie weit sind wir? Du kannst **eine** zufällig gestellte Frage mit einem Mausklick beantworten, doch dann ist das Programm am Ende. Wie können wir so lange spielen, wie **wir** wollen? Dazu müssen wir unser Programm ein wenig umbauen.

Als Erstes erweitern wir unsere Schaltflächen um eine weitere. Dazu müssen wir das Formular etwas nach unten vergrößern.

Der neue Button kann deutlich kleiner sein, denn er bekommt eine feste (kurze) Aufschrift: »Neue Aufgabe«.

> Erledige das alles, sodass das Formular mit seinen Komponenten am Ende so aussehen könnte:

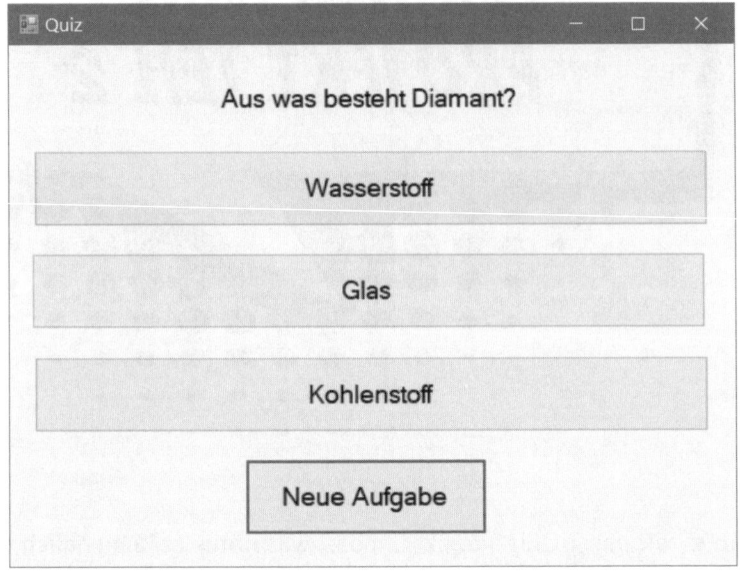

Und nun müssen wir dem neuen Button eine sinnvolle Aufgabe zuweisen:

> Doppelklicke also auf diesen Button und erweitere die neue `button_Click`-Methode so:

```
private void button4_Click(object sender, EventArgs e)
{
  int Zufall = random.Next(Max);
  ShowQuest(Zufall);
}
```

Ab jetzt sollte bei jedem Klick auf den neuen Button eine neue Aufgabe gestellt werden. Weitgehend neu, denn es kann natürlich durchaus sein, dass sich eine Fragestellung wiederholt. Was immer weniger passiert, je mehr Fragen du vorbereitet hast.

Aber es gibt einen Haken. Eine solche Fehlermeldung hatten wir schon mal:

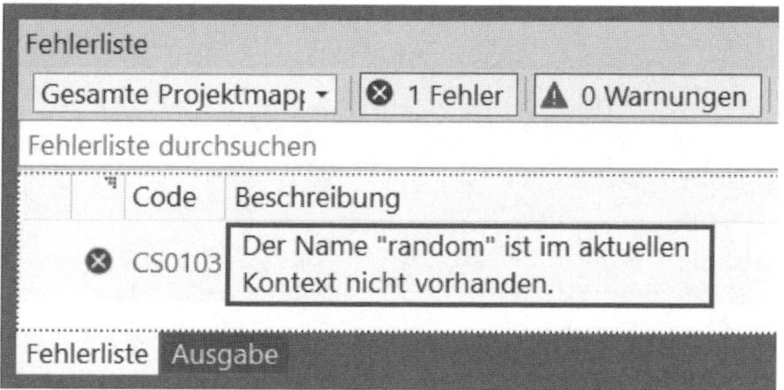

Aber wieso? random wurde doch weiter oben in der Methode Form1_Load() bereits vereinbart. Doch dabei handelt es sich um eine **lokale** Variable. Und die gilt nur **innerhalb** der Funktion, in der sie vereinbart wurde.

Form1.cs   Form1.cs [Entwurf]
Quiz4   Quiz4.Form1

```
public partial class Form1 : Form
{
    string Datei = @"d:\projekte\quiz4\quiz.txt";
    private List<string> Frage = new List<string>();
    private List<string> Antwort1 = new List<string>();
    private List<string> Antwort2 = new List<string>();
    private List<string> Antwort3 = new List<string>();
    private List<int> Korrekt = new List<int>();
    private Random random = new Random();
    private int Aktuell, Zufall;
    private int Max = 0;
```

Entweder wir vereinbaren noch einmal ein Random-Objekt oder wir setzen die Vereinbarung ganz oben unter die Kopfzeile der Klasse Form1. Dahin, wo auch die anderen Variablen alle vereinbart wurden (→ QUIZ4):

```
private Random random = new Random();
private int Aktuell, Zufall;
private int Max = 0;
```

Dabei habe ich die Variable Zufall gleich mit »ins Boot« genommen und sie direkt hinter Aktuell vereinbart. (Mehrere Variablen des gleichen Typs lassen sich ja in einer Zeile vereinbaren, durch Komma getrennt.)

Womit die beiden Methoden Form1_Load() und button4_Click() sich jetzt so ändern:

```
private void Form1_Load(object sender, EventArgs e)
{
  ReadFile();
  Zufall = random.Next(Max);
```

```
  ShowQuest(Zufall);
}
private void button4_Click(object sender, EventArgs e)
{
  Zufall = random.Next(Max);
  ShowQuest(Zufall);
}
```

LÖSUNGS-ZÄHLER

Mir könnte es gefallen, wenn wir neben der neuen Schaltfläche noch Platz für eine Anzeige schaffen, die darüber informiert, wie viele der verfügbaren Fragen du richtig beantwortet hast. Dazu brauchen wir als Erstes einen Zähler, den wir auch wieder ganz oben vereinbaren und gleich auf 0 setzen:

```
private int Anzahl = 0;
```

Dann müssen wir in den drei `button_Click`-Methoden für die Antworten die `if`-Strukturen etwas aufblähen, hier am Beispiel der ersten Methode (→ QUIZ4):

```
if (Korrekt[Aktuell] == 0)
{
  label1.Text = "Richtig!"; Anzahl++;
}
```

So wird bei jedem Klick auf den richtigen Button die Anzahl der Treffer um eins heraufgezählt.

Außerdem sollten wir dafür sorgen, dass diese Information irgendwo zu sehen ist. Eine Möglichkeit wäre über die Titelleiste, z.B. so:

```
this.Text =
  Anzahl + " von " + Max + " Aufgaben richtig";
```

Eleganter aber wäre es, wenn wir neben den Neu-Button ein zweites Label platzieren.

- Erledige das gleich. Dann stelle im EIGENSCHAFTEN-Fenster die Option AUTOSIZE auf FALSE, damit das Label eine von dir festgelegte Größe beibehält.
- Wenn du willst, kannst du hier auch dem Label einen Rahmen geben, damit es optisch besser zum danebenliegenden Button passt. (Und es kann nicht schaden, auch hier TEXTALIGN auf MIDDLECENTER zu setzen.)

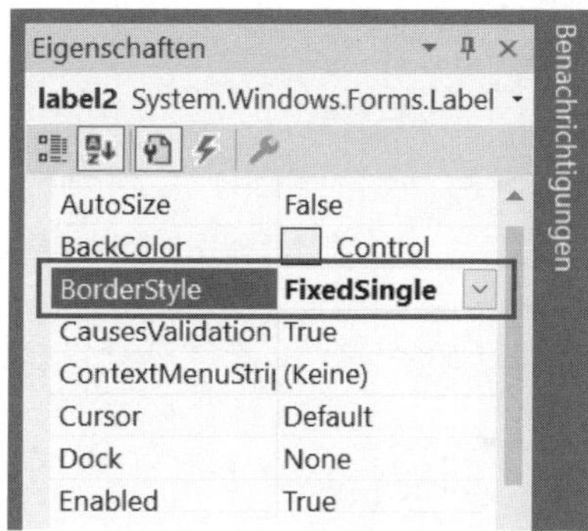

So muss dann die letzte Anweisung mit der Anzeige der gelösten Aufgaben nur ein bisschen geändert werden. Hier wieder am Beispiel der ersten `button_Click`-Methode, die nun komplett so aussehen müsste:

```
private void button1_Click(object sender, EventArgs e)
{
  if (Korrekt[Aktuell] == 0)
  {
    label1.Text = "Richtig!"; Anzahl++;
  }
  else
    label1.Text = "Falsch!";
  label2.Text =
    Anzahl + " von " + Max + " Aufgaben richtig";
}
```

Wie du siehst, habe ich den Hinweis auf die richtige Antwort weggelassen – falls die Aufgabe später noch einmal vorkommt.

Irgendwie doch ziemlich viel Quelltext und gleich dreimal fast derselbe. Da liegt es nahe, für das Ganze eine neue Methode zu vereinbaren (→ QUIZ4):

```
public void Evaluate(int Nr)
{
  if (Korrekt[Aktuell] == Nr)
  {
    label1.Text = "Richtig!"; Anzahl++;
  }
  else
    label1.Text = "Falsch!";
  label2.Text =
    Anzahl + " von " + Max + " Aufgaben richtig";
}
```

Der Parameter `Nr` übernimmt den Wert der gedrückten Schaltfläche, also eine Zahl zwischen 0 und 2. Womit nun die `button_Click`-Methoden schön schlank werden:

```
private void button1_Click(object sender, EventArgs e)
{
  Evaluate(0);
}
private void button2_Click(object sender, EventArgs e)
{
  Evaluate(1);
}
private void button3_Click(object sender, EventArgs e)
{
  Evaluate(2);
}
```

Ab jetzt können wir sehen, wie viele Aufgaben wir richtig gelöst haben. In meinem Fall hatte ich acht Aufgaben in der Textdatei, davon bis jetzt 7 richtig. Was kein Kunststück ist, denn es gibt genug Möglichkeiten zum Mogeln. Warum, dazu gleich mehr.

≫ Passe das Programm an und probiere es aus. Findest du die »Mogelstellen«?

AUFGABENKONTROLLE

Gar nicht so schlecht, was wir bis jetzt geschafft haben. Aber das heißt nicht, dass nun alles okay ist. Es gibt da noch einiges, was mich stört:

Wenn man hintereinander auf alle drei Schaltflächen klickt, dann findet man immer die richtige Antwort. Und man bekommt auch quittiert, dass man die Aufgabe gelöst hat. Und klickt man gleich ein paar Mal auf den richtigen Button, bekommt man sogar mehr richtige Lösungen zusammen, als es Aufgaben gibt.

Das kann so nicht bleiben, sondern wir müssen dafür sorgen, dass man für jede Aufgabe nur **einmal** einen Button auswählen kann, der gezählt wird. Und bei dieser Gelegenheit können wir auch dafür sorgen, dass jede Frage nur einmal gestellt werden kann. Es gibt also noch einiges zu tun.

Führen wir zuerst eine weitere Eigenschaft ein:

```
private bool[] Erledigt;
```

`Erledigt` ist ein neues Array, dort soll vermerkt werden, ob eine bestimmte Aufgabe bereits gestellt wurde, also erledigt ist.

Den Typ `bool` hast du bereits in früheren Kapiteln kennengelernt. Er kann nur die Werte `true` oder `false` annehmen, was hier gut passt: `true` heißt erledigt, bei `false` wurde die Aufgabe noch nicht bearbeitet. Womit `Erledigt` zu einem Array von **Schalt**-Variablen wird.

Das `bool`-Array können wir noch nicht sofort erzeugen, wir müssen erst wissen, wie groß `Max` ist. Das erfahren wir in der Methode `ReadFile()`, in der ja die ganzen Fragen und Antworten gesammelt werden. Danach kommt noch **vor** der `for`-Schleife eine neue Zeile hinzu:

```
Erledigt = new bool[Max];
```

Wie du siehst, kann man auch erst ein Array ohne »Maßangabe« vereinbaren und es später mitten in einer Methode erzeugen. Wir hätten hier natürlich auch eine weitere Liste verwenden können:

```
private List<bool> Erledigt = new List<bool>();
```

Aber was spricht dagegen, mal wieder ein normales Array einzusetzen?

In der `for`-Schleife kommt nun diese Anweisung hinzu:

```
Erledigt[i] = false;
```

Damit gelten alle Aufgaben erst einmal als noch nicht gestellt und damit auch als nicht erledigt.

Als Nächstes wandern wir zu Evaluate(), dort gibt es ein paar mehr Änderungen.

```
public void Evaluate(int Nr)
{
  if (Erledigt[Aktuell]) return;
  // Wenn neue Aufgabe
  if (Korrekt[Aktuell] == Nr)
  {
    label1.Text = "Richtig!"; Anzahl++;
  }
  else
    label1.Text = "Falsch!";
  label2.Text =
    Anzahl + " von " + Max + " Aufgaben richtig";
   Erledigt[Aktuell] = true;
}
```

Wenn die gestellte Aufgabe bereits erledigt ist, dann wird die Methode gleich wieder verlassen. Das geschieht mit return. Ansonsten wird ganz normal überprüft, ob die angeklickte Antwort die richtige ist. Zum Schluss wird die aktuelle Aufgabe als erledigt (true) markiert.

Schauen wir noch einmal ganz an den Anfang. Da hätte man auch schreiben können:

```
if (!Erledigt[Aktuell])
```

Dahinter käme dann der ganze Rest der Evaluate-Methode.

Das Besondere hier ist das Ausrufezeichen (!) am Anfang. Das kennst du schon vom Operator für »ungleich« (!=). Hier steht es allein und kehrt eine Bedingung um, ist also so etwas wie der Nicht-Operator oder (auf Englisch) Not-Operator. Die obige Zeile könnte man auch so formulieren:

```
if (Erledigt[Aktuell] == false)
```

Aber bei Variablen oder Ausdrücken vom Typ boolean kann man das false oder true beim Vergleichen weglassen. Auch diese beiden Vergleiche meinen dasselbe:

```
if (Erledigt[Aktuell] == true)
if (Erledigt[Aktuell])
```

Endlich lässt sich das Quiz nun »barrierefrei« spielen. Damit du alles richtig anpassen kannst, folgt hier nun noch einmal das komplette Listing (→ QUIZ5):

```
public partial class Form1 : Form
{
  // Variablen/Eigenschaften
  private string Datei = @"d:\projekte\quiz5\quiz.txt";
  private List<string> Frage = new List<string>();
  private List<string> Antwort1 = new List<string>();
  private List<string> Antwort2 = new List<string>();
  private List<string> Antwort3 = new List<string>();
  private List<int> Korrekt = new List<int>();
  private Random random = new Random();
  private int Aktuell, Zufall;
  private bool[] Erledigt;
  private int Anzahl = 0;
  private int Max = 0;
  // Konstruktor
  public Form1()
  {
    InitializeComponent();
  }
  // Eigene Methoden
  public void ReadFile()
  {
    try
    {
      string[] Textfeld =
        System.IO.File.ReadAllLines(Datei);
      Max = (int) Textfeld.Length / 5;
      Erledigt = new bool[Max];
      for (int i = 0; i < Max; i++)
      {
        Frage.Add(Textfeld[i * 5]);
        Antwort1.Add(Textfeld[i * 5 + 1]);
        Antwort2.Add(Textfeld[i * 5 + 2]);
        Antwort3.Add(Textfeld[i * 5 + 3]);
        Korrekt.Add(int.Parse(Textfeld[i * 5 + 4]));
        Erledigt[i] = false;
      }
    }
    catch (Exception e)
    {
      MessageBox.Show("Fehler!");
    }
  }
  public void ShowQuest(int Nr)
  {
    label1.Text = Frage[Nr];
    button1.Text = Antwort1[Nr];
    button2.Text = Antwort2[Nr];
    button3.Text = Antwort3[Nr];
    Aktuell = Nr;
  }
  public void Evaluate(int Nr)
  {
    if (Erledigt[Aktuell]) return;
```

```
      if (Korrekt[Aktuell] == Nr)
      {
        label1.Text = "Richtig!"; Anzahl++;
      }
      else
        label1.Text = "Falsch!";
      label2.Text =
        Anzahl + " von " + Max + " Aufgaben richtig";
      Erledigt[Aktuell] = true;
    }
    private void Form1_Load(object sender, EventArgs e)
    {
      ReadFile();
      Zufall = random.Next(Max);
      ShowQuest(Zufall);
    }
    private void button1_Click
      (object sender, EventArgs e)
    {
      Evaluate(0);
    }
    private void button2_Click
      (object sender, EventArgs e)
    {
      Evaluate(1);
    }
    private void button3_Click
      (object sender, EventArgs e)
    {
      Evaluate(2);
    }
    private void button4_Click
      (object sender, EventArgs e)
    {
      Zufall = random.Next(Max);
      ShowQuest(Zufall);
    }
  }
```

Ganz schön mächtig ist unser Programm inzwischen geworden. Bei mir sind es über 100 Zeilen – die `using`-Anweisungen und die `namespace`-Zeile mitgerechnet.

ANTWORT ALS OPTIONEN

Ich möchte dir jetzt eine optische Variante des Quiz-Spiels vorstellen, was konkret heißt, dass wir die Buttons durch Optionsfelder ersetzen wollen. Natürlich solltest du die Button-Version auf jeden Fall auch behalten. Lege also eine Kopie deines aktuellen Projekts an – oder erstelle ein neues.

Wozu eigentlich Optionsfelder? Nun, für eine Frage kann es ja auch mal bis zu 10 Antwortmöglichkeiten geben, da macht sich dann ein schlankeres Fenster mit Optionsfeldern durchaus besser. Schauen wir mal, was geht. Zuerst ersetzen wir drei der Schaltflächen durch Optionsfelder, den NEU-Knopf wollen wir natürlich behalten (→ QUIZ6):

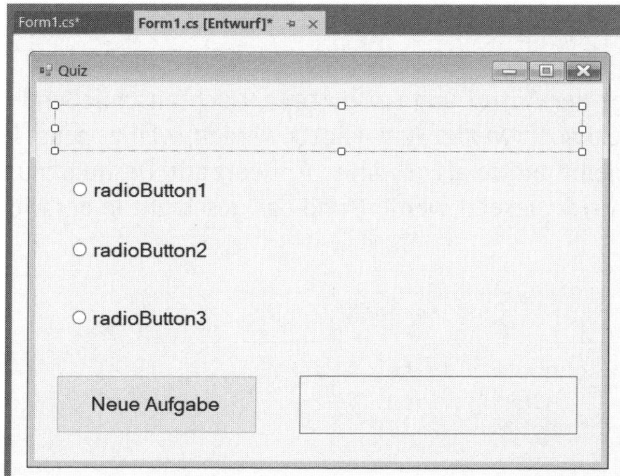

- Verteile also die Optionsfelder auf dem Formular und doppelklicke auf jede der drei neuen Komponenten, um die zugehörige Ereignis-Methode zu erzeugen.
- Setze im EIGENSCHAFTEN-Fenster jeweils TABSTOP auf FALSE, außerdem denke daran, unter FONT die Schrift zu vergrößern.

In der Methode `ShowQuest()` müssen die Buttons durch die Optionsfelder ersetzt werden:

```
public void ShowQuest(int Nr)
{
  label1.Text = Frage[Nr];
  radioButton1.Text = Antwort1[Nr];
  radioButton2.Text = Antwort2[Nr];
  radioButton3.Text = Antwort3[Nr];
  Aktuell = Nr;
}
```

Und so sieht der Quelltext für die drei neuen Methoden aus (→ QUIZ6):

```
private void radioButton1_CheckedChanged
  (object sender, EventArgs e)
{
  Evaluate(0);
}
private void radioButton2_CheckedChanged
  (object sender, EventArgs e)
```

```
{
  Evaluate(1);
}
private void radioButton3_CheckedChanged
  (object sender, EventArgs e)
{
  Evaluate(2);
}
```

Auch hier genügt der Aufruf von Evaluate(). Doch anschließend muss das angeklickte Optionsfeld auch wieder »ent-klickt« werden, weil es sonst bei der nächsten Frage markiert bleibt und so als gewählte Antwort gilt. Deshalb muss Checked jedes Mal wieder auf false gesetzt werden, und das geschieht in der Methode button4_Click():

```
private void button4_Click(object sender, EventArgs e)
{
  radioButton1.Checked = false;
  radioButton2.Checked = false;
  radioButton3.Checked = false;
  Zufall = random.Next(Max);
  ShowQuest(Zufall);
}
```

(Bei mir ist der 4. Button der übrig gebliebene, die anderen wurden ja durch Optionsfelder ersetzt.)

≫ Passe den Quelltext an und starte das Programm.

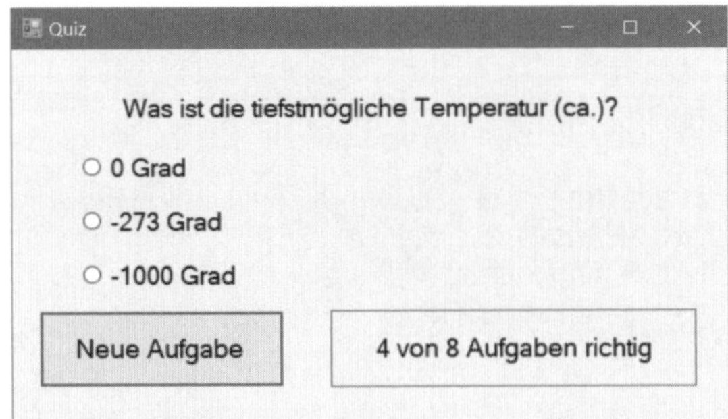

VOKABELN LERNEN?

Die Möglichkeiten für das Quiz-Spiel sind vielseitig, hängen aber natürlich vorwiegend vom Inhalt der geladenen Textdatei ab. So kann man doofe Fragen stellen, besonders knifflige, langweilige wie spannende. Und es lassen sich sogar Wörter aus anderen Sprachen abfragen. Weil du sicher ein bis zwei Fremdsprachen lernst, könntest du aus dem Quiz-Programm auch einen Vokabeltrainer machen, um den dann zum Üben zu nutzen.

Optionsfelder lassen sich ebenso wie Buttons weiterverwenden, doch weil es beim Vokabellernen oft aber auch mehrere richtige Übersetzungen gibt, werden wir hier Kontrollfelder einsetzen. Damit hätten wir dann die Möglichkeit einer Mehrfachauswahl. Ändern wir also die letzte Quiz-Version entsprechend um.

Du kannst, wenn du willst, die alten Namen für das Quiz so lassen und einfach den ganzen Ordner kopieren. Ich habe mich entschlossen, ein neues Projekt zu beginnen. Wenn du das nachmachen möchtest, hier die Schritte, um im neuen Ordner die Daten aus dem vorigen Ordner unterzubringen:

- Nach dem Erzeugen des Projekts **schließe** die Projektmappe gleich wieder. Visual Studio musst du nicht verlassen.
- Wechsle in den **Windows**-Ordner mit dem alten Projekt und suche dort den gleichnamigen Unterordner.

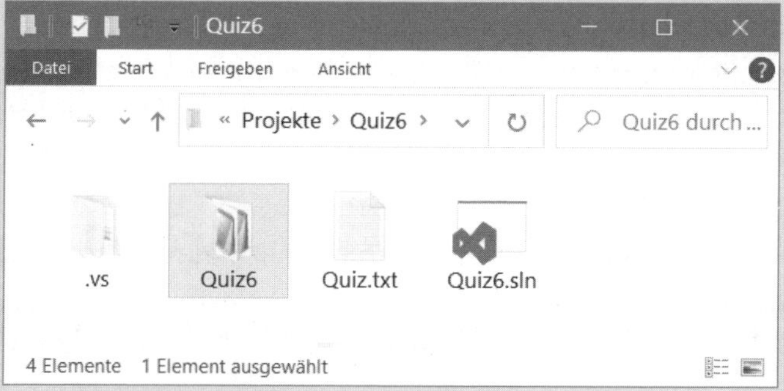

- In diesem Unterordner markierst du die Dateien FORM1.CS, FORM1.DESIGNER.CS und FORM1.RESX. Dann drücke [Strg]+[C], um sie zu kopieren.

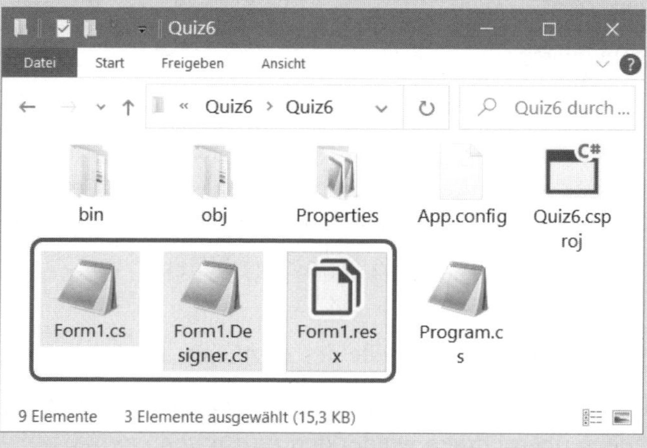

- Wechsle nun in den Unterordner deines neuen Projekts (bei mir VOKABELN1).

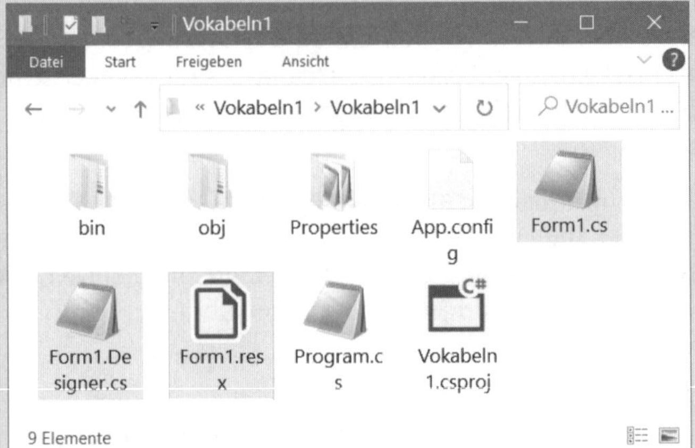

- Dort fügst du die drei Dateien mit [Strg]+[V] ein. In der Meldebox klickst du auf DATEIEN ERSETZEN.

Nun hast du alle erforderlichen Daten aus dem Quiz-Projekt im Vokabeln-Projekt. Doch es gibt noch zwei (kleine) Haken, die wir gleich beseitigen:

- In Visual Studio öffne mit Doppelklick die Dateien FORM1.CS und FORM1.DESIGNER.CS.
- Dort ersetze hinter `namespace` die Namen QUIZ6 durch VOKABELN1.

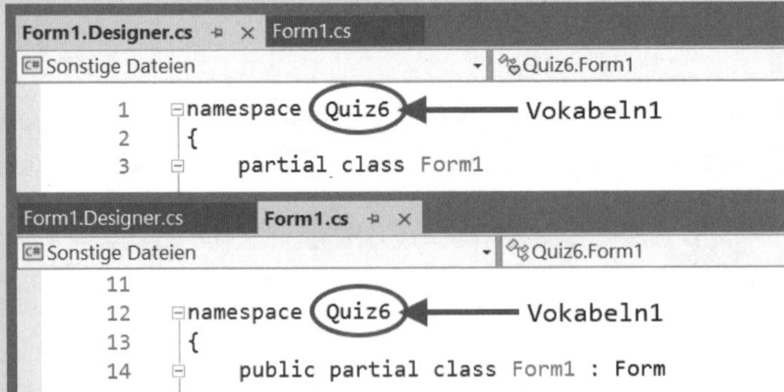

- Dann speichere die beiden Dateien wieder.

Nun kannst du das Vokabel-Projekt weiter bearbeiten.

> Zuerst solltest du jetzt die Titelzeile des Formulars in »Vokabeltrainer« ändern.

Die alten Radiobuttons werden durch drei neue Checkboxen ersetzt. Und die neuen Ereignis-Methoden übernehmen wieder den Aufruf von `Evaluate()` – hier am Beispiel der **ersten** Checkbox (→ VOKABELN1):

```
private void checkBox1_CheckedChanged
  (object sender, EventArgs e)
{
  Evaluate(0);
}
```

Das aber ist nur vorläufig, denn weil wir hier Mehrfachwahl erlauben wollen, müssen wir das später ändern.

> Fülle das Formular in deinem Projekt so wie oben in der Abbildung. Erzeuge die zugehören Methoden durch Doppelklick. Dann sorge dafür, dass sie wie oben gezeigt aufgefüllt werden.

Außerdem müssen in der `button_Click`-Methode die Wörter mit `radioButton` durch `checkBox` ersetzt werden:

```
checkBox1.Checked = false;
checkBox2.Checked = false;
checkBox3.Checked = false;
```

Die Texte vom Quiz zu verwenden, hat hier keinen Sinn. Wir brauchen Vokabeln! Dazu musst du eine neue Textdatei erstellen und die gehört dann in den Ordner deines aktuellen Projekts. Die Datei sollte nun nicht den Namen VOKABEL.TXT tragen, sondern besser den Namen der Fremdsprache.

Ich nehme hier als Beispiel die Sprache, die man international am meisten spricht. Aber du kannst und solltest weitere Dateien für andere Sprachen anlegen.

> Erzeuge eine neue Textdatei und speichere sie unter dem Namen ENGLISH.TXT. Dann fülle sie mit einigen Vokabeln.

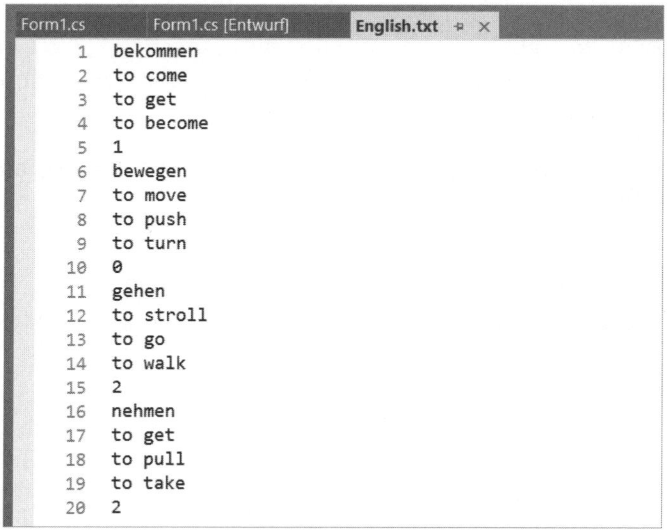

Form1.cs | Form1.cs [Entwurf] | **English.txt**

```
bekommen
to come
to get
to become
1
bewegen
to move
to push
to turn
0
gehen
to stroll
to go
to walk
2
nehmen
to get
to pull
to take
2
```

Ein Ausschnitt zeigt ein paar Vokabeln, die ich in meiner Datei gespeichert habe. Der Aufbau ist wie beim Quiz. Oben kommt ein deutsches Wort, darunter stehen drei englische zur Auswahl.

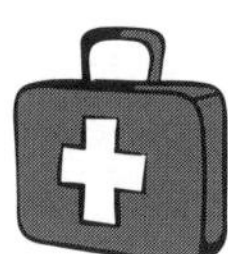

Beachte, dass die Textdatei nachher im Format **UTF-8** vorliegt, sonst gibt es beim Einlesen Probleme mit einzelnen Zeichen.

Ich habe mich hier auf Verben beschränkt. Zu einigen deutschen Wörtern passen auch mehrere englische Übersetzungen. Das wird hier aber noch nicht berücksichtigt, dazu kommen wir später.

Damit diese Vokabelsammlung auch im Programm ankommt, müssen wir eine Zeile in der Methode `ReadFile()` etwas ändern:

```
private string Datei =
  @"d:\projekte\vokabeln1\english.txt";
```

Und dann kann es so laufen wie schon beim Quiz-Projekt.

≫ Passe das Programm an und starte es. Probiere aus, ob die Vokabelabfrage ebenso funktioniert wie das Stellen der Quizaufgaben.

MEHRFACHAUSWAHL

Um mehrere Kontrollfelder auswählen zu können, dürfen die zugehörigen Methoden nicht gleich die Auswertung aktivieren. Wir brauchen eine weitere Schaltfläche, mit der wir die Auswahl abschließen.

≫ Füge also noch einen Button zum Formular hinzu und positioniere ihn am besten rechts, weit genug entfernt von den Checkboxen. Dann doppelklicke darauf, um die passende Ereignis-Methode zu erzeugen.

Ich habe dem neuen Button die Aufschrift OK verpasst und den Text auf dem anderen Button zu NEU gekürzt.

Ich habe nun die Button-Nummern 1 und 4, was aber nicht weiter störend sein dürfte. Versuche also **nicht**, von Hand diese Nummerierung zu ändern!

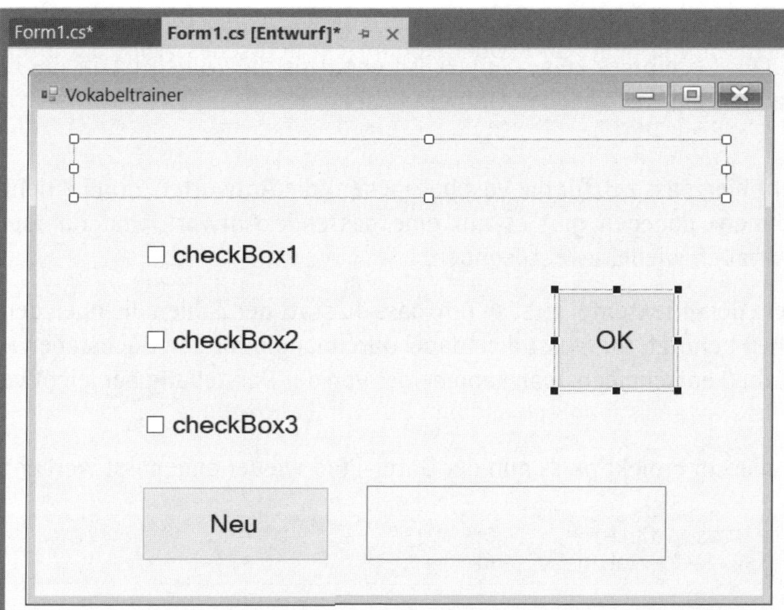

Wie ich schon erwähnte, gibt es in einigen Fällen für deutsche Wörter wie z.B. »gehen« und »sprechen« zwei richtige Antworten, die dann auch gegeben werden müssen, wenn die ganze Aufgabe korrekt gelöst sein soll.

Deshalb verabschieden wir uns jetzt davon, für die richtige Antwort bzw. Vokabel eine einzelne Zahl zu benutzen. Es wäre auch möglich, immer mehrere Zeilen mit je einer Zahl zu verwenden.

Ich aber habe mich dafür entschieden, eine Zeichenkette zu bilden, in der ich nur zwei Zeichen benutze: Die 0 bedeutet falsch, ein großes X bedeutet richtig. Womit sich meine Vokabel-Datei entsprechend ändert.

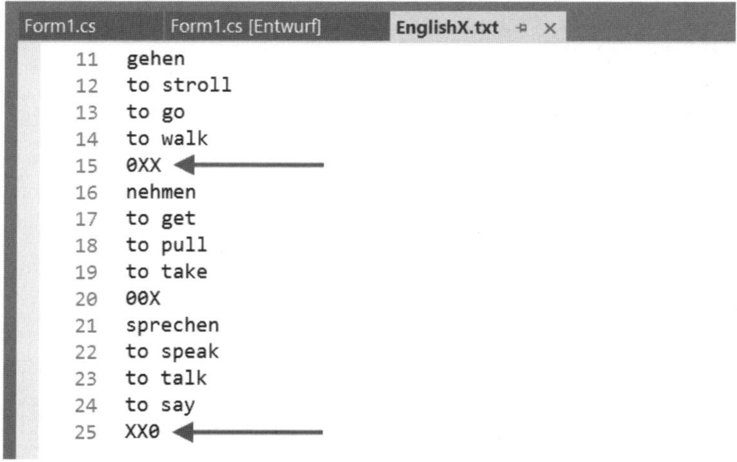


```
gehen
to stroll
to go
to walk
0XX
nehmen
to get
to pull
to take
00X
sprechen
to speak
to talk
to say
XX0
```

Ich habe für die geänderte Vokabel-Datei einen neuen Namen benutzt ENGLISHX.TXT. So gibt es keine Verwechslungen für dich, auch wenn die beiden Textdateien in verschiedenen Ordnern liegen.

Man sieht hier, dass z.B. für die Vokabel »gehen« die Antworten 2 und 3 richtig sind. Für »nehmen« dagegen gibt es nur eine passende Antwort. Und für »sprechen« haben wir auch wieder zwei Lösungen.

≫ Ändere deine Textdatei jetzt so um, dass du statt der Zahlen die oben genannten Zeichen benutzt. Du musst dich dabei durchgängig für den Buchstaben »O« **oder** die Zahl 0 entscheiden, man kann beides von der Darstellung her leicht verwechseln.

Auch in diesem Projekt muss nun der Datei-Pfad wieder angepasst werden:

```
private string Datei =
  @"d:\projekte\vokabeln2\englishX.txt";
```

Und bei der Liste Korrekt passt der Datentyp nicht mehr, das müssen wir so ändern (→ VOKABELN2):

```
private List<string> Korrekt = new List<string>();
```

Und das berücksichtigen wir auch in der Methode ReadFile():

```
Korrekt.Add(Textfeld[i * 5 + 4]);
```

Nun muss sich an der Auswertung etwas ändern. Zuvor aber klären wir erst einmal, wie und wo wir den Zustand der drei Checkboxen sammeln. Ich nutze dazu einfach eine String-Variable:

```
string Txt = "";
```

In dieser Zeichenkette sammeln wir die »X« und »O« – je nach dem Zustand der drei Kontrollfelder. Kümmern wir uns um die Auswertung in button1_Click() (→ VOKABELN2):

```
private void button1_Click(object sender, EventArgs e)
{
  string Txt = "";
  if (checkBox1.Checked) Txt = Txt + "X";
  else Txt = Txt + "O";
  if (checkBox2.Checked) Txt = Txt + "X";
  else Txt = Txt + "O";
  if (checkBox3.Checked) Txt = Txt + "X";
```

```
    else Txt = Txt + "0";
    Evaluate(Txt);
}
```

Zuerst wird die Zeichenkette auf leer gesetzt, das muss für jede neue Vokabel sein:

```
string Txt = "";
```

Dann wird getestet, ob ein Kontrollfeld »abgehakt« bzw. ausgewählt ist oder nicht. Wenn ja, verlängert sich der String Txt um das Zeichen »X«, sonst um die Ziffer »0« (nicht Zahl). Womit in einem Fall etwa diese Zeichenfolge herauskommen könnte:

Stimmt diese dann mit dem aktuellen Korrekt-String überein, dann wird ein »Richtig« gemeldet. Die Auswertung geschieht wieder in der Evaluate-Methode, die – wie du siehst – nun einen **String** als Parameter braucht (→ VOKABELN2):

```
public void Evaluate(string Txt)
{
  if (Erledigt[Aktuell]) return;
  if (Korrekt[Aktuell] == Txt)
  {
    label1.Text = "Richtig!"; Anzahl++;
  }
  else
    label1.Text = "Falsch!";
  label2.Text =
    Anzahl + " von " + Max + " Aufgaben richtig";
  Erledigt[Aktuell] = true;
}
```

≫ Passe den Quelltext in deinem Projekt an, dann kannst du das Programm starten und Vokabeln lernen.

Es ändert sich in Evaluate() also nur ein bisschen. Und was ist mit den CheckedChanged-Methoden? Die brauchen wir hier gar nicht mehr. Aber bitte nicht einfach löschen! Sonst kriegst du diese Quittung:

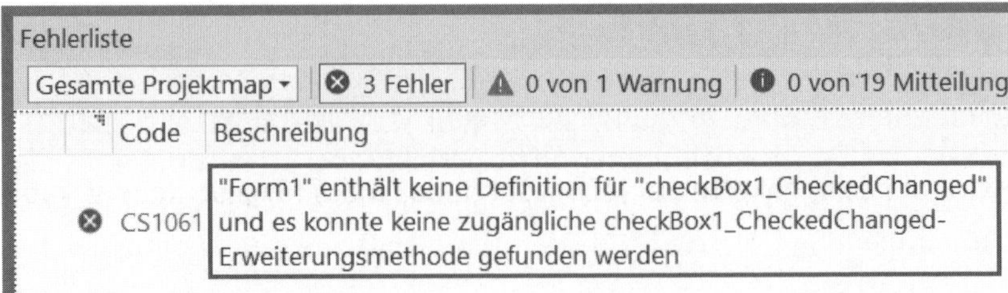

Was heißt, dass diese Methoden nicht nur vereinbart wurden, sondern auch fest mit den jeweiligen Checkboxen **verknüpft** sind. Wie aber wird man diese eigentlich jetzt unnützen Methoden wieder los?

Dazu müssen wir ins EIGENSCHAFTEN-Fenster wechseln. Dort finden wir aber erst mal nichts, was uns direkt weiterhilft. Auf dieser Seite. Aber da gibt es ja noch die Seite EREIGNISSE.

» Auf die schaltest du um über einen kleinen Button ganz oben unter dem Namen der Komponente.

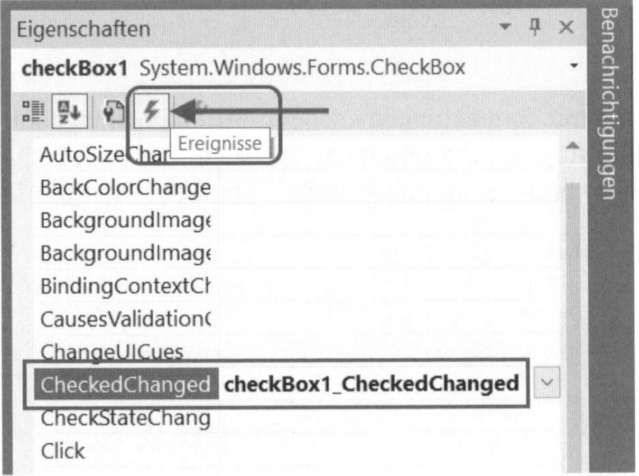

» Dann blätterst du durch die Methoden-Namen bis zu CHECKED_CHANGED. Dort löschst du den Namen dahinter (wie man einen Texteintrag löscht). Das wiederholst du für alle drei Checkboxen.

Und wenn du dann im Quelltext nachschaust, sind diese Methoden verschwunden.

Natürlich lässt sich diese letzte Version auch für Quizaufgaben benutzen, ab jetzt sogar für solche, bei denen **mehrere** Antworten richtig sind.

ZUSAMMENFASSUNG

Damit sind wir mit dem Quiz (und auch dem Vokabeltrainer) weitgehend fertig. Natürlich ist das Ganze noch immer nicht perfekt, aber ich überlasse es dir, damit weiter zu experimentieren. Du kannst dich aber auch zurücklehnen und die Früchte deiner Arbeit genießen. Neues für deinen Wortschatz gibt es hier nicht viel:

`Checked`	Eigenschaft: Options- oder Kontrollfeld ist ausgewählt oder nicht.
`AutoSize`	Komponente passt Größe automatisch an Text an.
`BorderStyle`	Eigenschaft: Rahmenart festlegen
`!`	eine Bedingung umkehren in ihr Gegenteil
`return`	eine Methode (Funktion/Prozedur) verlassen

EIN PAAR FRAGEN ...

1. Wie ermittelt man bei einem Quiz die richtige Antwort?
2. Wie ermittelt man bei einem Quiz **mehrere** richtige Antworten?
3. Was muss man beim Kopieren von FORM1-Dateien in ein neues Projekt beachten?

... ABER KEINE AUFGABEN

10 Jetzt wird's bunt: Grafik in C#

Bisher hast du viel Text gesehen. Obwohl wir mit grafischen Elementen schon einiges zu tun hatten. Aber das waren vorgefertigte Komponenten. Doch kann man in C# überhaupt zeichnen und malen? Und ob. Hier lernst du mit `Graphics` eine Klasse kennen, deren Methoden für dich recht hübsche »Bildchen« ins Fenster zaubern. Dabei hängt es aber auch von dir und deiner Kreativität ab, wie du mit dem vorgestellten Mal-Werkzeug umgehst.

In diesem Kapitel lernst du

- neue grafische Möglichkeiten von C# kennen
- mit der Klasse `Graphics` umzugehen
- wie man Linien und grafische Figuren darstellen kann
- wie man Text direkt im Formular anzeigt
- wie man die Farben fürs Zeichnen, Malen oder die Schrift ändert
- einiges über Maus-Methoden

VON PUNKTEN UND KOORDINATEN

Zu einer Grafik gehört auch ein Koordinatenkreuz. Das muss man nicht sehen, es ist auch unsichtbar, aber es ist nötig, um Position und Maße eines grafischen Objekts zu bestimmen. Was hat es mit den Koordinaten auf sich? Schauen wir mal auf den Monitor und dort genauer hin:

Alles, was du dort zu sehen bekommst, besteht aus vielen kleinen Pünktchen, **Pixel** genannt. Die Anzahl dieser Bildpunkte nennt man **Auflösung**. Dabei können Breite und Höhe eines Bildes auf dem Monitor durchaus jeweils weit mehr als 2000 Pixel haben.

Damit man etwas von einem Bild zu sehen bekommt, steckt in jedem Computer eine sogenannte Grafikkarte oder ein Grafikchip. Dort befindet sich eine komplette Schaltung für die Anzeige von Grafik mit bis zu mehreren Millionen Farben. Welche Auflösung du auf deinem Bildschirm zu sehen bekommst, hängt nicht nur von der Grafikkarte ab. Der Bildschirm muss natürlich auch groß genug sein, um eine hohe Auflösung darzustellen.

Damit der Computer weiß, wohin auf den Bildschirm er einen Punkt setzen soll, wenn er etwas darstellt, ist die Anzeigefläche wie ein unsichtbares Gitter aufgeteilt. Jeder Punkt wird durch zwei Zahlen beschrieben. Die geben den Abstand von einem festen Ausgangspunkt an. Der liegt in C# (und auch für die meisten Grafikprogramme) in der linken oberen Ecke der Bildschirmfläche.

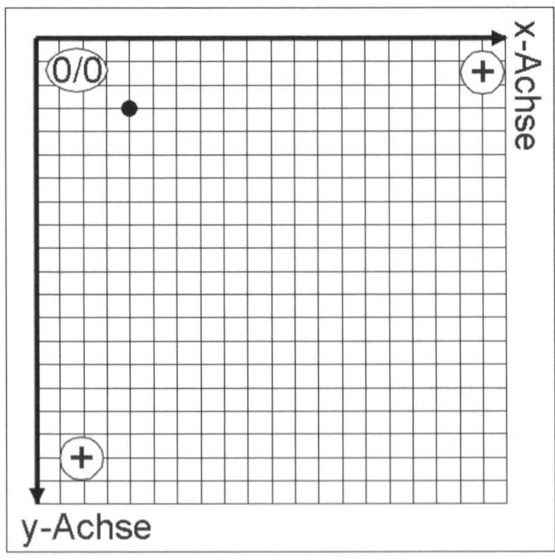

Dieser Punkt wird auch **Ursprung** genannt und hat die Koordinaten x = 0 und y = 0. Wenn man vom Ursprung aus auf dem Bildschirm nach rechts weiterzählt, bewegt man sich auf der **x-Achse**. Man könnte auch horizontale oder waagerechte Achse sagen. Aber weil die Mathematiker das Ding x-Achse genannt haben, sind auch die Computerleute (= Informatiker) dabeigeblieben.

Geht man vom Ursprung aus nach unten, so wandert man die **y-Achse** entlang. Auch die hätte man vertikale oder senkrechte Achse nennen können, aber – du sagst es: Den Mathematikern passte y-Achse eben besser.

Wenn du dich an den Matheunterricht erinnerst, dann sah doch dort so ein Koordinatenkreuz mit x und y irgendwie anders aus: Da war doch der sogenannte Ursprung genau in der Mitte, wo sich x-Achse und y-Achse gekreuzt haben (deshalb Koordinatenkreuz).

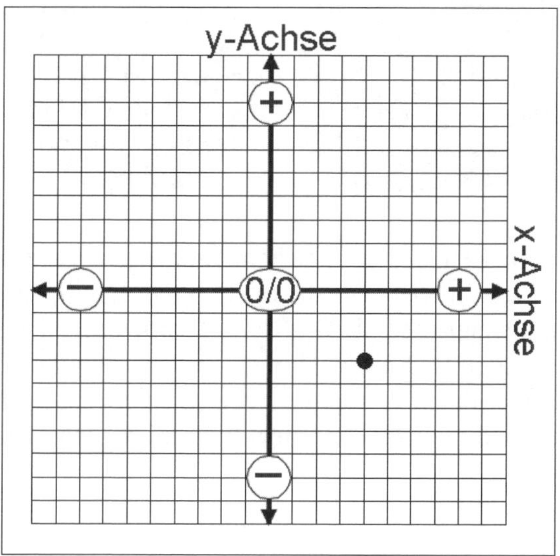

Tja, und hier haben es eben die Computerleute anders gemacht als die Mathematiker. Sie haben gesagt, wozu brauchen wir negative Zahlen? Und überhaupt kam es ihnen viel logischer vor, ein Bild dort anfangen zu lassen, wo wir auch mit dem Schreiben beginnen: links oben.

Wie beim Koordinatenkreuz aus dem Matheunterricht wird der x-Wert größer, wenn du nach rechts gehst. Im Gegensatz zum Matheunterricht wird der y-Wert nicht größer, wenn du nach oben, sondern wenn du nach unten gehst.

Übrig geblieben ist also vom Koordinatenkreuz eigentlich nur ein umgedrehtes »L« (manche sagen dazu auch Galgen).

Es gibt übrigens auch eine **z-Achse**, die ist für die Tiefe zuständig. Wo gibt es denn bei der Bildschirmanzeige eine Tiefe? Das gerade ist das Problem mit der z-Achse: Alle Bilder sind zweidimensional, haben also nur Breite (x) und Höhe (y). Überall, wo wir uns aufhalten oder bewegen, gibt es aber noch eine dritte Dimension, die Tiefe (z).

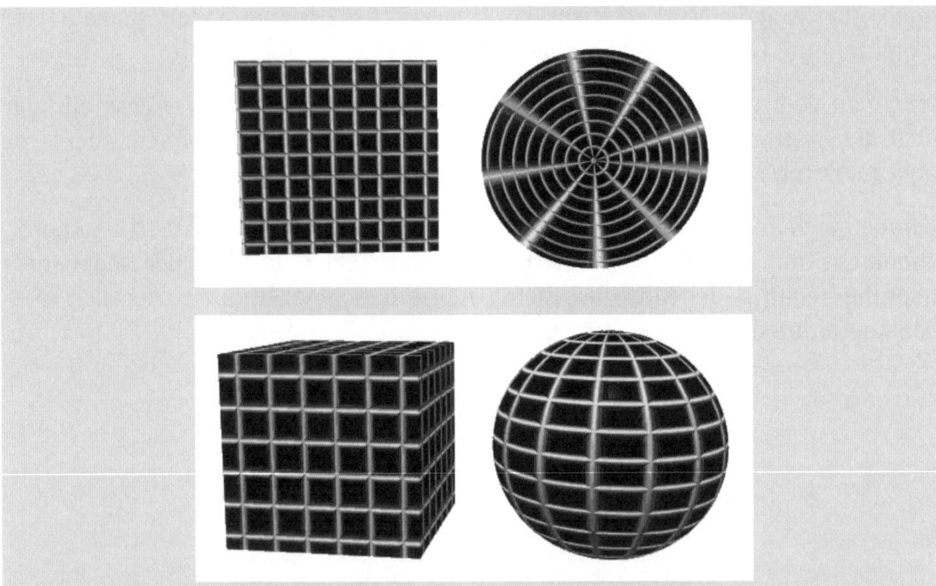

Damit wir Bilder erhalten, die so aussehen, als wären sie dreidimensional, gibt es Programme, die ausrechnen, wie die dritte Dimension in einem 2D-Bild auszusehen hat. Und die neuesten 3D-Grafikchips sorgen dafür, dass das möglichst gut und schnell auf den Bildschirm kommt. So sehen heute z.B. bei Autorennspielen die Straßen wirklich so aus, als gäbe es eine Tiefe, und bei jeder Lenkbewegung passt sich die Anzeige auf dem Bildschirm sofort an.

DAS ERSTE BILD

Jetzt bist du lange genug mit Theorie gequält worden, es ist wieder Zeit für die Praxis! Also hier gleich das erste Grafikprogramm – natürlich in einem völlig neuen Projekt.

Als Grundlage benötigen wir nur ein leeres Formular, zusätzliche Komponenten sind nicht nötig. Hier erst einmal ein Basis-Quelltext:

```
public partial class Form1 : Form
{
  public Form1()
  {
    InitializeComponent();
  }
  private void Form1_Load(object sender, EventArgs e)
  {
  }
  private void Form1_Paint
```

```
    (object sender, PaintEventArgs e)
  {
    Graphics Grafik = e.Graphics;
  }
}
```

Das meiste kommt dir bekannt vor. Und neu ist auch nur die Ereignis-Methode Form_Paint(). Darin wird ein Grafik-Objekt erzeugt. Und das ist schon alles.

Allerdings sieht diese Anweisung etwas eigenartig aus. Denn normal wäre eher so etwas wie:

```
Graphics Grafik = new Graphics();
```

Das aber funktioniert hier nicht. Da die grafischen Anweisungen innerhalb einer Methode aufgerufen werden sollen, die durch ein Ereignis (Paint) ausgelöst wird, brauchen wir ein dazu passendes Objekt. Und das wird in der Methode über den zweiten Parameter geholt: erzeugt aus einem Objekt der Klasse PaintEventArgs, die die erforderlichen Elemente zur Verfügung stellt. Und so kann mit

```
Graphics Grafik = e.Graphics;
```

ein Grafik-Objekt erzeugt werden, das die nötigen Methoden zum Zeichnen und Malen bietet (wobei e das Kürzel für das Paint-Event ist).

Ohne die Aktivierung von Form_Paint() wird auf dem Formular keine Grafik angezeigt. Natürlich brauchen wir zusätzliche Anweisungen. Hier gleich ein paar davon (→ GRAFIK1):

```
private void Form1_Paint
  (object sender, PaintEventArgs e)
{
  // Grafik-Objekt und Zeichenstift
  Graphics Grafik = e.Graphics;
  Pen Stift = new Pen(Color.Black, 2);
  // Maße an Formular anpassen
  int Breite = this.ClientSize.Width - 40;
  int Hoehe = this.ClientSize.Height - 40;
  // Formen zeichnen
  Grafik.DrawRectangle(Stift, 20, 20, Breite, Hoehe);
  Grafik.DrawEllipse(Stift, 20, 20, Breite, Hoehe);
  Grafik.DrawLine(Stift,
    Breite / 2 + 20, 20, Breite / 2 + 20, Hoehe + 20);
  Grafik.DrawLine(Stift,
    20, Hoehe / 2 + 20, Breite +20, Hoehe / 2 + 20);
}
```

Eine genauere Erklärung kommt gleich, erst sollst du dir selbst einen Eindruck verschaffen.

> Tippe den gesamten Quelltext ab und probiere das Ganze aus.

Passiert nichts? Das Formular bleibt leer. Das liegt aber nicht daran, dass im Programmtext etwas falsch wäre. Nein, das Problem ist: Woher soll das Formular wissen, dass es bei dem Ereignis `Paint` die `Form_Paint`-Methode aktivieren soll? Wir müssen zuerst eine Verknüpfung herstellen.

> Klicke also im EIGENSCHAFTEN-Fenster zuerst auf den Button für die Seite EREIGNISSE.

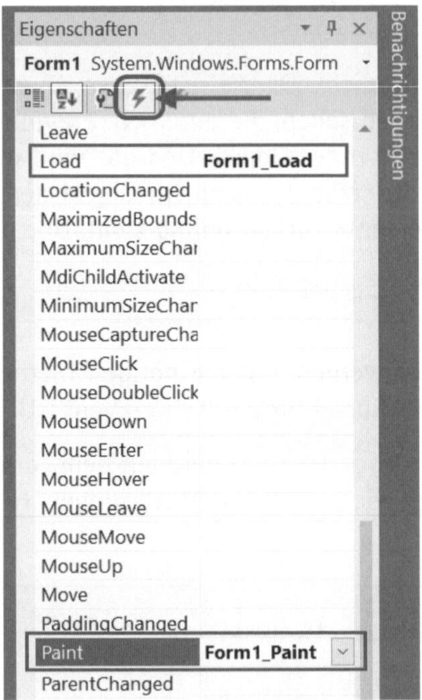

Wie du siehst, ist die Methode `Form1_Load()` bereits mit dem Formular verknüpft – vorausgesetzt, sie wurde bereits erzeugt (z.B. durch Doppelklick aufs Formular).

> Wandere in der Liste nach unten und gib hinter PAINT ein: »Form1_Paint«. Oder du wählst diesen Namen über ein Menü aus, das du mit Klick auf das kleine Dreieck öffnest.

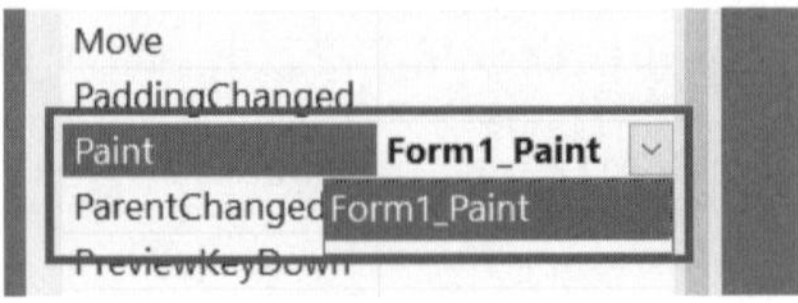

LINIENFÜHRUNG

≫ Und nun starte das Programm erneut.

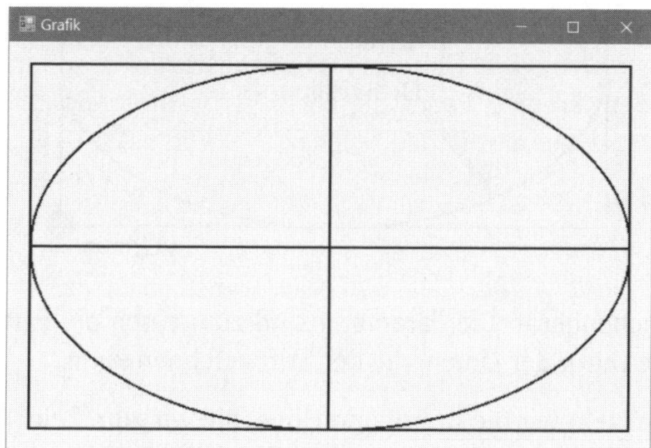

Schauen wir uns genauer an, was für Gebilde da entstanden sind: ein Rechteck, eine Ellipse und zwei Linien, die sich kreuzen. All das erledigen Methoden der Klasse `Graphics`. Welche Aktionen wodurch ausgelöst werden, kannst du fast selbst erraten:

Mit der `DrawLine`-Methode lässt sich eine Linie zwischen zwei Punkten zeichnen:

```
DrawLine(Stift, xStart, yStart, xZiel, yZiel);
```

Mit dieser Methode lassen sich nahezu alle Arten von Grafiken zeichnen. Denn man kann ein Bild ja auch aus sehr kurzen Linien zusammensetzen, nur macht es eine Heidenarbeit. Geht es um Rechtecke oder Ellipsen, dann hat man es mit zwei anderen Methoden leichter:

```
DrawRectangle(Stift, xLinks, yOben, Breite, Hoehe);
DrawEllipse(Stift, xLinks, yOben, Breite, Hoehe);
```

Beide übernehmen als Parameter die linke obere Ecke sowie die Breite und Höhe. Damit berechnen sie einen (unsichtbaren) rechteckigen Bereich, in den dann das Rechteck bzw. die Ellipse genau hineinpasst.

Schauen wir uns das Ganze noch einmal genauer an. Nachdem es ein Grafik-Objekt gibt, wird direkt darunter ein Stift erzeugt:

```
Graphics Grafik = e.Graphics;
Pen Stift = new Pen(Color.Black, 2);
```

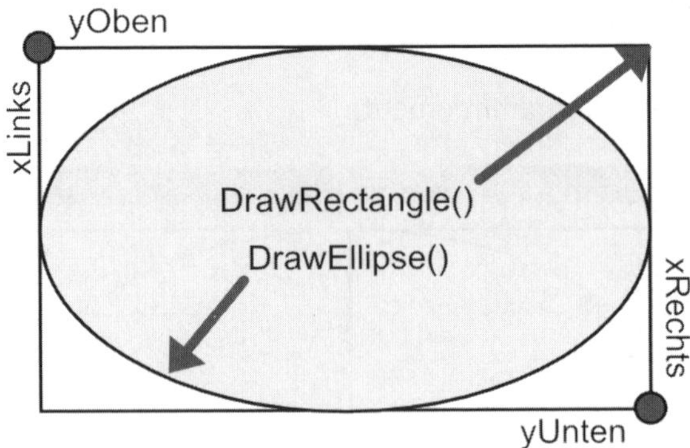

Das ist unser Zeichengerät. Die Parameter sind zum einen die Farbe (hier Black = Schwarz) und die Dicke der Linien, die der Stift zeichnen kann.

Als Nächstes ermitteln wir die Breite und Höhe, die wir zum Zeichnen brauchen:

```
int Breite = this. ClientSize.Width - 40;
int Hoehe = this.ClientSize.Height - 40;
```

ClientSize erfasst die verfügbare Innenfläche des Formulars (also ohne Titelleiste und Rahmen). Dabei ist Width die Breite und Height die Höhe. Ich habe den Bereich etwas verkleinert, damit außen um die Formen noch ein bisschen Rand ist.

Um die **Mitte** von Breite und Höhe zu berechnen, teilt man beide Maße jeweils durch 2, wegen des Randes rechne ich noch etwas dazu, und so entsteht dann beim Zeichnen ein Kreuz:

```
Grafik.DrawLine(Stift,
  Breite / 2 + 20, 20, Breite / 2 + 20, Hoehe + 20);
Grafik.DrawLine(Stift,
  20, Hoehe / 2 + 20, Breite +20, Hoehe / 2 + 20);
```

≫ Probiere ruhig mal andere Werte aus und schaue zu, was sich verändert. Gib dem Stift auch mal andere Farben und Dicken.

JETZT WIRD'S BUNT

Lass uns ein bisschen mit den Methoden von Graphics experimentieren, die du bis jetzt kennengelernt hast. Dazu brauchen wir allerdings etwas mehr Farbe und nehmen auch den Zufall zur Hilfe. Für das neue Projekt eignet sich das meiste vom alten, wir müssen bloß die Anweisungen für Paint() ändern (→ GRAFIK2):

```
private void Form1_Paint
  (object sender, PaintEventArgs e)
{
  Graphics Grafik = e.Graphics;
  Random random = new Random();
  Pen Stift = new Pen(Color.Black, 2);
  int Breite = this.ClientSize.Width;
  int Hoehe = this.ClientSize.Height;
  for (int i = 0; i < 100; i++)
  {
    Stift.Color = Farbe[random.Next(0, FMax-1)];
    Grafik.DrawLine(Stift, 0, i*4, Breite, Hoehe-i*4);
    Grafik.DrawLine(Stift, i*6, 0, Breite-i*6, Hoehe);
    }
  }
}
```

Die for-Schleife hat 100 Durchläufe und damit eine ganze Menge Linien. Ich denke, dass du aus den Parametern der Methode DrawLine selbst schlau wirst, sobald du nachher die Grafik gesehen hast. Außerdem empfehle ich auch hier, die Werte zu ändern und auszuprobieren, was passiert.

Wichtig und neu ist, dass hier erst ein Random-Objekt erzeugt werden muss, damit wir nachher auch zufällige Farben kriegen.

```
Random random = new Random();
```

Die Erzeugung des Stifts mit zunächst schwarzer Farbe habe ich so gelassen. Später, in der Schleife, ändert sich das dann allerdings bei jedem Durchlauf:

```
Stift.Color = Farbe[random.Next(0, FMax-1)];
```

Die Eigenschaft Color übernimmt den neuen Farbwert. Aber das ist nicht so einfach, wie es scheint. Denn unter Windows sind bis zu mehr als 16 Millionen Farben möglich, die C# natürlich unterstützt. Wir begnügen uns mit einigen Standardfarben, für die in C# bereits fest Namen als Konstanten definiert sind. Deshalb vereinbaren wir (ganz oben) ein Array namens Farbe (→ GRAFIK2):

```
private const int FMax = 9;
private Color[] Farbe =
  {Color.Black, Color.Gray, Color.White,
  Color.Cyan, Color.Magenta, Color.Yellow,
  Color.Red, Color.Green, Color.Blue};
```

Zusätzlich habe ich eine Ganzzahlkonstante FMax vereinbart (wir haben es hier mit neun Farbnamen zu tun). Das Feld Farbe ist vom Typ Color. Der Name jeder schon vordefinierten Farbkonstanten gehört zu dieser Klasse – deshalb das vorgesetzte `Color`.

Durch die Bildung eines Zufallswertes zwischen 0 und 8 sucht sich der Computer für das Zeichnen der Linien vor dem Ausführen einer `Draw`-Anweisung eine dieser Farben aus:

Konstante	Farbe	Konstante	Farbe	Konstante	Farbe
`Black`	Schwarz	`Cyan`	Türkis	`Red`	Rot
`Gray`	Grau	`Magenta`	Purpur	`Green`	Grün
`White`	Weiß	`Yellow`	Gelb	`Blue`	Blau

≫ Nachdem du dein Projekt angepasst hast, steht einem Programmlauf nichts mehr im Wege. Starte das Ganze ruhig mehrmals.

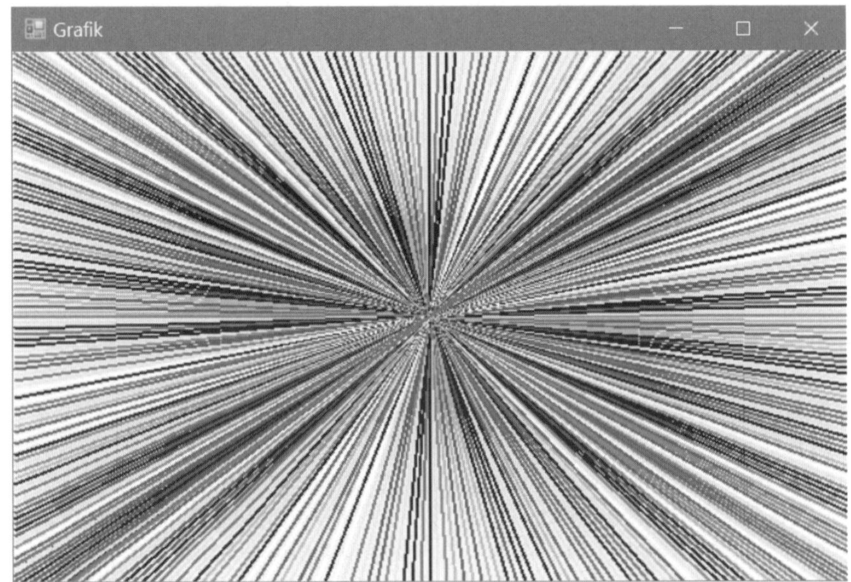

Natürlich sieht das Bild am Monitor deutlich besser aus als hier in der Abbildung.

ECKIG UND RUND

Auch für das nächste Programm kannst du direkt das Vorhergehende weiterverwenden. Geändert werden muss nur die `for`-Schleife (→ GRAFIK3):

```
for (int i = 0; i < 60; i++)
{
  Stift.Color = Farbe[random.Next(0, FMax-1)];
  Grafik.DrawRectangle(Stift,
    i*4, i*3+10, Breite-i*8, Hoehe-i*6);
}
```

Hier verschachteln sich die Rechtecke, weil bei jedem Durchlauf der for-Schleife die Eckwerte und Maße entsprechend geändert werden.

> Um zu verstehen, wie das vor sich geht, probiere einfach mal aus, was geschieht, wenn du einige Werte änderst.

Und damit du gar nicht erst zum Ausruhen kommst, folgt gleich die nächste Version. Wieder betrifft es nur die for-Schleife (→ GRAFIK4):

```
for (int i = 0; i < 60; i++)
{
  Stift.Color = Farbe[random.Next(0, FMax-1)];
  Grafik.DrawEllipse(Stift,
    i*4, i*3+10, Breite-i*8, Hoehe-i*6);
}
```

Und wieder steuert die Zählvariable nacheinander einen Wert zwischen 0 und 60 an. Dabei wird die jeweilige Ellipse immer kleiner.

≫ Probieren ist auch hier angesagt: Ändere einfach ein paar Werte. Versuche auch mal zu erreichen, dass die Ellipsen das ganze Fenster ausfüllen.

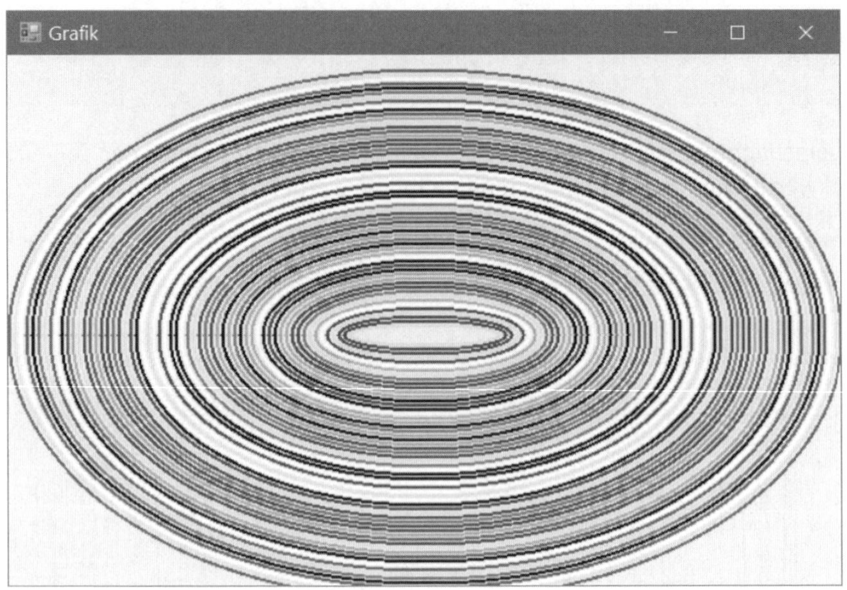

MIT TEXT GEHT AUCH

Ein Objekt der Klasse Graphics kann nicht nur zeichnen. Du kannst ihm auch einen String übergeben und es bitten, ihn anzuzeigen. Bisher haben wir unseren Text ja immerzu an irgendwelche Komponenten geschickt, damit diese die Anzeige übernehmen. Und das Fenster bekam nur ein bisschen Futter für seine Titelleiste. Mit Graphics ist es möglich, Text irgendwo im Fenster zu platzieren. Wie das geht, zeigt unsere nächste Version des Grafik-Programms (→ GRAFIK5):

```
private void Form1_Paint
  (object sender, PaintEventArgs e)
{
  Graphics Grafik = e.Graphics;
  Random random = new Random();
  Font Schrift;
  SolidBrush Pinsel = new SolidBrush(Color.Black);
  int Breite = this.ClientSize.Width - 60;
  int Hoehe = this.ClientSize.Height - 40;
  int xPos, yPos;
  // Text anzeigen
  for (int i = 0; i < 80; i++)
  {
```

```
        Schrift = new Font ("Arial", random.Next(12, 36));
        Pinsel.Color = Farbe[random.Next(0, FMax - 1)];
        xPos = random.Next(0, Breite);
        yPos = random.Next(0, Hoehe);
        Grafik.DrawString
          ("Hallo", Schrift, Pinsel, xPos, yPos);
    }
}
```

Hier siehst du mal wieder die komplette Form_Paint-Methode, weil sich doch einiges mehr geändert hat.

Wir brauchen keinen Stift (Pen) mehr, sondern einen Pinsel (SolidBrush):

```
SolidBrush Pinsel = new SolidBrush(Color.Black);
```

Den erzeugen wir wie vorher den Stift erst mal mit schwarzer Farbe. Außerdem brauchen wir eine Schriftart, die wir zunächst so vereinbaren:

```
Font Schrift;
```

Für die wechselnde Position des angezeigten Textes vereinbaren wir zwei weitere Variablen:

```
int xPos, yPos;
```

Pinselfarbe und Schriftgröße sollen sich nun in der for-Schleife ständig ändern können:

```
Schrift = new Font ("Arial", random.Next(12, 36));
Pinsel.Color = Farbe[random.Next(0, FMax - 1)];
```

Ebenso die Position für die Textanzeige:

```
xPos = random.Next(0, Breite);
yPos = random.Next(0, Hoehe);
```

Mit der Methode DrawString wird dann eine Zeichenkette (String) ausgegeben. Dabei übernimmt diese Methode einige Parameter:

```
DrawString (Text, Schrift, Pinsel, xPos, yPos);
```

≫ Ändere den Quelltext entsprechend und starte das Programm. Experimentiere mit anderen Werten.

FARBTUPFER

Mit `Graphics` kann man natürlich nicht nur farbig zeichnen, sondern Objekte auch bunt ausmalen.

Damit gleich die Sterne richtig funkeln können, sollten wir hier Schwarz als Hintergrundhimmel bevorzugen. Und diese Farbe bekommt das Formular entweder dadurch, dass du im EIGENSCHAFTEN-Fenster hinter BACKCOLOR »Black« eintippst.

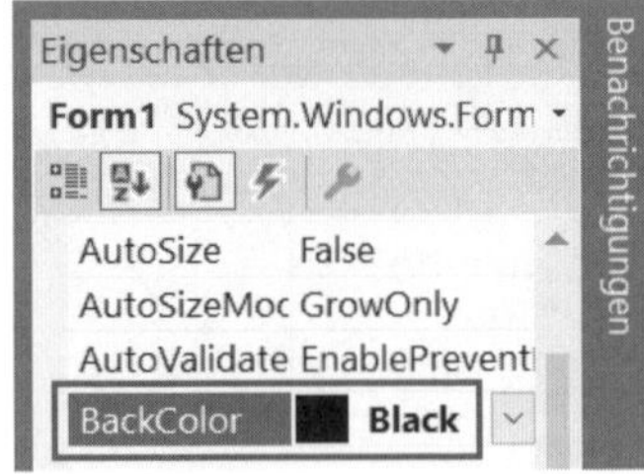

Oder du erweiterst die `Form-Load`-Methode um diese eine Zeile:

```
private void Form1_Load(object sender, EventArgs e)
{
  this.BackColor = Color.Black;
}
```

Hier ähnelt die for-Schleife wieder der in den Projekten bis GRAFIK4. Hier sind wir verschwenderischer und lassen 300-mal drei neue Zufallswerte für x, y und z erzeugen, die Position und Durchmesser der Kreise bestimmen (→ GRAFIK6):

```
private void Form1_Paint
  (object sender, PaintEventArgs e)
{
  Graphics Grafik = e.Graphics;
  Random random = new Random();
  SolidBrush Pinsel = new SolidBrush(Color.Black);
  int Breite = this.ClientSize.Width;
  int Hoehe = this.ClientSize.Height;
  int x, y, z;
  // Formen zeichnen
  for (int i = 0; i < 300; i++)
  {
    x = random.Next(2, Breite);
    y = random.Next(2, Hoehe);
    z = random.Next(2, 30);
    Pinsel.Color = Farbe[random.Next(0, FMax - 1)];
    Grafik.FillEllipse(Pinsel, x, y, z, z);
  }
}
```

Einen Stift brauchen wir auch hier nicht, sondern wieder einen Pinsel. Den verlangt die neue Methode FillEllipse, die Kreise und Ellipsen ausmalt. Für Rechtecke gibt es die Methode FillRectangle.

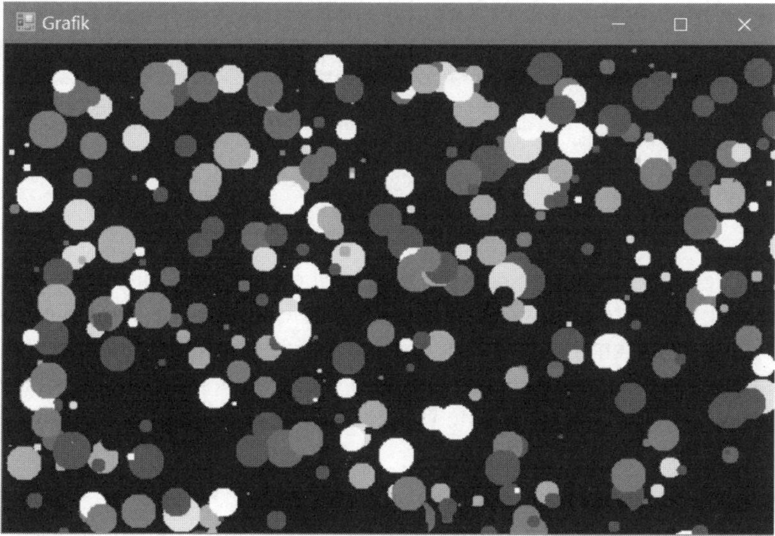

Und nun lass uns mal auf den Punkt kommen. Besser ausgedrückt, auf viele, viele Punkte. Das Fenster soll zu einem kleinen Sternenhimmel werden, an dem Tausende von winzigen Pünktchen flimmern. Wie aber können wir die Pixel eines Bildes auch einzeln zum Leuchten bringen?

Die Änderung betrifft wieder mal (nur) die Methode Paint(). Die for-Schleife hat nun deutlich mehr Runden zu durchlaufen. Hier bestimmen zwei Zufallswerte für x und y, wo der Punkt liegt, der eine neue Farbe erhalten soll. Die Variable z ist nicht mehr nötig, denn die Kreise haben alle dieselbe Mini-Größe. Hier die for-Schleife für das leicht geänderte Programm (→ GRAFIK7):

```
for (int i = 0; i < 5000; i++)
{
  x = random.Next(2, Breite);
  y = random.Next(2, Hoehe);
  Pinsel.Color = Farbe[random.Next(0, FMax - 1)];
  Grafik.FillEllipse(Pinsel, x, y, 2, 2);
}
```

SELBST ZEICHNEN?

Bis jetzt hat die Ereignis-Methode Form1_Paint() dafür gesorgt, dass irgendetwas Grafisches im Formular zu sehen war. Doch warum solltest du auch nicht mal selbst Hand anlegen? Erstellen wir also ein Projekt, das dir ermöglicht, mit der Maus zu zeichnen. Dazu brauchen wir aber einiges an neuen Hilfsmitteln.

Weil die Maus im Einsatz ist, geht es hier um drei Ereignisse:

Ereignis	Funktion	Bedeutung
MouseDown	Form_MouseDown()	Maustaste drücken
MouseUp	Form_MouseUp()	Maustaste loslassen
MouseMove	Form_MouseMove()	Maus bewegen

Ich habe in der Tabelle auch schon die zugehörigen Ereignis-Methoden aufgeführt. Warum gleich drei Ereignisse? Weil das Zeichnen so erfolgt: Wird die Maustaste gedrückt und gehalten (MouseDown), beginnt das eigentliche Zeichnen, lässt man die Maustaste los (MouseUp), hört es auf. Und weil ich die Maus während des Zeichnens bewege, brauche ich noch eine weitere Methode, die auf MouseMove reagiert.

Warum MouseDown und nicht MouseClick? Weil bei einem Mausklick eine Aktion direkt ausgeführt wird, egal, ob anschließend die Maustaste wieder losgelassen wurde oder nicht. Wir aber brauchen zwei Extra-Methoden für das Drücken und für das Loslassen der Maustaste. Damit können wir die Maustaste so lange gedrückt halten, wie das Zeichnen einer Linie dauert.

Klar ist, dass wir alle diese Methoden über das EIGENSCHAFTEN-Fenster mit den passenden Ereignissen verknüpfen müssen.

≫ Erledige das am besten gleich. Wechsle im EIGENSCHAFTEN-Fenster zur Seite EREIGNISSE und tippe die Namen an den passenden Stellen ein. Oder du doppelklickst direkt auf die Einträge MOUSEDOWN, MOUSEMOVE und MOUSEUP.

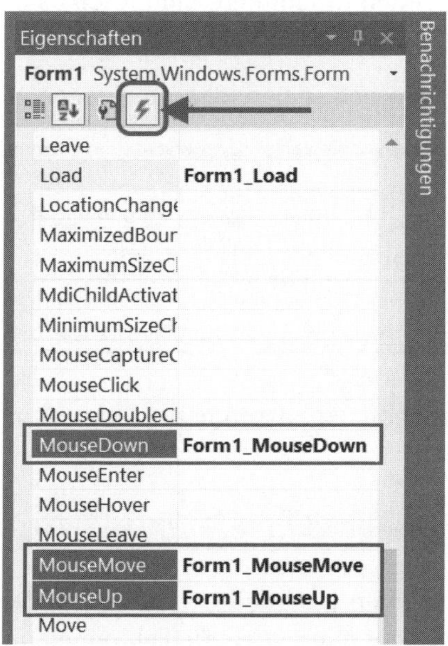

Abschließend findest du die drei Methoden im Quelltext von FORM1.CS. Doch wir kümmern uns zuerst um die `Form_Paint`-Methode, die jetzt nur noch ganz kurz ist (→ GRAFIK8):

```
private void Form1_Paint
  (object sender, PaintEventArgs e)
{
  Graphics Grafik = e.Graphics;
  Pen Stift = new Pen(Color.Black, 2);
  Grafik.DrawPath(Stift, Mauspfad);
}
```

Grafik-Objekt und Zeichenstift werden hier weiterhin erstellt, weil sie nur hier benötigt werden. Neu aber ist die Methode `DrawPath()`, die hat die Aufgabe, den von der Maus durchfahrenen Weg nachzuzeichnen. Und die Variable `Mauspfad` müssen wir ganz oben in der Klasse global vereinbaren:

```
private GraphicsPath Mauspfad = new GraphicsPath();
private int xPos, yPos;
private bool Aktiv = false;
```

Da ist noch einiges dazugekommen: Mit xPos und yPos erfassen wir die aktuelle Mausposition, und in Aktiv steht, ob die Maustaste zum Zeichnen gedrückt ist (= true) oder nicht (= false).

Nun aber muss ich etwas zur Klasse GraphicsPath loswerden. Dass die eine Sammlung aus verbundenen Linien und Kurven darstellt, dürfte klar sein, denn im Objekt Mauspfad werden ja die Linien gesammelt, die die Maus bei gedrückter Maustaste durchwandert hat.

Aber wenn wir Mauspfad einfach so vereinbaren, kriegen wir eine Fehlermeldung:

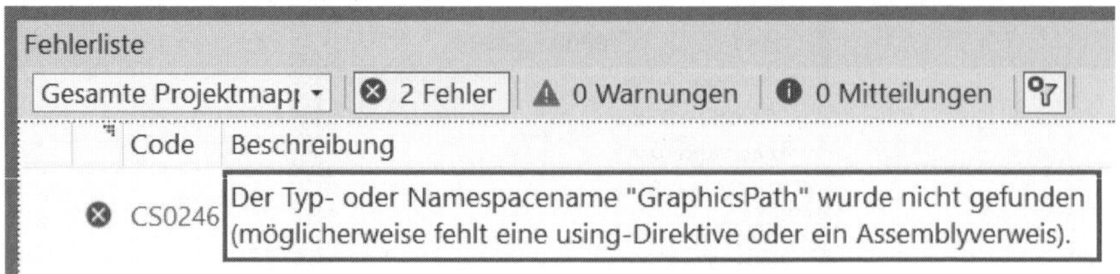

Und da steht dann auch schon der passende Hinweis. Wir müssen eine weitere Bibliothek einbinden:

```
using System.Drawing.Drawing2D;
```

≫ Füge diese Zeile ganz oben im Quelltext zu den anderen using-Anweisungen hinzu. Damit verschwindet dann auch die Fehlermeldung.

Kommen wir nun zunächst zu den beiden Methoden, die die Maustaste betreffen. Sie sind ganz simpel:

```
private void Form1_MouseDown
  (object sender, MouseEventArgs e)
{
  Aktiv = true;
  xPos = e.X; yPos = e.Y;
}
private void Form1_MouseUp
  (object sender, MouseEventArgs e)
{
  Aktiv = false;
}
```

Wird eine Maustaste gedrückt, dann ist das Zeichnen aktiv (true), lässt man die Maustaste los, ist das Zeichnen inaktiv (false). Beim Drücken der Maustaste wird außerdem die aktuelle Mausposition übernommen:

```
xPos = e.X; yPos = e.Y;
```

e ist ja der Event-Parameter, also hier das Mausereignis (MouseEventArgs).

Ein bisschen komplizierter wird es natürlich jetzt in der Methode für das eigentliche Zeichnen (→ GRAFIK8):

```
private void Form1_MouseMove
  (object sender, MouseEventArgs e)
{
  if (!Aktiv) return;
  int x = e.X; int y = e.Y;
  Mauspfad.AddLine(xPos, yPos, x, y);
  xPos = x; yPos = y;
  this.Invalidate();
}
```

Wenn das Zeichengerät (= die Maus) nicht aktiv ist, wird die Methode gleich wieder verlassen:

```
if (!Aktiv) return;
```

Auch hier setzen wir wieder den Nicht-Operator (!) ein. Ansonsten brauchen wir als Erstes die Position, an der sich der (hier unsichtbare) Mauszeiger gerade befindet:

```
int x = e.X; int y = e.Y;
```

Als Nächstes wird die Linie, die die Maus bei der Bewegung durchfährt, in das Objekt Mauspfad übernommen:

```
Mauspfad.AddLine(xPos, yPos, x, y);
```

Das erledigt die Methode AddLine(). Natürlich gibt es so etwas auch für andere Formen, z.B. AddRectangle() und AddEllipse() für Rechtecke und Ellipsen.

Danach merken sich xPos und yPos die neue Mausposition:

```
xPos = x; yPos = y;
```

Die letzte Zeile ist wichtig, denn ohne sie bekommst du nichts von deiner Zeichnung zu sehen:

```
this.Invalidate();
```

Diese Methode sorgt dafür, dass das Paint-Ereignis ausgelöst wird: Das Formular wird neu gezeichnet.

ZUSAMMENFASSUNG

Nun ging es hier ganz schön bunt zu. Doch das ist nur ein Teil von dem, was C# an grafischen Möglichkeiten zu bieten hat. In diesem Kapitel ist eine regelrechte Masse von neuen Klassen, Methoden und Eigenschaften aufgetaucht:

Graphics	Klasse mit Werkzeugen für das Erstellen von Grafiken
GraphicsPath	Klasse für das Sammeln von Linien und Formen
DrawLine()	Methode: Linien zwischen zwei Punkten zeichnen
DrawRectangle()	Methode: Rechtecke (Quadrate) zeichnen
DrawEllipse()	Methode: Ellipsen (Kreise) zeichnen
DrawString()	Methode: Texte (Strings) anzeigen
FillRectangle()	Methode: Rechtecke (Quadrate) farbig ausfüllen
FillEllipse()	Methode: Ellipsen (Kreise) farbig ausfüllen
DrawPath()	Methode: einen grafischen Pfad nachzeichnen
AddLine()	Methode: eine Linie zu einem Pfad hinzufügen
AddRectangle()	Methode: ein Rechteck zu einem Pfad hinzufügen
AddEllipse()	Methode: eine Ellipse zu einem Pfad hinzufügen
Pen	Klasse für Zeichenstifte
SolidBrush	Klasse für Malpinsel
Color	Klasse für Farben

`Font`	Klasse für Schriften
`BackColor`	Hintergrundfarbe von Formular oder Komponente
`ClientSize`	Innenmaße der verwendbaren Formularfläche
`Height`	Breite einer Komponente
`Width`	Höhe einer Komponente
`Form_Paint()`	Ereignis-Methode: das Formular neu zeichnen/ darstellen
`MouseDown()`	Ereignis-Methode: wenn eine Maustaste gedrückt wird
`MouseMove()`	Ereignis-Methode: wenn die Maus bewegt wird
`MouseUp()`	Ereignis-Methode: wenn eine Maustaste losgelassen wird
`PaintEventArgs`	Klasse für grafische Ereignisse
`MouseEventArgs`	Klasse für Maus-Ereignisse
`Invalidate()`	Methode: sorgt dafür, dass ein `Paint`-Ereignis ausgelöst wird

EIN PAAR FRAGEN ...

1. Wo liegt der Ursprung des Koordinatensystems auf dem Bildschirm?
2. Die Methoden `DrawLine()`, `DrawRectangle()` und `DrawEllipse()` verwenden jeweils vier Parameter. Was sind die Unterschiede?

... UND EIN PAAR AUFGABEN

1. Ersetze im Projekt GRAFIK6 die bunten Kreise durch bunte Quadrate.
2. Wie wäre es mal mit einem kleinen Haus?

11 BILDER LERNEN LAUFEN: ANIMATIONEN

Die grafischen Leistungen von C# im letzten Kapitel waren nicht übel, aber noch interessanter wäre es, wenn man Bilder einladen und verwenden könnte, die mit einem Grafik-Programm erstellt wurden – z.B. eine Figur. Und das geht natürlich auch in C#. Dazu kommt hier die Möglichkeit, eine solche Figur in Bewegung zu setzen.

In diesem Kapitel lernst du

- die Komponente `PictureBox` für fertige Bilder kennen
- wie man Bilddateien lädt
- wie man eine Figur erscheinen und verschwinden lässt
- etwas über Pausen
- wie man Figuren animieren lassen kann

ERST MAL EIN KREIS

Beginnen wir mit einem einfachen grafischen Gebilde, dem Kreis. Der soll auf Knopfdruck links erscheinen, sich nach rechts bewegen und wieder verschwinden.

Zuerst brauchen wir dazu ein Fenster mit drei Schaltflächen, die unten am Bildrand liegen sollten:

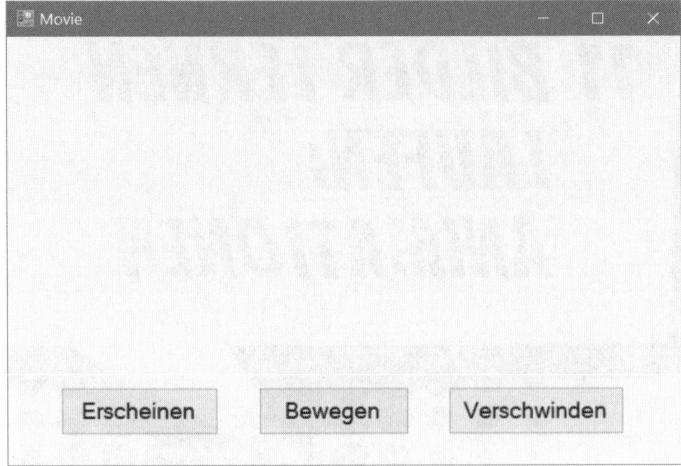

≫ Erzeuge ein neues Projekt und verpasse dem Formular drei Schaltflächen. Gib ihnen die Aufschriften »Erscheinen«, »Bewegen«, »Verschwinden«. Sorge außerdem dafür, dass es für jeden Button eine passende `Click`-Methode gibt.

Wir beginnen mit einem einfachen grafischen Objekt, einem Kreis. Dafür legen wir zuerst die Maße fest:

```
private int x = 30, y = 60, Dicke = 200;
```

Die Variablen `x` und `y` bezeichnen die linke obere Ecke des Quadrats, in das der Kreis (= eine Ellipse mit gleicher Breite und Höhe) hineinpassen soll. Und mit `Dicke` ist der Durchmesser des Kreises gemeint.

Zusätzlich vereinbaren wir an dieser Stelle auch gleich die Strecke, die dem Kreis innerhalb des Fensters zur Verfügung steht:

```
private int Strecke;
```

Und natürlich brauchen wir auch ein Grafik-Objekt, damit wir nachher den Kreis auch zeichnen und malen können:

```
private Graphics Grafik;
```

Hier werden wir die Ereignis-Methoden für die Buttons nicht dafür verwenden, um unser Objekt zu zeigen, zu bewegen und wieder verschwinden zu lassen, sondern wir definieren uns dafür drei eigene Methoden, die wir dann über die Click-Methoden aufrufen.

Die drei Methoden, die wir brauchen, nenne ich so:

ShowImage()	Figur erscheinen lassen, anzeigen
MoveImage()	Figur bewegen/animieren
HideImage()	Figur verschwinden lassen

Unsere Figur ist hier erst mal nur der Kreis. Kommen wir zur ersten Methode ShowImage, die für das Erscheinen des Kreises zuständig ist (→ MOVIE1):

```
public void ShowImage()
{
  SolidBrush Pinsel = new SolidBrush(Color.Red);
  Pen Stift = new Pen(Color.Black, 2);
  Grafik.FillEllipse(Pinsel, x, y, Dicke, Dicke);
  Grafik.DrawEllipse(Stift, x, y, Dicke, Dicke);
}
```

Hier geschieht etwas, was du bereits aus dem letzten Kapitel kennst: Ein farbig gefüllter Kreis – hier mit schwarzer Umrandung – wird links ins Fenster gezeichnet.

Aber wo wurde das Objekt Grafik erzeugt? Diesmal benutzen und benötigen wir keine Paint-Methode, also brauchen wir eine andere Möglichkeit. Die findest du in der Form_Load-Methode:

```
private void Form1_Load(object sender, EventArgs e)
{
  Grafik = this.CreateGraphics();
}
```

Jede Komponente hat eine eigene Methode zur Erzeugung eines Grafik-Objekts. Sie trägt den Namen CreateGraphics(). In unserem Falle wird das Objekt Grafik über das Formular erzeugt.

Probieren wir nun gleich aus, ob das Ganze funktioniert, wenn wir die Methode ShowImage() in button1_Click() aufrufen:

```
private void button1_Click(object sender, EventArgs e)
{
  ShowImage();
}
```

≫ Tippe den ganzen Quelltext in FORM1.CS ein, dann starte das Programm.

Und du bekommst einen roten Kreis zu sehen:

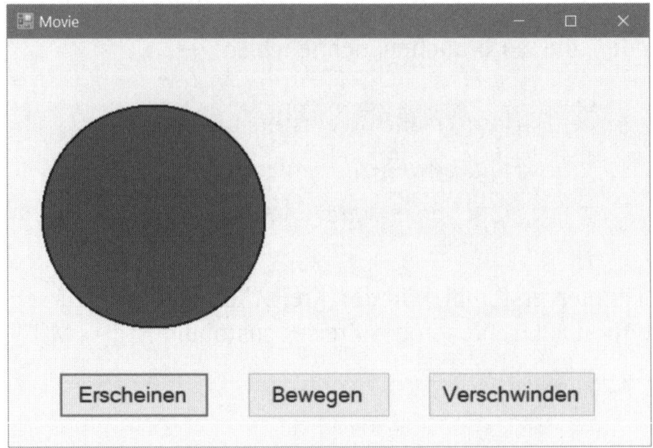

UND ES BEWEGT SICH WAS

Unser Kreis soll sich nun mit Klick auf den gleichnamigen Button (von links) nach rechts bewegen. Nun könnte man auf die Idee kommen, einfach den Bildausschnitt mit dem Kreis auszuschneiden und direkt rechts daneben wieder anzuzeigen – und so weiter, bis der Kreis den rechten Rand des Formulars erreicht hat. Das aber geht nicht so einfach.

Hier ist es günstiger, den Kreis jedes Mal neu über `ShowImage()` darzustellen, nur jeweils ein bisschen weiter rechts. Aber es gibt einen Haken: Vom alten Kreis sieht man immer auch noch ein Stück. So würde das Ergebnis aussehen, wenn wir nur `ShowImage()` in einer Schleife benutzen:

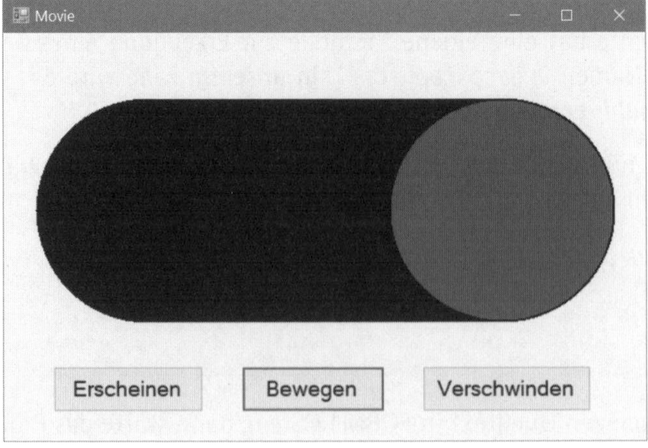

Das wäre nicht in unserem Sinne. Also brauchen wir erst die Methode `HideImage()`, um den Kreis zuerst verschwinden zu lassen, dann kann er an anderer Stelle wieder über `ShowImage()` auftauchen (→ MOVIE1):

```
public void HideImage()
{
  SolidBrush Pinsel = new SolidBrush(this.BackColor);
  Grafik.FillRectangle
    (Pinsel, x-1, y-1, Dicke+2, Dicke+2);
}
```

Der Pinsel bekommt die Hintergrundfarbe des Formulars, dann wird ein Quadrat an die Stelle gezeichnet, wo der Kreis ist. Das Quadrat ist etwas größer, damit der Kreis wirklich komplett verschwindet.

Probieren wir das gleich in `button3_Click()` aus:

```
private void button3_Click(object sender, EventArgs e)
{
  HideImage();
}
```

> Ergänze den Quelltext. Dann starte das Programm erneut, klicke zuerst auf ERSCHEINEN, dann auf VERSCHWINDEN. Und es sollte klappen.

Kommen wir zur Methode fürs Bewegen, die natürlich ein bisschen mehr zu tun bekommt (→ MOVIE1):

```
public void MoveImage()
{
  Strecke = this.ClientSize.Width;
  while (x < Strecke - Dicke - 30)
  {
    HideImage();
    X++;
    ShowImage();
  }
}
```

Zuerst wird die Innenbreite des Fensters ermittelt, das ist die Strecke, die dem Kreis maximal zur Verfügung steht:

```
Strecke = this.ClientSize.Width;
```

Dann folgt eine `while`-Schleife. Denn damit sich etwas bewegen kann, muss der Kreis horizontal verschoben werden. Das läuft in drei Schritten ab:

```
HideImage();
x++1;
ShowImage();
```

Zuerst wird der aktuelle Kreis gelöscht, dann wird der Anfangspunkt um 1 nach rechts versetzt, dort wird der neue Kreis gezeichnet bzw. gemalt. Die Bedingung

```
(x < Strecke-Dicke-30)
```

ist so entstanden: Das Verschieben des Kreises soll rechts da enden, wo der Kreis noch komplett zu sehen ist. Der Zielpunkt errechnet sich aus der `Strecke`, die insgesamt zur Verfügung steht, und der Breite (`Dicke`) des Kreises, die davon abgezogen wird. Ebenso wie der Ursprungswert von `x`. So stoppt der Kreis in gebührendem Abstand vom rechten Formularrand.

- Sorge dafür, dass alle Methoden mit passendem Quelltext gefüttert sind. Dann starte das Programm und probiere hintereinander alle drei Schaltflächen aus.

Bei mir flackert leider die ganze Bewegung, was nicht gut ist, sich aber hier nicht ändern lässt – solange das bewegte Bild dauernd neu erzeugt werden muss. Suchen wir einen besseren Weg für ein bewegtes Objekt.

PICTUREBOX

Da wir sowieso lieber eine Figur bewegen würden als bloß einen Kreis, brauchen wir eine neue Komponente, die mit fertigen Bildern umgehen kann. Und die lässt sich leicht finden, der Name lautet nämlich PICTUREBOX. Diese Komponente dient der Anzeige von Bildern und wird deshalb auch Bildfeld genannt.

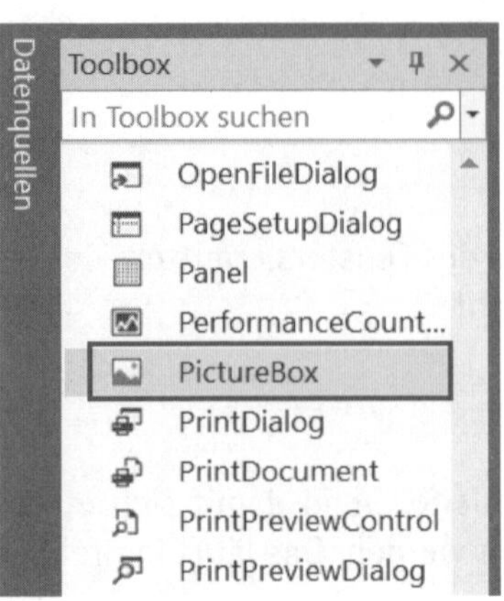

≫ Suche diesen Eintrag in der TOOLBOX, klicke darauf und ziehe im Formular ein Rechteck auf.

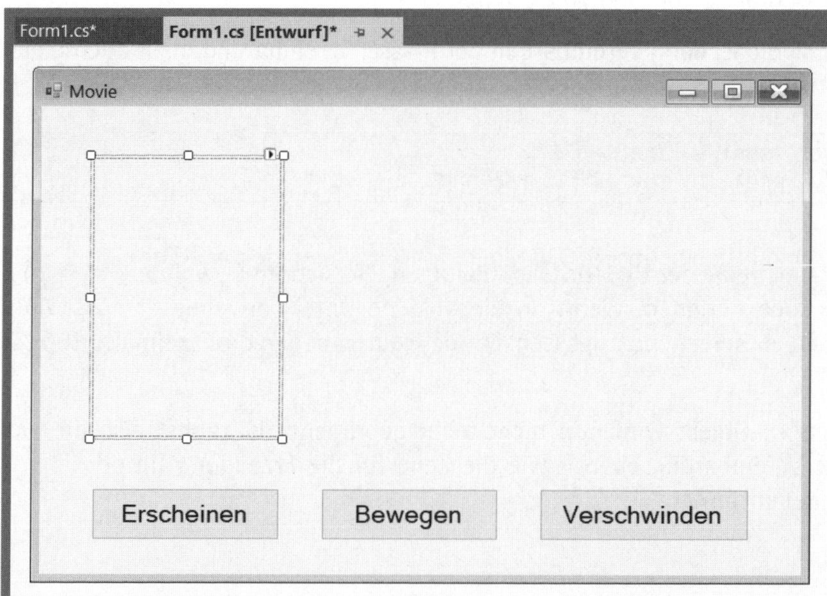

Die Größe der PICTUREBOX muss nicht auf die Bilder abgestimmt werden, die du später verwendest.

≫ Dazu musst du im EIGENSCHAFTEN-Fenster hinter SIZEMODE die Option STRETCHIMAGE einstellen. Damit passt sich das Bild der Box an.

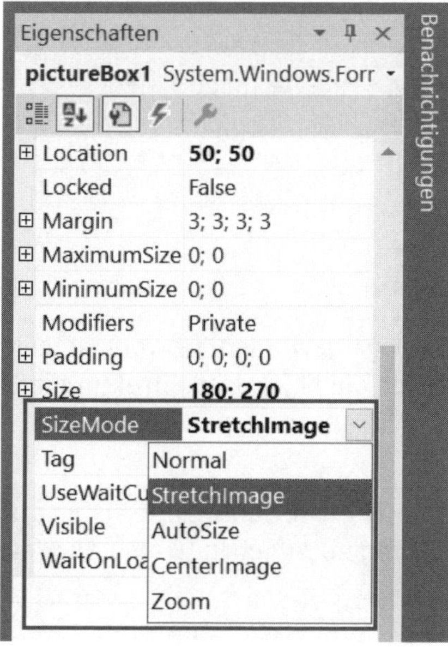

Nun sollte die neue Komponente auch eine Methode haben, mit der sich ein Bild aus einer Datei laden lässt. Dazu müssen wir zuerst natürlich eine solche Datei haben. Und die gehört in den aktuellen Projektordner.

≫ Erledige das, dann vereinbare in der Klassenvereinbarung oben auch gleich den Dateipfad:

```
private string Datei =
  @"d:\projekte\movie2\Figur01.png";
```

Du kannst eine der Bild-Dateien benutzen, die sich im Download-Paket zu diesem Buch befinden. Wenn du eine eigene Datei verwendest, musst du den Namen entsprechend anpassen. Meine Figuren haben die Pixelmaße 180 * 270.

Das `Grafik`-Objekt wird nun nicht mehr gebraucht, du kannst also die entsprechende Vereinbarung ebenso wie die Zeile für die Erzeugung (in der `Form_Load`-Methode) entfernen.

ENDLICH EIN (RICHTIGES) BILD

Und die neue `ShowImage`-Methode sieht nun so aus (→ MOVIE2):

```
public void ShowImage()
{
  try
  {
    pictureBox1.Load(Datei);
    pictureBox1.Location = new Point(x, y);
  }
  catch (Exception)
  {
    MessageBox.Show("Kein Bild!");
  }
}
```

Die Methode ist etwas »dicker« geworden. Obwohl sie eigentlich nur zwei Anweisungszeilen braucht, habe ich die `try-catch`-Struktur eingesetzt, falls sich das Bild nicht laden lässt.

Man könnte auch im `catch`-Anweisungsblock als Ersatz einen Kreis zeichnen lassen, anstatt eine Meldung auszugeben (womit aber dann das `Grafik`-Objekt wieder benötigt wird).

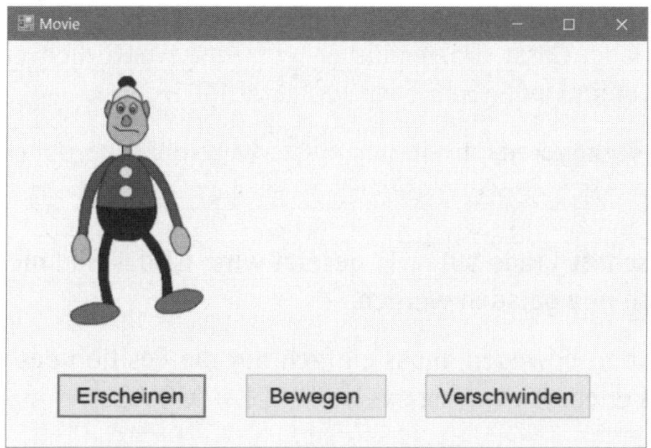

Das Laden eines Bildes erledigt die Methode `Load()`, die als Parameter nur den Pfad übernimmt, wo die Datei zu finden ist.

Nach dem Laden positionieren wir das Bildfeld mit der Figur nach den vorgegebenen Werten für `x` und `y`. Jetzt ändern wir beide Werte für `Location` auf einmal. Dabei muss man ein Punktobjekt neu erzeugen, was mithilfe der Klasse `Point` geschieht. Der Konstruktor übernimmt als Parameter die Werte von x und y:

```
pictureBox1.Location = new Point(x, y);
```

Natürlich muss das Bild nicht das Format PNG haben, andere Formate wie z.B. JPG funktionieren auch.

Der Vorteil von JPG ist, dass sich dieses Format stark komprimieren lässt, dadurch wird die Bilddatei kleiner und braucht weniger Platz. Der Nachteil ist, dass es dabei immer mehr an Qualität verlieren kann, wenn man die Kompression beim Speichern zu hoch einstellt.

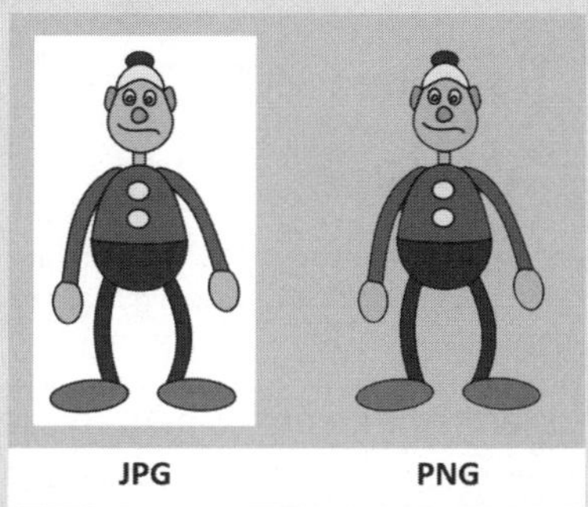

Interessanter ist das PNG-Format, das bevorzuge ich hier, denn da lässt sich eine Farbe als **transparent** festlegen. Willst du also eine Figur auf einem bunten Hintergrund anzeigen, ohne dass man das Rechteck sieht, das die Figur umgibt, dann brauchst du eine PNG-Datei.

Kommen wir zur Methode, die das Bild wieder verbirgt:

```
public void HideImage()
{
  pictureBox1.Image = null;
}
```

Indem die Eigenschaft Image auf null gesetzt wird, ist das Bild nicht mehr vorhanden – müsste also neu geladen werden.

Um nun die Figur zu bewegen, muss einfach nur die Position des Bildfeldes geändert werden, das erledigen wir in MoveImage() (→ MOVIE2):

```
public void MoveImage()
{
  Strecke = this.ClientSize.Width;
  while (x < Strecke - Dicke)
  {
    X++;
    pictureBox1.Location = new Point(x, y);
  }
}
```

> Ergänze den Quelltext, dann lasse deine Figur erscheinen, laufen und verschwinden.

Na ja, von Laufen kann man eher nicht reden. Denn das Bild wird zwar verschoben, aber bewegen tut die Figur sich nicht. Dafür gibt es hier kein Flackern. Dennoch fällt eher negativ auf, dass das Bildfeld sehr schnell bewegt wird. Kann man da die Geschwindigkeit nicht ein bisschen runterregeln? Das Ganze lässt sich dadurch verlangsamen, dass man vor jeder neuen Anzeige eine kleine Pause einlegt. Dazu ist die Sleep-Methode da:

```
while (x < Strecke - Dicke)
{
  x++1;
  System.Threading.Thread.Sleep(10);
  pictureBox1.Location = new Point(x, y);
  }
```

Damit der Name nicht so lang wird, könnte man System.Threading auch den using-Anweisungen ganz oben im Quelltext hinzufügen, dann verkürzt sich der Aufruf der Methode so:

```
Thread.Sleep(10);
```

Eine Alternative zu `Sleep()` ist die Methode `Delay()`:

```
Task.Delay(10);
```

Allerdings wirken die Methoden nicht gleich (lang), auch wenn der Parameter jeweils die Zeit in Millisekunden übernimmt. Probiere ruhig beides mal aus.

BILDERSAMMLUNG

Damit sich die Figur wirklich bewegt, brauchen wir mehrere Bilder, jeweils in anderen Figur-Positionen. Dazu vereinbaren wir gleich ein Feld von Bildern:

```
private Bitmap[] Bild = new Bitmap[9];
```

Für die Aufnahme bzw. Aufbewahrung von Bildern stehen die Klassen `Image` und `Bitmap` zur Verfügung. `Image` bietet die elementaren Eigenschaften und Methoden, die daraus abgeleitete Klasse `Bitmap` hat noch einige neue Methoden u.a. zur Bearbeitung von Bildern.

Eigentlich benötigen wir nur Platz für insgesamt acht Bilder, wir schaffen einen Platz mehr, damit unsere Zählungen bei 1 beginnen können, das nullte Element kann leer bleiben. So können wir uns bei den Namen nicht so leicht vertun, bei mir sind alle Bilddateien von FIGUR01.PNG bis FIGUR08.PNG durchnummeriert.

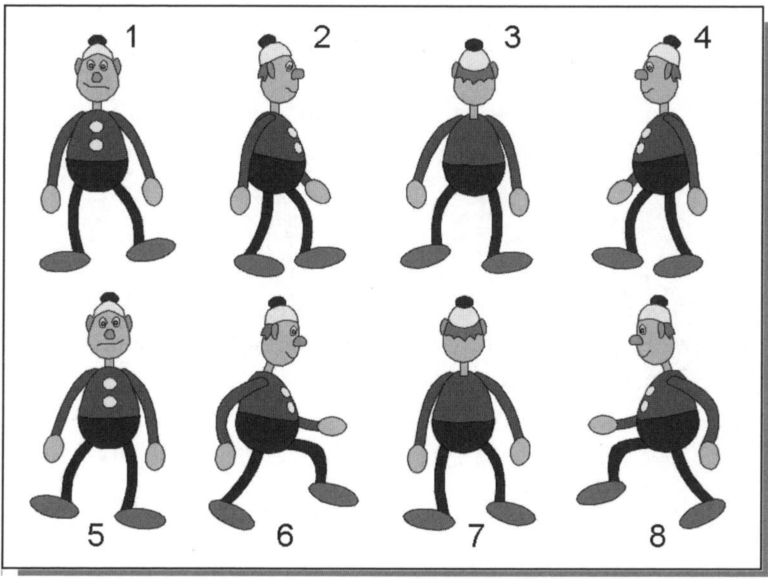

Dabei gelten die Regeln, die in der folgenden Tabelle zusammengefasst sind:

Bilddatei	erste Position	Bilddatei	zweite Position
FIGUR01.PNG	von vorn	FIGUR05.PNG	von vorn
FIGUR02.PNG	von rechts	FIGUR06.PNG	von rechts
FIGUR03.PNG	von hinten	FIGUR07.PNG	von hinten
FIGUR04.PNG	von links	FIGUR08.PNG	von links

Jede Ansicht wird in zwei verschiedenen Positionen gespeichert. Zeigt man z.B. FIGUR02 und FIGUR06 im Wechsel, dann sieht das aus, als würde die Figur nach rechts laufen.

Du kannst dir natürlich deine eigene Bildergalerie erstellen, allerdings müssen die Dateien dann auch in derselben Reihenfolge mit einer Nummer von 1 bis 8 gespeichert werden, z.B. auch als FIGUR01.PNG, FIGUR02.PNG usw. Außerdem sollten **alle** Bilder die **gleichen** Maße haben.

Weil es nun ein wenig mehr zu laden gibt, entlasten wir `ShowImage()` um ein paar Zeilen und machen daraus eine neue Methode (→ MOVIE3):

```
public void CollectImages()
{
  string Datei;
  for (int i = 1; i <= 8; i++)
  {
    Datei = Pfad + i.ToString() + ".png";
    try
    {
      Bild[i] = (Bitmap)Image.FromFile(Datei);
    }
    catch (Exception)
    {
      MessageBox.Show("Kein Bild!");
    }
  }
}
```

In einer Schleife werden nun alle acht Figurdateien gesammelt, wobei wir den Dateinamen jeweils an nur einer Stelle ändern müssen. Erst einmal habe ich dazu ganz oben die Pfad-Vereinbarung geändert:

```
private string Pfad= @"d:\projekte\movie3\Figur0";
```

In einem Extra-String setzen wir dann den jeweiligen Dateinamen zusammen:

```
Datei = Pfad + i.ToString() + ".png";
```

Erst kommt der Text aus dem Pfad und »Figur0«, dazu dann die aktuelle Nummer als Ziffer und zuletzt wird die Kennung ».png« angehängt.

In der Zählschleife wird dann ein Bild nach dem anderen geholt und im Bitmap-Element abgelegt:

```
Bild[i] = (Bitmap)Image.FromFile(Datei);
```

Die Methode FromFile() der Klasse Image funktioniert ähnlich wie Load() der Klasse PictureBox. Weil es außer Bitmap noch andere von Image abgeleitete Klassen gibt, machen wir hier klar, dass das geladene Bild zum Typ Bitmap gehört.

Die neue Methode rufen wir in Form1_Load() auf, damit dann alle Bilder zur Verfügung stehen:

```
private void Form1_Load(object sender, EventArgs e)
{
  CollectImages();
}
```

Wichtig ist auch hier wieder, dass **alle** acht Bilder im aktuellen Projekt-Ordner liegen!

DA LÄUFT WAS

Und nun bauen wir zwei Methoden ein wenig um. Stark abgemagert wurde ShowImage(), dafür übernimmt diese Methode nun zwei Parameter, die Nummer und die x-Position des anzuzeigenden Bildes (→ MOVIE3):

```
public void ShowImage(int Nr, int xPos)
{
  pictureBox1.Image = Bild[Nr];
  pictureBox1.Location = new Point(xPos, y);
}
```

Beim Bewegungsablauf wird es etwas komplizierter. Denn nun müssen auch die richtigen Bilder angezeigt werden, und zwar immer zwei im Wechsel. Wir werden hier ständig ein Bild durch das andere ersetzen. Womit MoveImage() die meisten Änderungen erfährt (→ MOVIE3):

```
public void MoveImage(int Nr, int xDiff)
{
  Strecke = this.ClientSize.Width;
  while (x < Strecke - Dicke)
  {
```

```
      x += xDiff;
      Thread.Sleep(100);
      if (Nr < 5) Nr += 4; else Nr -= 4;
      ShowImage(Nr, x);
      pictureBox1.Refresh();
    }
    ShowImage(1, x);
  }
```

Der Unterschied zur vorigen Version liegt in der `while`-Schleife:

```
x += xDiff;
Thread.Sleep(100);
if (Nr < 5) Nr += 4; else Nr -= 4;
ShowImage(Nr, x);
pictureBox1.Refresh();
```

Auch `MoveImage()` übernimmt nun zwei Parameter. Der erste ist klar, das ist die Nummer des zu zeigenden Bildes, ob von vorn, seitlich oder von hinten. Und mit `xDiff` lässt sich noch so etwas wie die Schrittweite der Figur angeben. Die muss ja nicht immer 1 sein wie bisher.

Damit jeweils zwei Bilder im Wechsel angezeigt werden, müssen wir die Nummer immer wieder neu berechnen.

```
if (Nr < 5) Nr += 4; else Nr -= 4;
```

Die Nummern von 1 bis 4 stellen dabei jeweils eine Laufrichtung dar, die Nummern 5 bis 8 ebenfalls, nur in anderer Position. Der Unterschied ist jeweils 4, was heißt, zur vorigen Nummer muss immer 4 addiert oder davon subtrahiert werden.

In unserem Fall starten wir mit Nummer 2, also benötigen wir hier FIGUR02 oder FIGUR06 – jeweils im Wechsel.

Damit wir aber wirklich etwas von der Bewegung sehen können, muss die Anzeige im Bildfeld immer wieder aufgefrischt werden. Und das erledigt die Methode `Refresh()`.

Nach dem Verlassen der `while`-Schleife dreht sich die Figur dann wieder zum Betrachter hin:

```
ShowImage (1, x);
```

Damit werden die beiden geänderten Methoden nun so aufgerufen (→ MOVIE3):

```
private void button1_Click(object sender, EventArgs e)
{
```

```
  ShowImage(1, x);
}
private void button2_Click(object sender, EventArgs e)
{
  MoveImage(2, 10);
}
```

≫ Ergänze den Quelltext und teste das Programm. Zufrieden? Wenn nicht, ändere die Werte für `Sleep()` und für `xDiff`.

Ich habe auch hier `Task.Delay()` ausprobiert, aber ohne befriedigendes Ergebnis.

DREHEN, VERSCHWINDEN, AUFTAUCHEN

Nun läuft die Figur, aber warum sollten wir unserem Projekt nicht noch eine weitere Methode gönnen? Genug Figur-Positionen hast du ja, wenn du dich beim Download-Paket bedienst.

Die folgende Methode lässt eine Figur sich um ihre eigene Achse drehen (→ MOVIE4):

```
public void TurnImage (int Nr, int xPos) {
  for (int i = Nr; i < Nr+4; i++) {
  {
    Thread.Sleep(100);
    ShowImage(i, xPos);
    pictureBox1.Refresh();
```

```
  }
  ShowImage(1, xPos);
}
```

Übernommen werden die Bild-Nummer, mit der die Drehung beginnen soll, sowie die x-Position. In eine for-Schleife werden dann nacheinander die in der Zählung direkt folgenden Bilder angezeigt.

Damit sieht es aus, als würde sich die Figur im Kreise drehen. Das geht natürlich nur, wenn die Bilder in der oben gezeigten Reihenfolge abgespeichert wurden. Solltest du also eigene Bilder verwenden, musst du gegebenenfalls die Methode TurnImage() entsprechend anpassen.

Am Schluss nimmt die Figur wieder die dem Betrachter zugewandte Position ein. Nun benötigen wir einen Button mehr, dazu könnten die anderen Schaltflächen etwas schmaler werden und zusammenrücken. (Du kannst auch das Formular etwas breiter machen.)

Aufgerufen wird TurnImage() dann in der vierten button_Click-Methode:

```
private void button4_Click(object sender, EventArgs e)
{
  TurnImage(1, x);
}
```

Dass der zugehörige Button die Nummer 4 hat, im Formular aber auf Platz 3 liegt, spielt hier keine Rolle.

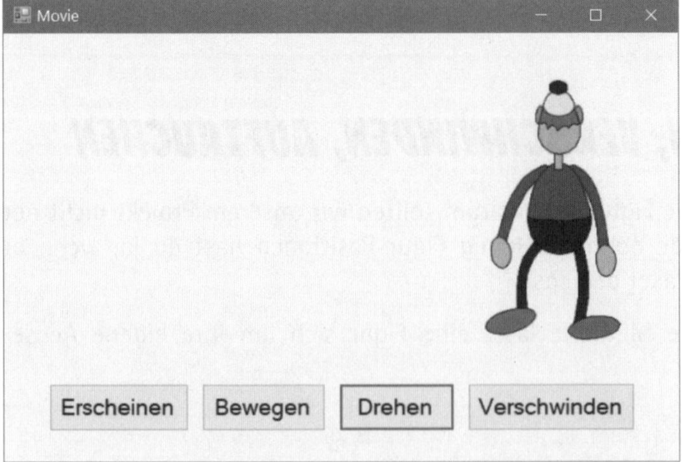

Was mich jetzt noch stört: Wenn die Figur ganz rechts angelangt ist und man sie zum Verschwinden bringt, dann taucht sie bei einem Klick auf ERSCHEINEN zwar wieder auf, aber eben dort, wo sie zuletzt war. Mir wäre es hier lieber, sie würde wieder links im Bild erscheinen, dann könnte man sie auch erneut über das Formular »scheuchen«.

Das lässt sich durch eine kleine Erweiterung der Methode `button1_Click()` erreichen:

```
private void button1_Click(object sender, EventArgs e)
{
  x = 30;
  ShowImage(1, x);
}
```

MOVIE KOMPLETT

Das ganze Projekt ist doch recht umfangreich geworden. Und vielleicht mit der Zeit schlecht überschaubar. Deshalb bekommst du hier noch einmal das komplette Listing der Formular-Klasse serviert (→ MOVIE4):

```
public partial class Form1 : Form
{
  private string Pfad= @"d:\projekte\movie4\Figur0";
  private Bitmap[] Bild = new Bitmap[9];
  private int x = 50, y = 30, Dicke = 200;
  private int Strecke;
  public Form1()
  {
    InitializeComponent();
  }
  private void Form1_Load(object sender, EventArgs e)
  {
    CollectImages();
  }
  public void CollectImages()
  {
    string Datei;
    for (int i = 1; i <= 8; i++)
    {
      Datei = Pfad + i.ToString() + ".png";
      try
      {
        Bild[i] = (Bitmap)Image.FromFile(Datei);
      }
      catch (Exception)
      {
        MessageBox.Show("Kein Bild!");
      }
    }
  }
  public void ShowImage(int Nr, int xPos)
```

```
  {
    pictureBox1.Image = Bild[Nr];
    pictureBox1.Location = new Point(xPos, y);
  }
  public void MoveImage(int Nr, int xDiff)
  {
    Strecke = this.ClientSize.Width;
    while (x < Strecke - Dicke)
    {
      x += xDiff;
      Thread.Sleep(100);
      if (Nr < 5) Nr += 4; else Nr -= 4;
      ShowImage(Nr, x);
      pictureBox1.Refresh();
    }
    ShowImage(1, x);
  }
  public void TurnImage(int Nr, int xPos)
  {
    for (int i = Nr; i < Nr + 4; i++)
    {
      Thread.Sleep(100);
      ShowImage(i, xPos);
      pictureBox1.Refresh();
    }
    ShowImage(1, xPos);
  }
  public void HideImage()
  {
    pictureBox1.Image = null;
  }
  private void button1_Click
    (object sender, EventArgs e)
  {
    x = 50;
    ShowImage(1, x);
  }
  private void button2_Click
    (object sender, EventArgs e)
  {
    MoveImage(2, 10);
  }
  private void button3_Click
    (object sender, EventArgs e)
  {
    HideImage();
  }
  private void button4_Click
    (object sender, EventArgs e)
  {
    TurnImage(1, x);
  }
}
```

≫ Bringe dein Projekt auf den neuesten Stand und dann teste es auf »Herz und Nieren«.

ZUSAMMENFASSUNG

Das war's für dieses Kapitel. Du hast jetzt insgesamt eine Menge mit Grafik hantiert und sogar einer Figur Leben eingehaucht und sie in Bewegung gesetzt. Schauen wir mal, was du Neues von C# weißt:

`CreateGraphics()`	Grafik-Objekt vom Formular aus erzeugen (ohne direkte Nutzung von `Paint()`)
`PictureBox`	Komponente: Bildfeld
`SizeMode`	Bild in Bildfeld einpassen – oder so lassen (und gegebenenfalls nur einen Ausschnitt zeigen)
`Image`	Basis-Klasse für Bilder
`Bitmap`	Klasse für Bilder u.a. vom Format JPG und PNG
`Load()`	Methode: Bild-Datei in `PictureBox` laden
`FromFile()`	Methode: Bild-Datei in `Image`- oder `Bitmap`-Objekt laden
`Refresh()`	Anzeigefläche auffrischen (= alte Anzeige löschen)
`Thread`	Klasse zur Prozesssteuerung
`Sleep()`	Methode: Programm-Pausen einlegen
`Task.Delay()`	Methode: Programm-Pausen einlegen
`Point`	Klasse für Punkte (x|y)
`null`	Nichts (hier: kein Bild)

KEINE FRAGEN ...

... DOCH EIN PAAR AUFGABEN

1. Im Grafik-Projekt (GRAFIK7) aus dem letzten Kapitel sollen die vielen bunten Punkte auftauchen und wieder verschwinden. (Tipp: Arrays werden benötigt.)
2. Erweitere das letzte Movie-Projekt so, dass die Figur nach rechts und nach links gehen kann.

Fassen wir mal alles zusammen, was du bis jetzt gelernt hast, und entwickeln nun zwei kleine Spiele, natürlich auch mit Bildern. Mit dabei sind ein Würfel-Spiel und »Schere-Stein-Papier«. Du wirst hier nicht viel wirklich Neues finden, was den Wortschatz von C# angeht, aber wir werden zusammen **neue** Programmierwege gehen.

In diesem Kapitel lernst du

- wie man Komponenten auch nur mit Quelltext erzeugen kann
- wie man Ereignisse und Methoden verknüpft
- was ein `EventHandler` ist
- dass man aus Komponenten auch Arrays bilden kann

KOMPONENTEN ZUSAMMENBAUEN

Das erste Spiel ist ein reines Glücksspiel, obwohl echte Würfler oft von sich behaupten, dass sie die Würfel so werfen können, dass nachher oben die geplante Augenzahl zu sehen ist. Das klappt hier sowieso nicht, weil der Computer das Würfeln vornimmt, und der ja nichts anderes tut, als zufällig ein Bild durch ein anderes auszutauschen.

Weil es auch hier um das Laden von Bilddateien geht, können wir uns vieles beim Movie-Projekt abschauen. Nur ist hier nichts in Bewegung, also benötigen wir nur eine `ShowImage`-Methode.

≫ Erzeuge ein neues Projekt und nenne es »Wuerfel1«.

Wir brauchen zwei Bildfelder, einen Button und ein Label.

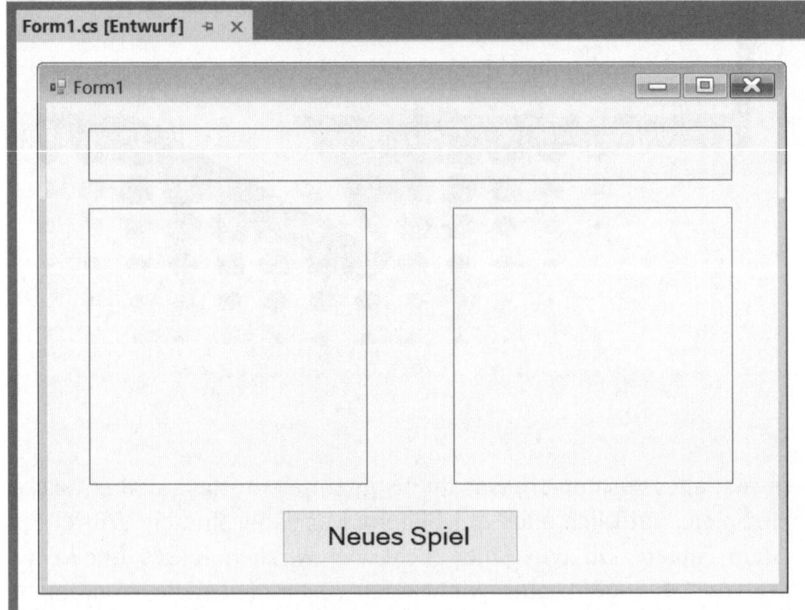

So könnte das Ganze z.B. aussehen, wenn wir wie üblich die Komponenten über die Toolbox sammeln und sie über das EIGENSCHAFTEN-Fenster für unsere Zwecke passend einstellen.

Wir werden diesmal aber anders vorgehen als bisher. Wir verzichten auf die Toolbox, wir lassen die Finger vom EIGENSCHAFTEN-Fenster. Doch wie soll man da denn das alles zusammenbekommen, was oben in der Abbildung zu sehen ist?

Das Formular bringt das Projekt bereits mit, um das müssen wir uns nur noch insofern kümmern, als dass wir die für uns passende Größe einstellen und dem Formular den Titel »Würfelspiel« geben.

≫ Dazu doppelklickst du auf das Formular und wechselst damit in den Editor für den Quelltext von FORM1.CS. Dort füllst du die `Form_Load`-Methode mit diesen beiden Anweisungen:

```
private void Form1_Load(object sender, EventArgs e)
{
  this.Size = new Size(700, 500);
  this.Text = "Würfelspiel";
}
```

Damit hat das Formular schon mal seine Größe und den richtigen Titel. (Möglicherweise musst du die Maße später noch ändern, falls du deinen Komponenten eine andere Größe verpassen willst als ich.)

Nun vereinbaren wir die einzelnen Elemente, die in das Formular eingefügt werden sollen. Das geschieht direkt unter der Zeile mit dem Klassennamen `Form1` (→ WUERFEL1):

```
private Label Anzeige = new Label();
private Button Knopf  = new Button();
private PictureBox LBox = new PictureBox();
private PictureBox RBox = new PictureBox();
```

Wir brauchen hier einen Button, dazu ein Label, das das Spielergebnis anzeigen soll. Die Bildfelder `LBox` und `RBox` sollen später zwei Würfelseiten anzeigen.

Für jede Komponente definieren wir jetzt eine eigene Methode, das heißt, die Bildfelder kriegen zusammen eine Methode. Beginnen wir mit `CreateLabel()` (→ WUERFEL1):

```
private void CreateLabel()
{
  Anzeige.Location = new Point(50, 25);
  Anzeige.Size = new Size(580, 50);
  Anzeige.Font = new Font("Arial", 14F);
  Anzeige.TextAlign = ContentAlignment.MiddleCenter;
}
```

`Location` und `Size` bestimmen die Position und die Maße des Anzeigefeldes. Mit `Font` werden Schriftart und Schriftgröße festgelegt. Und `TextAlign` setzt den angezeigten Text in die Mitte des Labels.

Da man das Label bei einem Programmstart im Formular nicht sehen kann, empfehle ich, an den Anfang der Methode diese Zeile einzusetzen:

```
Anzeige.BorderStyle = BorderStyle.FixedSingle;
```

Dann hat die Anzeigefläche einen Rahmen. Die Zeile kannst du später auch wieder entfernen – wenn du willst.

Kommen wir zur nächsten Methode:

```
private void CreateButton()
{
  Knopf.Location = new Point(240, 380);
  Knopf.Size = new Size(200, 50);
  Knopf.Font = new Font("Arial", 14F);
  Knopf.Text = "Neues Spiel";
}
```

Auch hier werden Position, Größe und Schrift festgelegt. Und der Button bekommt einen passenden Text.

Die meisten Komponenten haben nach ihrer Erzeugung bereits viele Eigenschaften, die man so lassen kann – bis auf Position und Größe. Du hast ja bei früheren Projekten im EIGENSCHAFTEN-Fenster gesehen, wie viele Eigenschaften eine Komponente haben kann. Gut, dass wir da nur ein paar selbst einstellen müssen.

Als Letztes kommt die Methode für die beiden Bildfelder:

```
private void CreatePictures()
{
  LBox.Location = new Point(50, 105);
  RBox.Location = new Point(380, 105);
  LBox.Size = new Size(250, 250);
  RBox.Size = new Size(250, 250);
  LBox.= PictureBoxSizeMode.StretchImage;
  RBox.= PictureBoxSizeMode.StretchImage;
}
```

Hier kommt noch hinzu, dass mit `StretchImage` der Modus für die Größe des Bildes (`SizeMode`) festgelegt wird, damit das Bild genau in die Picturebox eingepasst wird.

Auch hier empfiehlt es sich, für beide Boxen erst mal `BorderStyle` auf `FixedSingle` zu setzen, um zu erkennen, ob die beiden im Formular gut positioniert sind.

WIE VIELE AUGEN?

Nun müssen die von uns vereinbarten Methoden auch aufgerufen werden. Das kann auch wieder in `Form1_Load()` geschehen (oder im Konstruktor). Das aber ist nicht alles: Zusätzlich müssen wir diese Komponenten noch mithilfe der Add-

Methode ins Formular einfügen. Sonst kriegt man davon nichts zu sehen. Damit sieht die `Form_Load`-Methode so aus (→ WUERFEL1):

```
private void Form1_Load(object sender, EventArgs e)
{
  this.Size = new Size(700, 500);
  this.Text = "Würfelspiel";
  CreateLabel();
  CreateButton();
  CreatePictures();
  this.Controls.Add(Anzeige);
  this.Controls.Add(Knopf);
  this.Controls.Add(LBox);
  this.Controls.Add(RBox);
}
```

`Controls.Add()` sorgt dafür, dass jede Komponente in die `Controls`-Liste des Formulars eingetragen und damit »Familienmitglied« wird.

≫ Ergänze diese Methode um den neuen Quelltext, dann vereinbare darunter die drei `Create`-Methoden. Anschließend starte das Programm, und das Ganze müsste etwa so aussehen:

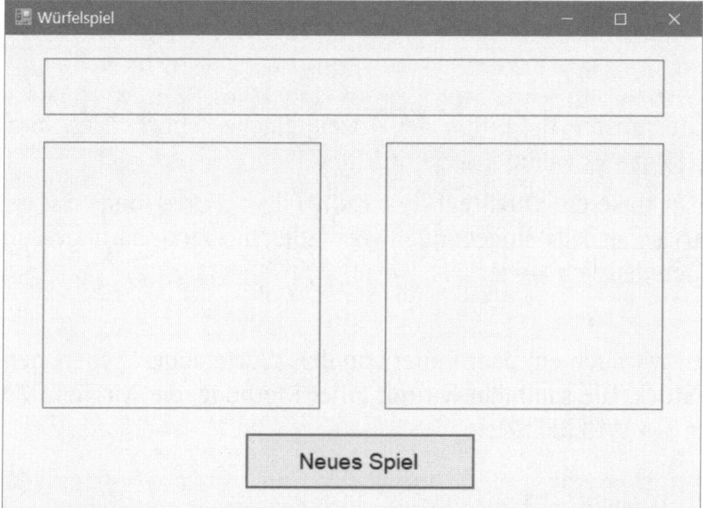

(Ich habe hier die Umrandungen für Label und Boxen beibehalten.)

Der obige Quelltext ähnelt übrigens dem, der von Visual Studio automatisch erzeugt wird, wenn du die Komponenten visuell mit der Maus im Formular erzeugst. Dazu musst du nur mal in eine der Dateien mit dem Namen FORM1.DESIGNER.CS hineinschauen – allerdings darf dort nichts geändert werden!

Form1.Designer.cs

```
// label1
this.label1.Name = "label1";
this.label1.BorderStyle =
System.Windows.Forms.BorderStyle.FixedSingle;
this.label1.Location = new System.Drawing.Point(50, 25);
this.label1.Size = new System.Drawing.Size(580, 50);
this.label1.Font = new System.Drawing.Font
("Microsoft Sans Serif", 14F, System.Drawing.FontStyle.Regular,
System.Drawing.GraphicsUnit.Point, ((byte)(0)));
this.label1.TextAlign =
System.Drawing.ContentAlignment.MiddleCenter;
this.label1.TabIndex = 1;
```

Das ist der für ein Label automatisch erzeugte Quelltext. Sieht natürlich schon üppiger aus als der, den wir in FORM1.CS geschrieben haben:

Form1.cs

```
// label1
private void CreateLabel()
{
  Anzeige.BorderStyle = BorderStyle.FixedSingle;
  Anzeige.Location = new Point(50, 25);
  Anzeige.Size = new Size(580, 50);
  Anzeige.Font = new Font("Arial", 14F);
  Anzeige.TextAlign = ContentAlignment.MiddleCenter;
}
```

Nun brachte unsere Definition der Anzeigefläche schon vieles voreingestellt mit, deshalb gab es weniger Arbeit für uns.

Und weil in unserem Quelltext `System.Windows.Forms` und `System.Drawing` bereits per `using`-Zeile eingebunden war, fielen die Vereinbarungen und Zuweisungen auch deutlich kürzer aus.

Jetzt müssen wir auch ein paar Bilder von den Würfelaugen haben, genau genommen sechs Stück. Die sammeln wir mit einer Methode, die wir vom Movie-Projekt übernehmen (→ WUERFEL2):

```
public void CollectImages()
{
  string Datei;
  for (int i = 1; i <= 6; i++)
  {
    Datei = Pfad + i.ToString() + ".png";
    try
    {
      Bild[i] = (Bitmap)Image.FromFile(Datei);
    }
    catch (Exception)
```

```
      {
        MessageBox.Show("Kein Bild!");
      }
    }
  }
```

Statt 8 steht hier 6, das ist der einzige Unterschied. Doch dazu müssen wir auch noch weiter oben im Quelltext diese Vereinbarungen treffen:

```
private string Pfad = @"d:\projekte\wuerfel2\Augen";
private Bitmap[] Bild = new Bitmap[7];
```

Auch hier habe ich aus Bequemlichkeit sieben Elemente für das Array `Bild` vereinbart, benutze aber nur die Nummern 1 bis 6.

Voraussetzung ist, dass hier auch sechs Bilder für Würfel-Flächen mit 1 bis 6 Augen vorhanden sind. Wir könnten auch jedes Mal mithilfe der Zeichenfunktionen von `Graphics` entsprechend viele gefüllte Kreise zeichnen, aber ich finde selbst gemachte Würfelbilder die elegantere Lösung.

Du kannst dazu die von mir angebotenen Bild-Dateien benutzen, die es im Download-Paket zum Buch gibt (Maße 250 * 250 Pixel). Oder du malst dir eigene Würfel bzw. holst dir Bilder aus dem Internet. Wichtig ist, dass du ihnen für dieses Programm die folgenden Namen gibst:

Dateiname	Augenzahl	Dateiname	Augenzahl
AUGEN1.JPG	1	AUGEN2.JPG	2
AUGEN3.JPG	3	AUGEN4.JPG	4
AUGEN5.JPG	5	AUGEN6.JPG	6

Und auch wichtig ist, dass sie **allesamt** im Ordner deines aktuellen Projekts liegen.

ANZEIGEN UND AUSWERTEN

Kommen wir zur ShowImages-Methode, die ausgelöst wird, wenn du auf die Schaltfläche NEUES SPIEL klickst (→ WUERFEL2):

```
public void ShowImages()
{
  Links  = random.Next(1, 7);
  Rechts = random.Next(1, 7);
  LBox.Image = Bild[Links];
  RBox.Image = Bild[Rechts];
}
```

Beachte, dass ich hier die Mehrzahl (ShowImages) benutze, weil ja zwei Bilder gleichzeitig angezeigt werden sollen.

Die Variablen Links und Rechts werden für die beiden Spieler, also dich und deinen Computer benutzt, was bedeutet, dass im Spiel-Fenster **immer links** dein Würfel und rechts der des Spielgegners liegt. Für jede Seite wird eine Zufallszahl erzeugt, die dann auch den Augen des gezeigten Würfels entspricht:

```
Links  = random.Next(1, 7);
Rechts = random.Next(1, 7);
```

(Die Werte in den Klammern besagen: eine ganze Zahl von mindestens 1 und unter 7.)

Natürlich müssen random, Links und Rechts (ganz oben) vereinbart werden:

```
private Random random = new Random();
private int Links, Rechts;
```

≫ Erweitere das Projekt um die Methoden CollectImages() und ShowImages(). Dann rufe beide Methoden in Form1_Load() auf:

```
CollectImages();
ShowImages();
```

Das genügt aber noch nicht, denn natürlich muss nun auch angezeigt werden, wer gewonnen bzw. verloren hat. Dazu dient die Methode Evaluate() (→ WUERFEL3):

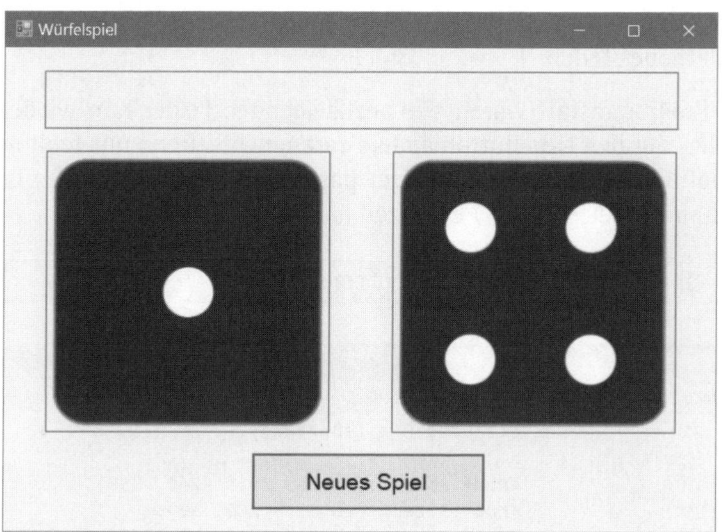


```
public void Evaluate()
{
  if (Links > Rechts)
    Anzeige.Text = "Du hast gewonnen";
  else if (Links < Rechts)
    Anzeige.Text = "Du hast verloren";
  else
    Anzeige.Text = "Unentschieden";
}
```

Hier verwenden wir eine doppelte Kombination aus `if` und `else`, um alle **drei** Spielmöglichkeiten abzufragen: gewonnen – verloren – unentschieden.

Doch auch diese Methode in `Form1_Load()` aufzurufen, würde nichts bringen, denn wir wollen ja erreichen, dass man das Würfelspiel ständig **wiederholen** kann, dazu ist schließlich der Button NEUES SPIEL da. Doch wie kriegen wir da eine Verknüpfung mit einer passenden Ereignis-Methode hin, ohne das EIGENSCHAFTEN-Fenster zu benutzen?

Na ja, das hilft uns sowieso nicht weiter, da wir uns ja alle Komponenten »von Hand« zusammengebastelt haben. Die Verknüpfung müssen wir also auch über den Quelltext erledigen. Ergänzen wir erst einmal den Quelltext um diese Methode, denn auf »Knopfdruck« soll ja gewürfelt werden:

```
private void button1_Click(object sender, EventArgs e)
{
  ShowImages();
  Evaluate();
}
```

» Erledige das und sorge dafür, dass diese beiden Zeilen **nicht** (mehr) in der `Form_Load`-Methode stehen.

Bei einem Programmstart wären alle anzuzeigenden Felder nun wieder leer. Und auch ein Klick auf den NEU-Button ändert daran nichts. Denn uns fehlt immer noch die Verknüpfung der Methode mit dem passenden Ereignis. Und es ist nur eine Zeile, die du in `CreateButton()` ergänzen musst (→ WUERFEL3):

```
Knopf.Click += new EventHandler(button1_Click);
```

Form1.cs* Form1.cs [Entwurf]
Wuerfel3 | Wuerfel3.Form1 | CreateButton()

```
private void CreateButton()
{
    Knopf.Location = new Point(240, 380);
    Knopf.Size = new Size(200, 50);
    Knopf.Font = new Font("Arial", 14F);
    Knopf.Text = "Neues Spiel";
    Knopf.Click += new EventHandler(button1_Click);
}
```

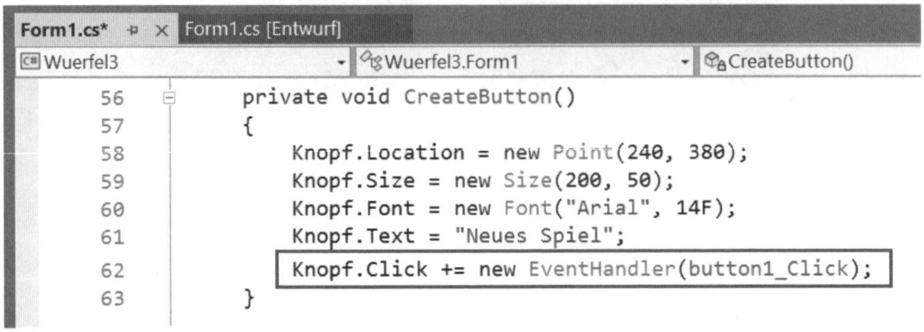

Damit wird dem Ereignis `Click` der Schaltfläche `Knopf` eine Ereignis-Methode namens `button1_Click()` zugewiesen, also Ereignis und Methode über einen sogenannten `EventHandler` verknüpft.

Ereignis += new EventHandler (Methode) ;

Interessant ist dabei, dass diese Verknüpfung über ein Plus-Zeichen (+) erfolgt. Könnte das Ganze also auch ausführlich so aussehen?

```
Knopf.Click =
  Knopf.Click + new EventHandler(button1_Click);
```

Nein, denn das würde zu einer Fehlermeldung führen, Ereignisse **müssen** über `+=` mit Eventhandler-Objekten verknüpft werden.

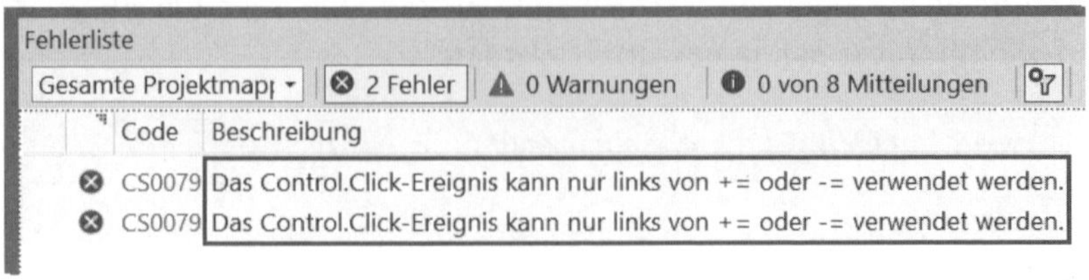

Fehlerliste

Gesamte Projektmapp | 2 Fehler | 0 Warnungen | 0 von 8 Mitteilungen

Code	Beschreibung
CS0079	Das Control.Click-Ereignis kann nur links von += oder -= verwendet werden.
CS0079	Das Control.Click-Ereignis kann nur links von += oder -= verwendet werden.

Und was genau ist ein **Eventhandler**? Ein Werkzeug, um Ereignisse (= Events) zu behandeln bzw. auf sie zu reagieren, z.B. durch das Aktivieren einer passenden Methode. Man kann auch sagen: Ein Eventhandler ist eine Schnittstelle zwischen einem Ereignis und Aktionen, die in einer Methode zusammengefasst sind.

Übrigens darfst du einer Ereignis-Methode auch eigene Namen geben. So hätte die Methode für ein `Click`-Ereignis auch z.B. `New_Game()` heißen können. Probiere es aus!

Nachdem wir nun alles zusammenhaben, kann das Spiel endlich beginnen.

> Ergänze den Quelltext, dann starte das Programm und lasse die Würfel rollen!

SCHERE - STEIN - PAPIER

Für das nächste Spiel benutzt man in der Regel eine Hand. Es kann verschiedene Namen haben, am geläufigsten ist wohl der, der die Elemente des Spiels aufzählt.

Je nachdem, ob du deine Hand geöffnet oder zur Faust geballt oder nur zwei gestreckte Finger zeigst, lässt sich das als Symbol für Papier, Stein oder Schere deuten. Dabei gilt folgende Regel:

- Das Papier kann den Stein einwickeln,
- der Stein kann die Schere stumpf machen,
- die Schere kann das Papier zerschneiden.

Es gibt also in diesem Spiel kein eindeutig stärkstes Objekt, deshalb finden es viele so spannend.

Wir benutzen statt der Handsymbole Bilder der Gegenstände. Wir können das Gerüst vom vorigen Spiel als Basis nehmen und das bauen wir etwas um.

  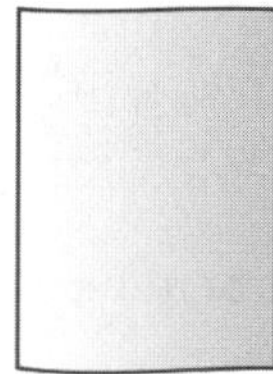

Auch diese Bilder kannst du dir von der Seite *www.mitp.de/0586* herunterladen. Jedes Bild hat die Pixelmaße 230 * 300.

Weil wir viel vom vorigen Projekt übernehmen können, solltest du es kopieren und umbenennen.

> Erzeuge dazu ein neues Projekt mit dem Namen SSP1. Dann schließe die Projektmappe wieder. Anschließend kopierst du die drei Dateien FORM1.CS, FORM1.DESIGNER.CS und FORM1.RESX vom alten in den neuen Projektordner. Bei den ersten beiden Dateien änderst du den Namen hinter namespace in SSP1.

Hier haben wir es mit nur drei Bildern zu tun, dazu mit (sehr) verschiedenen Namen. Deshalb sehen die entsprechenden Vereinbarungen jetzt so aus:

```
private string Pfad = @"d:\projekte\ssp1\";
private Bitmap[] Bild = new Bitmap[3];
```

Auch die CollectImages-Methode ändert sich (→ SSP1):

```
public void CollectImages()
{
  try
  {
    Bild[0] =
      (Bitmap)Image.FromFile(Pfad + "Schere.png");
    Bild[1] =
      (Bitmap)Image.FromFile(Pfad + "Stein.png");
    Bild[2] =
      (Bitmap)Image.FromFile(Pfad + "Papier.png");
  }
  catch (Exception)
  {
    MessageBox.Show("Kein Bild!");
  }
}
```

Weil alle Dateinamen zu unterschiedlich sind, ordne ich sie den Array-Elementen einzeln zu.

Die Methode ShowImages() kann fast so bleiben, nur ändert sich die Zeile zur Erzeugung der Zufallswerte ein wenig:

```
Links  = random.Next(0, 3);
Rechts = random.Next(0, 3);
```

Eine völlige Überarbeitung ist für die Auswertungs-Methode nötig (→ SSP1):

```
public void Evaluate()
{
  string Ergebnis = "unentschieden";
  if (Links == 0 && Rechts == 1) // Schere-Stein
    Ergebnis = "Du hast verloren";
```

```
  if (Links == 1 && Rechts == 2) // Stein-Papier
    Ergebnis = "Du hast verloren";
  if (Links == 2 && Rechts == 0) // Papier-Schere
    Ergebnis = "Du hast verloren";
  if (Links == 0 && Rechts == 2) // Schere-Papier
    Ergebnis = "Du hast gewonnen";
  if (Links == 1 && Rechts == 0) // Stein-Schere
    Ergebnis = "Du hast gewonnen";
  if (Links == 2 && Rechts == 1) // Papier-Stein
    Ergebnis = "Du hast gewonnen";
  Anzeige.Text = Ergebnis;
}
```

Weil es drei verschiedene Spiel-Elemente gibt, müssen hier sechs mögliche Kombinationen verglichen werden. Insgesamt gibt es neun, von denen drei unentschieden ausgehen:

Du	Computer	Ergebnis für dich
Schere	Schere	unentschieden
Schere	Stein	verloren
Schere	Papier	gewonnen
Stein	Schere	gewonnen
Stein	Stein	unentschieden
Stein	Papier	verloren
Papier	Schere	verloren
Papier	Stein	gewonnen
Papier	Papier	unentschieden

Für »unentschieden« sind keine Vergleiche nötig, deshalb wird am Anfang der String `Ergebnis` auf `"unentschieden"` gesetzt.

Zu guter Letzt müssen hier und da noch einige Positionen und Maße angepasst werden – denn meine Bilder sind jetzt höher als breit. Betroffen sind also die Größe von Formular und Bildfeldern:

```
// Form1_Load()
this.Size = new Size(700, 550);
this.Text = "Schere-Stein-Papier";
// CreatePictures()
LBox.Size = new Size(250, 320);
RBox.Size = new Size(250, 320);
// CreateButton()
Knopf.Location = new Point(240, 440);
```

Und der Button muss um einiges tiefer gesetzt werden.

> Besorge dir drei passende Bilder (oder nimm die aus dem Download-Paket). Dann ändere die entsprechenden Stellen im Quelltext um und starte das Spiel.

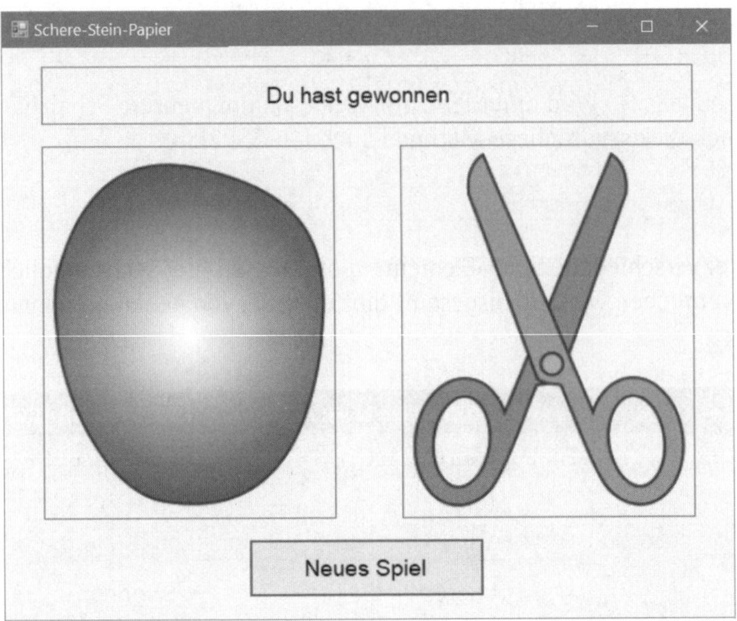

QUAL DER WAHL

Insgesamt scheint dieses Spiel dem vorhergehenden Würfelspiel ähnlich zu sein. Doch der wesentliche Unterschied wurde bis jetzt gar nicht berücksichtigt: Beim Würfelspiel musst du **alles** dem Zufall überlassen, du kannst eben nur die Würfel werfen und auf eine hohe Augenzahl hoffen.

Bei Schere-Stein-Papier hingegen kannst und solltest du selbst entscheiden, welchen der drei Gegenstände bzw. Bilder du im Spiel einsetzt. Dein Spielanteil würde dann komplett von **dir** gesteuert werden, der des Gegners entsteht weiterhin mithilfe von Zufallszahlen. Ändern wir das Spiel entsprechend.

Damit du eindeutig bestimmen kannst, ob du nun die Schere, den Stein oder das Papier wählst, brauchen wir mehr Buttons, die wir ganz oben vereinbaren (→ SSP2):

```
private Button Schere = new Button();
private Button Stein  = new Button();
private Button Papier = new Button();
```

Die nächste Änderung betrifft die Methode Form1_Load(). Dort geht es um diese drei Zeilen, in denen wir die Buttons ins Formular einfügen:

```
this.Controls.Add(Schere);
this.Controls.Add(Stein);
this.Controls.Add(Papier);
```

Aus CreateButton() wird nun Mehrzahl, weil es ja um mehrere Schaltflächen geht. Und deutlich dicker wird diese Methode auch (→ SSP2):

```
private void CreateButtons()
{
  Schere.Location = new Point(100, 440);
  Schere.Size = new Size(150, 50);
  Schere.Font = new Font("Arial", 14F);
  Schere.Text = "Schere";
  Schere.Click += new EventHandler(button1_Click);
  Stein.Location = new Point(270, 440);
  Stein.Size = new Size(150, 50);
  Stein.Font = new Font("Arial", 14F);
  Stein.Text = "Stein";
  Stein.Click += new EventHandler(button2_Click);
  Papier.Location = new Point(440, 440);
  Papier.Size = new Size(150, 50);
  Papier.Font = new Font("Arial", 14F);
  Papier.Text = "Papier";
  Papier.Click += new EventHandler(button3_Click);
}
```

Weil jetzt nur noch die rechte Seite zufällig angezeigt werden soll, können und müssen wir in ShowImages() auf diese Zeile verzichten:

```
Links = random.Next(0, 3);
```

Der Wert für Links wird nämlich jetzt in den drei button_Click-Methoden erzeugt (→ SSP2):

```
private void button1_Click(object sender, EventArgs e)
{
  Links = 0;
  ShowImages();
  Evaluate();
}
private void button2_Click(object sender, EventArgs e)
{
  Links = 1;
  ShowImages();
  Evaluate();
}
```

```
private void button3_Click(object sender, EventArgs e)
{
  Links = 2;
  ShowImages();
  Evaluate();
}
```

Nachdem du auf Knopf-Druck bestimmt hast, ob du lieber Schere, Stein oder Papier einsetzen willst, kannst du nur noch hoffen, dass dein Gegner dem nichts Stärkeres entgegensetzt.

≫ Passe den Quelltext entsprechend an und dann spiele dein Spiel.

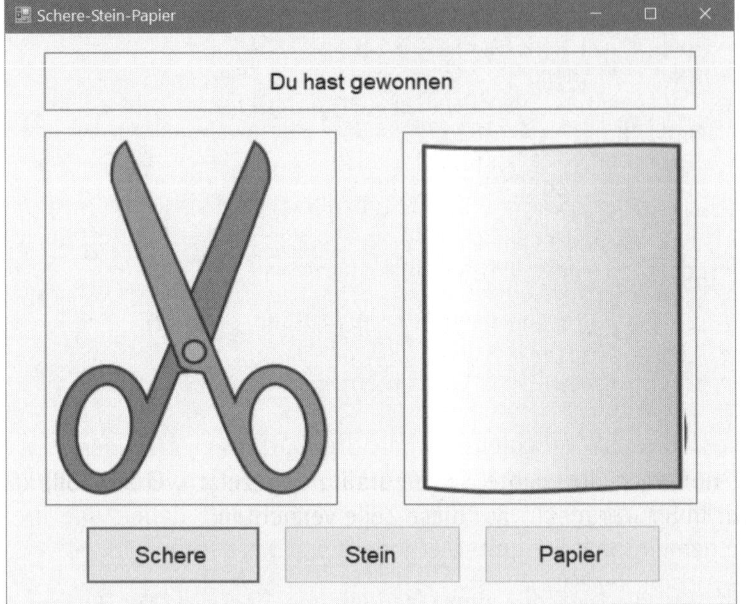

KOMPONENTEN-ARRAYS

Wenn man sich den Quelltext z.B. der Methode CreateButtons() ansieht, dann kommt doch die Frage auf: Geht das nicht auch mit einem Array? So wie man Variablenfelder erzeugen kann, müsste das doch auch bei einer Anzahl von gleichen Elementen (= Komponenten) klappen. Probieren wir, was geht.

Es fängt gleich oben bei der Liste mit den Klassen-Variablen an (→ SSP3):

```
private Button[] Knopf = new Button[3];
private PictureBox[] Box = new PictureBox[2];
```

Damit hätten wir drei Schaltflächen und zwei Bildfelder erst einmal vereinbart, noch nicht erzeugt – das kommt später. Und wenn wir schon bei den Arrays sind, dann sollten wir auch gleich das noch erledigen (ein paar Zeilen tiefer im Quelltext):

```
private string[] Txt =
  new string[] { "Schere", "Stein", "Papier" };
```

Hier haben wir auch gleich ein Array mit drei Strings, die enthalten nicht nur die Namen der Button-Texte, sondern können später auch beim Laden der Dateien nützlich sein.

Die nächste Änderung betrifft die Methode `CreateButtons()`:

```
private void CreateButtons()
{
  for (int i = 0; i < 3; i++)
  {
    Knopf[i] = new Button();
    Knopf[i].Location = new Point(100 + i*175, 440);
    Knopf[i].Size = new Size(150, 50);
    Knopf[i].Font = new Font("Arial", 14F);
    Knopf[i].Text = Txt[i];
    Knopf[i].Click += new EventHandler(button_Click);
  }
}
```

Hier benutze ich eine `for`-Schleife, um die drei Buttons zu erzeugen (`new Button()` = Aufruf des Konstruktors). Außerdem setze ich Position, Größe, Schrift und die Ereignis-Verknüpfung in einem Rutsch. Bemerkenswert dabei: Alle drei Buttons haben eine gemeinsame Ereignis-Methode. Auch das geht natürlich.

Wie du siehst, ist die Methode zum Erzeugen und Einstellen der Buttons nun deutlich kleiner geworden. Vergleichbares gilt für die Methode `CreatePictures()`:

```
private void CreatePictures()
{
  for (int i = 0; i < 2; i++)
  {
    Box[i] = new PictureBox();
    Box[i].BorderStyle = BorderStyle.FixedSingle;
    Box[i].Location = new Point(50 + i*330, 100);
    Box[i].Size = new Size(250, 320);
    Box[i].= PictureBoxSizeMode.StretchImage;
  }
}
```

Auch hier werden beide Bildfelder in einer Zählschleife erzeugt und eingerichtet. Und weil wir hier ja ein String-Array für die Button-Texte haben, nutzen wir das gleich in der Methode zum Sammeln der Bilder (→ SSP3):

```
public void CollectImages()
{
  try
  {
    for (int i = 0; i < 3; i++)
      Bild[i] = (Bitmap)Image.FromFile
        (Pfad + Txt[i] + ".png");
  }
  catch (Exception)
  {
    MessageBox.Show("Kein Bild!");
  }
}
```

Ich setze den Dateinamen aus dem Pfad und dem Knopf-Text und der Kennung ».png« zusammen (nicht den kleinen Punkt vergessen!).

Die Methode zum Anzeigen der Bilder ändert sich nur minimal:

```
public void ShowImages()
{
  Rechts = random.Next(0, 3);
  Box[0].Image = Bild[Links];
  Box[1].Image = Bild[Rechts];
}
```

Und die `Evaluate`-Methode bleibt, wie sie ist. Damit kommen wir zur Ereignis-Methode, in der natürlich ermittelt werden muss, welcher Button angeklickt wurde (→ SSP3):

```
private void button_Click(object sender, EventArgs e)
{
  for (int i = 0; i < 3; i++)
    if ((Button)sender == Knopf[i]) Links = i;
  ShowImages();
  Evaluate();
}
```

Weil die letzten beiden Anweisungen sowieso in jeder `button_Click`-Methode vorkamen (in der letzten Projekt-Version), kann das auch eine einzige neue Methode für alle Buttons erledigen. Man muss bloß herausfinden, welchen Wert man der Variablen `Links` zuweisen soll.

Wir packen das Ganze wieder in eine `for`-Schleife, denn es müssen ja alle drei Schaltflächen überprüft werden:

```
for (int i = 0; i < 3; i++)
  if ((Button)sender == Knopf[i]) Links = i;
```

Der Parameter sender (Bestandteil jeder Ereignis-Methode) übernimmt den Button, der das Ereignis sendet. Durch den Vergleich

```
(sender == Knopf[i])
```

kann man feststellen, welcher Knopf der gedrückte ist. Und die entsprechende Indexnummer ist dann auch der Wert der Variablen Links. (Durch den Vorsatz Button vor sender wird sichergestellt, dass der Inhalt von sender auch als Button verstanden wird.)

> Damit hätten wir alles zusammen. Und für dich bleibt die (große) Aufgabe, das alles unterzubringen und den Quelltext entsprechend zu ändern.

Danach müsste dieses Programm genauso funktionieren wie das vorige.

ZUSAMMENFASSUNG

Es wird Zeit für eine Pause, auch zum ausführlichen Spielen. Auswahl hast du ja. Die beiden Projekte, die du hier kennengelernt hast, sind natürlich nicht so komplett, dass man nicht noch etwas (oder einiges) verbessern könnte. Doch ich überlasse es dir, damit zu experimentieren und daraus vielleicht sogar neue andere Spiele zu entwickeln. Viele neue C#-Wörter sind hier nicht vorgekommen, es gab fast nur alte Bekannte.

Add()	Methode: Komponenten ins Formular einfügen
Controls	Liste für Komponenten
Click	Ereignis: Mausklick auf eine Komponente
EventHandler	Klasse für Ereignis-Behandlung/Steuerung
sender	Objekt für Komponenten-Daten
BorderStyle	Sichtbarer Rand für Label oder Picturebox

KEINE FRAGEN ...

... ABER ZWEI AUFGABEN

1. Erweitere das Würfelspiel um einen Zähler, der ermittelt, wie oft gespielt wird und wer wie oft gewinnt.

2. Gib auch dem Spiel Schere-Stein-Papier das gleiche Feature.

Nun hast du einige Spiele programmiert, die dich vielleicht auf Ideen für weitere neue bringen. Was noch fehlt, sind Möglichkeiten, eine Spielfigur mit den Tasten oder der Maus über die Formularfläche als Spielfeld zu steuern. Das könnte eine Person oder ein kleines Auto sein. Oder ein Insekt.

In diesem Kapitel lernst du

- wie man ein Objekt über ein Spielfeld bewegt
- den Einsatz von Tasten und Maus kennen
- etwas über das Drehen einer Figur
- wie man die Grenzen des Spielfeldes kontrolliert
- wie man die Position des Mauszeigers ermittelt
- etwas über den Umgang mit dem Timer

EINE SPINNE AM START

Beginnen wir mit einem einfachen Spielfeld, auf dem eine Spielfigur erscheint – in meinem Fall eine Spinne. Dazu benötigen wir ein neues Bild.

Im Download-Paket zum Buch findest du unter den Bildern auch einige von Insekten. Davon kannst du dir eins aussuchen. Oder du holst dir ein Insekten-Bild aus dem Internet. Meine Mini-Bilder haben die Maße 100 * 100 Pixel.

Wir bedienen uns kräftig bei unseren letzten Projekten und erstellen daraus ein neues, das ich »Spider« nennen möchte. Wir benutzen hier keine PICTUREBOX, die man natürlich auch mit einem Bild über das Spielfeld schieben könnte. Sondern wir arbeiten hier mit einem `Graphics`-Element, wie du es in Kapitel 10 kennengelernt hast. Ebenso ist hier wieder die `Form_Paint`-Methode im Einsatz.

Beginnen wir mit den globalen Vereinbarungen (→ SPIDER1):

```
private string Datei =
  @"d:\projekte\spider1\Spinne.png";
private Bitmap Bild;
private int x, y, Breite, Hoehe;
```

Wir brauchen ein `Bild`-Objekt, dazu einige Variablen für die Position der Spielfigur und die Maße des Spielfeldes. Wichtig ist natürlich, dass sich auch ein Spinnen-Bild im aktuellen Projektordner befindet.

Zuerst soll es nur darum gehen, dass beim Start des Programms eine Spinne auf einem Spielfeld erscheint. Also muss erst einmal das Bild aus der betreffenden Datei geholt werden, was wir über die `Form_Load`-Methode erledigen:

```
private void Form1_Load(object sender, EventArgs e)
{
  Bild = (Bitmap)Image.FromFile(Datei);
  Breite = this.ClientSize.Width  - 50;
  Hoehe  = this.ClientSize.Height - 50;
  x = Breite / 2;
  y = Hoehe  / 2;
}
```

Das Bild ist also geladen, bevor das Formular erscheint. Und die Startposition in der Mitte des Spielfeldes wurde ermittelt – mithilfe der Innenmaße des Formulars, abzüglich der halben Breite bzw. Höhe des Spinnen-Bildes.

≫ Gib diese Zeilen erst einmal in den Quelltext von FORM1.CS ein.

Wenn du das Programm startest, ist natürlich von einer Spinne nichts zu sehen. Denn noch gibt es keine Anweisung, das Bild auch anzuzeigen. Das passiert jetzt alles in der `Form_Paint`-Methode.

≫ Zuerst klickst du im EIGENSCHAFTEN-Fenster auf den Button für die Seite EREIGNISSE.

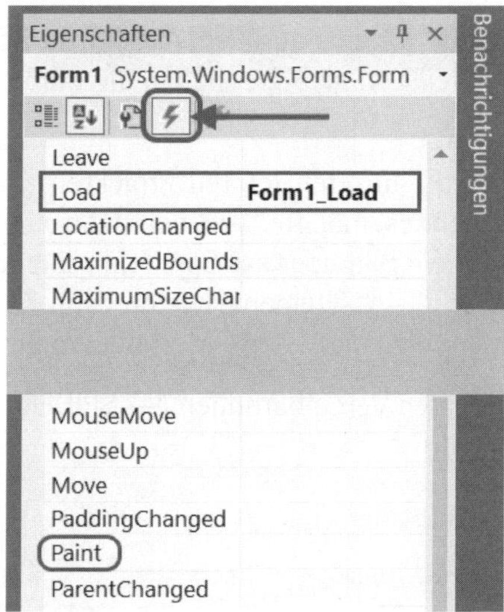

≫ Wandere in der Liste nach unten und gib hinter PAINT ein: »Form1_Paint«. Oder doppelklicke auf den Eintrag.

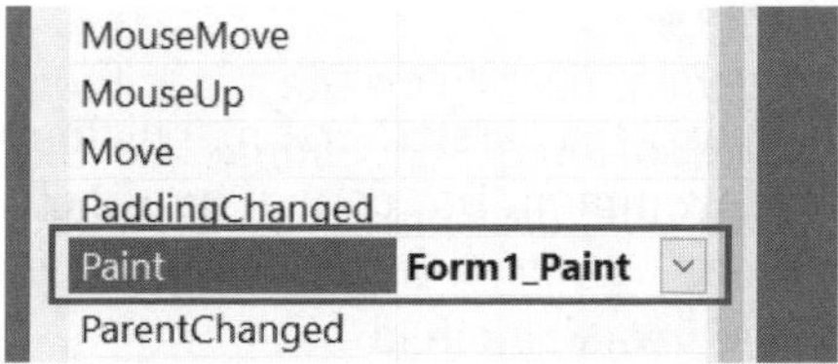

Und schon kann es im Quelltext mit dem Füllen dieser Methode weitergehen (→ SPIDER1):

```
private void Form1_Paint
  (object sender, PaintEventArgs e)
{
  Graphics Grafik = e.Graphics;
  Grafik.DrawImage(Bild, x, y);
}
```

Zuerst wird ein `Grafik`-Objekt erzeugt, danach sorgt die Methode `DrawImage()` dafür, dass du endlich beim Programmstart auch eine Spinne zu sehen bekommst. Dabei übernimmt diese Methode als Parameter das `Bild`-Objekt und die Position.

Der Hintergrund des Spielfeldes muss nicht weißlich sein, du kannst ihn natürlich auch anders einfärben, z.B. mit dieser Zeile in `Form1_Load()`:

```
this.BackColor = Color.Yellow;
```

≫ Gib den restlichen Quelltext ein. Dann starte das Programm.

TASTENSTEUERUNG

Alles nichts Neues für dich, denn es passiert erst mal nicht mehr, als dass das Insekt mitten auf dem Spielfeld Platz nimmt. Das genügt natürlich nicht, also geht es jetzt darum, das kleine Tierchen zu bewegen. Dazu wollen wir die Tasten benutzen, mit denen lenken wir die Spinne übers Spielfeld.

Natürlich geht es auch hier wieder um Ereignisse. Im Angebot sind drei davon, die die Tastatur betreffen:

In der folgenden Tabelle siehst du, welches Ereignis was bewirken kann:

KeyDown	wenn eine Taste gedrückt wird (alle Tasten, auch Steuertasten)
KeyPress	wenn eine Taste gedrückt wird (nur Tasten mit Zeichen/Ziffern)
KeyUp	wenn eine Taste losgelassen wird

Wir benötigen hier nur die Methode zu einem Key-Ereignis: Weil ich die Pfeiltasten benutzen will, erzeugen wir die Methode Form1_KeyDown().

≫ Dazu klickst du im EIGENSCHAFTEN-Fenster auf den Button für die Seite EREIGNISSE.

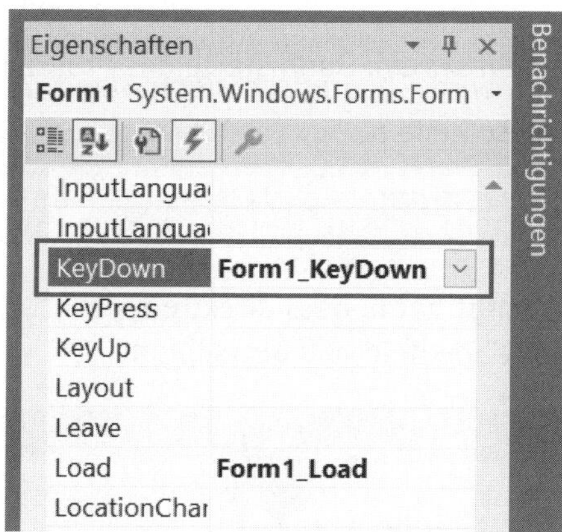

≫ Gib hinter KEYDOWN »Form1_KeyDown« ein oder doppelklicke auf den Eintrag. Dahinter erscheint dann der Name der passenden Methode. Und die bekommt diesen Inhalt (→ SPIDER2):

```
private void Form1_KeyDown
  (object sender, KeyEventArgs e)
{
  if (e.KeyCode == Keys.Left)  x -= 5;
  if (e.KeyCode == Keys.Right) x += 5;
  if (e.KeyCode == Keys.Up)    y -= 5;
  if (e.KeyCode == Keys.Down)  y += 5;
  this.Refresh();
}
```

KeyCode enthält den Code-Wert der gedrückten Taste. Und Keys ist eine Sammlung von vordefinierten Tastennamen, hier sind die, die wir brauchen, in einer Tabelle zusammengefasst:

Name	Bedeutung	Veränderung
Keys.Left	Pfeiltaste nach links	x -= 5;
Keys.Right	Pfeiltaste nach rechts	x += 5;
Keys.Up	Pfeiltaste nach oben	y -= 5;
Keys.Down	Pfeiltaste nach unten	y += 5;

Auch hier habe ich die Abkürzung für die Addition und Subtraktion benutzt, z.B. x += 5 statt x = x + 5.

Übrigens haben alle Tasten ihren eigenen Code – wie z.B. [Shift] und [Strg], die es ja meist zweimal gibt, jeweils links und rechts.

Ganz rechts steht dann auch gleich, was passieren soll, wenn die betreffende Taste gedrückt wurde. `x` und `y` geben die aktuelle Position der Spinne an. Wird einer dieser Werte geändert, sorgt die `DrawImage`-Anweisung dafür, dass die Spinne um jeweils 5 Pixel verschoben wird. Theoretisch, denn damit man die veränderte Darstellung auch sieht, ist diese Zeile nötig:

```
this.Refresh();
```

Die Methode `Refresh()` sorgt dafür, dass direkt ein `Paint`-Ereignis ausgelöst wird, dann wird die Spinne samt Spielfeld neu gezeichnet.

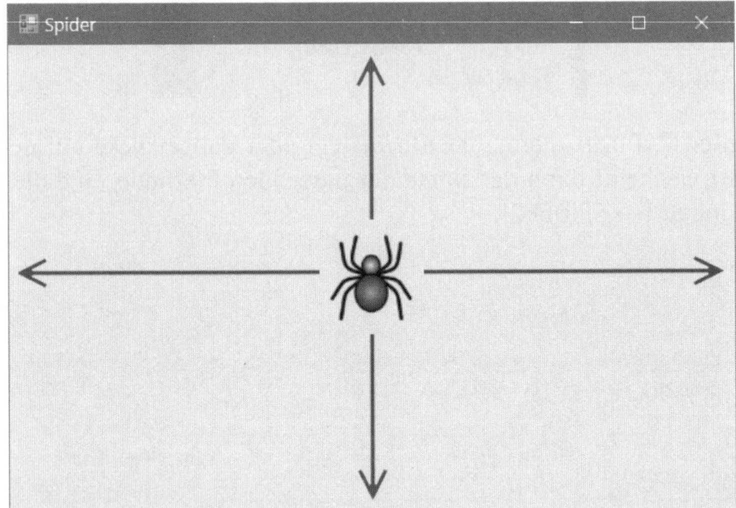

≫ Ergänze dein Projekt um die entsprechenden Vereinbarungen und Methoden, dann starte es erneut und probiere die Pfeiltasten aus.

Irgendwie flackert da doch wieder was, oder? Du kennst das aus Kapitel 11, wo es schon mal um das Bewegen eines Objekts ging. Diesmal lässt sich das aber beheben, indem wir `Form1_Load()` um diese Zuweisung erweitern (→ SPIDER2):

```
this.DoubleBuffered = true;
```

Das bedeutet, dass das Programm hier zwei Speicherbereiche als Puffer zur Verfügung stellt: Während im einen bereits das nächste Bild (für uns unsichtbar) »gezeichnet« wird, stammt das gerade angezeigte aus dem anderen. Dadurch lässt sich Flackern weitgehend vermeiden.

≫ Erweitere dein Programm und freue dich über ein flackerfreies Krabbeln der Spinne.

RICHTUNGSWECHSEL

Ich sehe im Programm noch zwei Haken: Weil sich das gute Tierchen nicht nur vorwärts, sondern auch mal rückwärts oder seitwärts bewegt, wäre es artgerechter, wenn es dabei auch in Laufrichtung schauen würde. Außerdem kann die Spinne aus dem Spielfeld laufen und gerät damit außer Sichtweite.

Fangen wir mit der Bewegungsrichtung an. Man könnte dafür vier verschiedene Bilder benutzen, die sich nur darin unterscheiden, dass der Spinnenkopf jedes Mal in eine andere Himmelsrichtung zeigt.

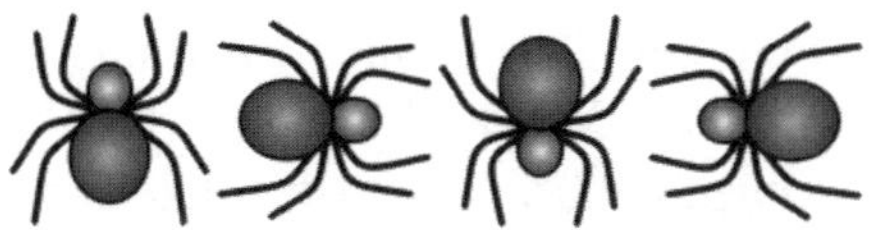

Oder man nutzt eine Methode zum Drehen von Bildern, die die Klasse `Image` zur Verfügung stellt:

`RotateFlip()` kann ein Bild drehen und spiegeln. Es gibt dabei eine ganze Reihe von Möglichkeiten, für uns von Bedeutung sind diese:

`Rotate90FlipNone`	90-Grad-Drehung, Spinne schaut nach rechts.
`Rotate180FlipNone`	180-Grad-Drehung, Spinne schaut nach unten.
`Rotate270FlipNone`	270-Grad-Drehung, Spinne schaut nach links.

Diese Konstanten gehören zum Typ `RotateFlipType`, zusammen mit den übrigen werden alle Möglichkeiten der Drehung (um jeweils 90 Grad) und der Spiegelungen um die x- und die y-Achse erfasst.

Spiegeln wäre also auch möglich, aber nur dann, wenn ein Bild sehr symmetrisch ist. Statt `Rotate180FlipNone` könnte man demnach hier auch `RotateNoneFlipY` nehmen.

Am besten ist es, die Drehungen nicht bei jedem Tastendruck vornehmen zu müssen, sondern das am Anfang nach dem Laden des Bildes direkt zu erledigen, also nur einmal. Die Ergebnisse werden dann in einem neuen `Bild`-Objekt gespeichert. Dazu brauchen wir ein Bitmap-Array, das wir so vereinbaren (→ SPIDER3):

```
private Bitmap[] Bild = new Bitmap[4];
```

In Form1_Load() ändert sich das Laden so:

```
Bild[0] = (Bitmap)Image.FromFile(Datei);
RotateImages();
```

Für die Rotationen habe ich eine Extra-Methode erstellt, die wir dann in Form1_ Load() aufrufen (→ SPIDER3):

```
private void RotateImages()
{
  for (int i = 1; i < 4; i++)
    Bild[i] = (Bitmap) Bild[0].Clone();
  Bild[1].RotateFlip(RotateFlipType.Rotate90FlipNone);
  Bild[2].RotateFlip(RotateFlipType.Rotate180FlipNone);
  Bild[3].RotateFlip(RotateFlipType.Rotate270FlipNone);
}
```

Ganz so einfach geht das mit dem Drehen nicht. Wir müssen nämlich sicherstellen, dass das Original erhalten bleibt. Mit der Methode Clone() sorgen wir dafür, dass es am Ende vier Bitmap-Objekte gibt, die erst einmal völlig gleiche Spinnen-Bilder enthalten:

```
for (int i = 1; i < 4; i++)
  Bild[i] = (Bitmap) Bild[0].Clone();
```

Danach wird dann jedes Bild gedreht – außer dem Original.

```
Bild[1].RotateFlip(RotateFlipType.Rotate90FlipNone);
Bild[2].RotateFlip(RotateFlipType.Rotate180FlipNone);
Bild[3].RotateFlip(RotateFlipType.Rotate270FlipNone);
```

Wichtig ist, dass die Klasse RotateFlipType mit im Parameter steht.

Um nun je nach Tastendruck auf das passende Bild zuzugreifen, müssen wir eine weitere Variable vereinbaren, ganz oben, wo die anderen Variablen stehen:

```
private int Nr = 0;
```

Wir setzen Nr auch gleich auf 0, denn zuerst soll die Spinne nach oben schauen.

Die Methode zur Abfrage der Pfeiltasten wächst nun ein bisschen an (→ SPIDER3):

```
private void Form1_KeyDown
  (object sender, KeyEventArgs e)
{
  if (e.KeyCode == Keys.Left)
  {
    Nr = 3; x -= 5;
```

```
    }
    if (e.KeyCode == Keys.Right)
    {
      Nr = 1; x += 5;
    }
    if (e.KeyCode == Keys.Up)
    {
      Nr = 0; y -= 5;
    }
    if (e.KeyCode == Keys.Down)
    {
      Nr = 2; y += 5;
    }
    this.Refresh();
  }
```

Der Wert von `Nr` muss nun auch noch in der `DrawImage`-Methode berücksichtigt werden:

```
private void Form1_Paint
  (object sender, PaintEventArgs e)
{
  Graphics Grafik = e.Graphics;
  Grafik.DrawImage(Bild[Nr], x, y);
}
```

≫ Erweitere und ändere den Quelltext. Dann starte das Programm.

Nun dreht sich der Spinne je nach gedrückter Pfeiltaste in die entsprechende Richtung.

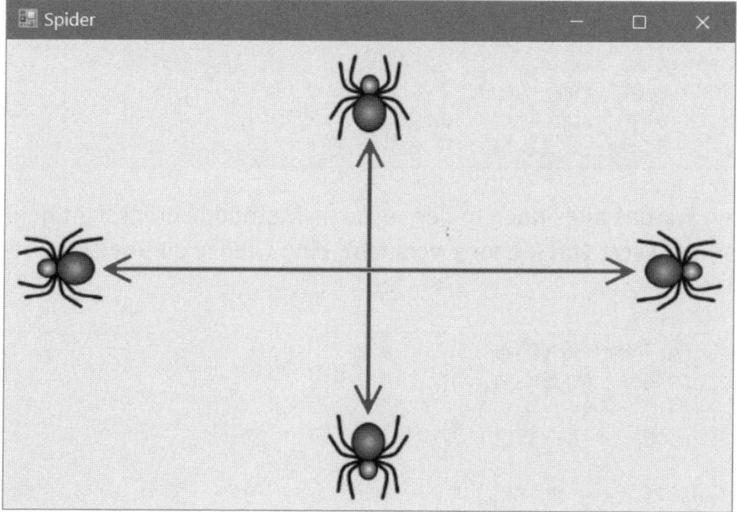

KEIN SPIEL OHNE GRENZEN

Der Haken bleibt, dass die Spinne natürlich auch mal das Spielfeld verlässt. Man kann sie dann zwar zurückholen, besser aber wären echte Grenzen. Dazu brauchen wir jetzt vier Variablen, die wir ganz oben im Quelltext vereinbaren:

```
private int xLinks, xRechts, yOben, yUnten;
```

Zusätzlich definieren wir eine neue Methode (→ SPIDER4):

```
private void SetLimits()
{
  Breite = this.ClientSize.Width - 50;
  Hoehe = this.ClientSize.Height - 50;
  xLinks = 10; xRechts = Breite - 20;
  yOben  = 10; yUnten  = Hoehe  - 20;
}
```

Hier bekommen die »Grenz-Variablen« die Werte für die Spielfeld-Ränder zugewiesen, angepasst an die Größe der Spielfigur (die bei mir 100 mal 100 Pixel groß ist). Außerdem habe ich `Form1_Load()` etwas entlastet, indem ich die Werte für Breite und Höhe auch in `SetLimits()` berechnen lasse.

Die `Form_Load`-Methode sieht damit so aus:

```
private void Form1_Load(object sender, EventArgs e)
{
  Bild[0] = (Bitmap)Image.FromFile(Datei);
  RotateImages();
  SetLimits();
  x = Breite / 2;
  y = Hoehe / 2;
  this.DoubleBuffered = true;
  this.BackColor = Color.Yellow;
}
```

Nun müssen wir das alles noch in der `KeyDown`-Methode berücksichtigen. Hier wird getestet, ob der Wert von `x` oder `y` versucht, eine Grenze zu überschreiten (→ SPIDER4):

```
private void Form1_KeyDown
  (object sender, KeyEventArgs e)
{
  if (e.KeyCode == Keys.Left)
  {
    Nr = 3; if (x > xLinks) x -= 5;
  }
  if (e.KeyCode == Keys.Right)
```

```
    {
      Nr = 1; if (x < xRechts) x += 5;
    }
    if (e.KeyCode == Keys.Up)
    {
      Nr = 0; if (y > yOben) y -= 5;
    }
    if (e.KeyCode == Keys.Down)
    {
      Nr = 2; if (y < yUnten) y += 5;
    }
    this.Refresh();
}
```

≫ Passe den Quelltext an und starte das Programm. Dann teste, ob die Spinne wirklich an jedem Spielfeldrand gebremst wird.

Nur, solange sich die Spinne innerhalb der erlaubten Grenzen bewegt, bekommt sie freien Auslauf. Somit kann sie nicht vom Spielfeld verschwinden.

Was wäre mit dieser Alternative: Die Spinne darf das Spielfeld verlassen, muss aber auf der gegenüberliegenden Seite wieder auftauchen. Dazu wird die Methode `KeyDown()` um vier `else`-Zweige erweitert (→ SPIDER4A):

```
if (e.KeyCode == Keys.Left)
{
  Nr = 3; if (x > xLinks) x -= 5; else x = xRechts;
}
if (e.KeyCode == Keys.Right)
{
  Nr = 1; if (x < xRechts) x += 5; else x = xLinks;
}
if (e.KeyCode == Keys.Up)
{
  Nr = 0; if (y > yOben) y -= 5; else y = yUnten;
}
if (e.KeyCode == Keys.Down)
{
  Nr = 2; if (y < yUnten) y += 5; else y = yOben;
}
```

Nun hüpft die Spinne quasi an den anderen Spielfeldrand, um von dort aus weiter zu krabbeln. Eleganter wäre es, wenn die Spinne wirklich das Feld komplett verlässt und dann auf der anderen Seite wieder Stück für Stück auftaucht. Dazu müssen wir die Grenzen etwas lockern:

```
xLinks = -60; xRechts = Breite + 50;
yOben  = -60; yUnten  = Hoehe  + 50;
```

(Ich habe dem Projekt eine weitere Methode spendiert, `SetLimitsX()`, so kann man wählen, welche Grenzmethode man in `Form1_Load()` aktiviert.)

Damit würde die Spinne in jede Richtung so lange krabbeln können, bis sie außer Sicht ist (aber immer noch dicht am Spielfeldrand).

MAUSSTEUERUNG

Anstatt die Spielfigur nur mit den Tasten zu steuern, könnte man sie auch direkt mit der Maus an eine bestimmte Stelle »locken«. Man klickt irgendwohin ins Spielfeld und schon macht sich die Spinne auf den Weg.

Um unser Projekt um diese Möglichkeit zu erweitern, müssen wir eine neue Ereignis-Methode zur Hilfe nehmen. Dabei gibt es für die Maus deutlich mehr Ereignisse als für die Tatstatur, deshalb zähle ich hier in der Tabelle nur einige wesentliche auf:

MouseClick	Mit der Maus wird auf eine Komponente oder ins Formular geklickt.
MouseDown	Eine Maustaste wird gedrückt.
MouseMove	Die Maustaste wird bewegt.
MouseUp	Eine Maustaste wird losgelassen.

Für uns kommen die ersten beiden Ereignisse in Betracht. Beide übernehmen dieselben Parameter, und daraus lässt sich die Position des Mauszeigers ermitteln.

» Um Ereignis und Methode zu verknüpfen, klickst du im EIGENSCHAFTEN-Fenster auf den Button für die Seite EREIGNISSE.

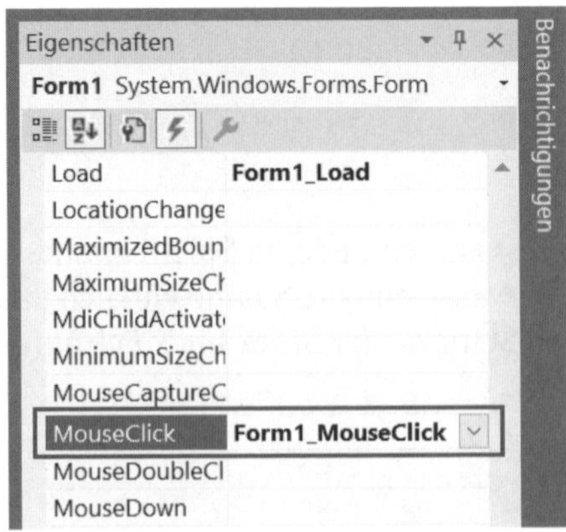

» Sorge dafür, dass hinter MOUSECLICK der Name der passenden Methode steht.

Und so sieht dann der Inhalt von Form1_MouseClick() erst mal aus:

```
private void Form1_MouseClick
  (object sender, MouseEventArgs e)
{
  x = e.X - 25;
  y = e.Y - 25;
  this.Refresh();
}
```

Über die Eigenschaften X und Y des letzten Parameters bekommen wir die Position des Mauszeigers. Hier habe ich die Position so korrigiert, dass der Mauszeiger am Ende der Bewegung mitten über der Figur schwebt (wenn man die Maus nicht weiterbewegt hat).

≫ Tippe das erst mal ein und starte dann das Programm.

Was geschieht? Die Spinne springt dorthin, wohin gerade geklickt wurde. Was wir aber wollen, ist, dass die Spinne dorthin **krabbelt**.

Womit wir eine passende MoveImage-Methode brauchen. Was soll die leisten? Weil wir nur Bilder von der Spinne für vier Himmelsrichtungen haben, lassen wir das Tierchen einen kleinen Umweg machen: Erst läuft die Spinne horizontal, dann vertikal.

Um das zu erreichen, müssen wir erst den Weg ermitteln, genauer: berechnen. Mathematik ist also angesagt. Es geht dabei um den Abstand von der Position der Spinne bis zur »Klick-Stelle«.

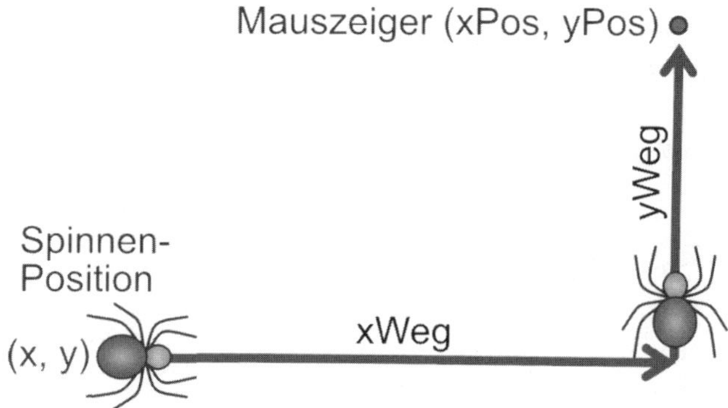

xPos und yPos enthalten die Koordinaten der Stelle, an die zuvor mit der Maus geklickt wurde und an die die Spinne wandern soll. Bevor das Tierchen losmarschiert, sollten wir überprüfen, ob die Zielposition noch innerhalb unserer Spielfeldgrenzen liegt. Sonst kann es passieren, dass die Spinne zu weit läuft, wenn mit der Maus zu nahe am Spielfeldrand geklickt wurde.

Damit wird `Form1_MouseClick()` nun etwas umfangreicher (→ SPIDER5):

```
private void Form1_MouseClick
  (object sender, MouseEventArgs e)
{
  xPos = e.X - 25;
  yPos = e.Y - 25;
  if (xPos < 10) xPos = 10;
  if (xPos > xRechts) xPos = xRechts;
  if (yPos < 20) yPos = 20;
  if (yPos > yUnten) yPos = yUnten;
  MoveImage();
}
```

Die beiden neuen Variablen vereinbare ich oben und erweitere die Zeile mit den anderen Variablen so:

```
private int x, y, xPos, yPos, Breite, Hoehe;
```

Kommen wir nun zu `MoveImage()`. Wir müssen hier vier Fälle unterscheiden:

x < xPos	Figur wandert nach rechts.	Nr = 1
x > xPos	Figur wandert nach links.	Nr = 3
y < yPos	Figur wandert nach unten.	Nr = 2
y > yPos	Figur wandert nach oben.	Nr = 0

In der Spalte ganz rechts steht die Nummer des Bildes, das wir für die Spinnenwanderung jeweils brauchen. Und so sieht unsere Methode zum Bewegen der Spielfigur dann aus (→ SPIDER5):

```
private void MoveImage()
{
if (x < xPos)
while (x < xPos)
{
Nr = 1; x += 5;
Thread.Sleep(5);
this.Refresh();
}
if (y < yPos)
while (y < yPos)
{
Nr = 2; y += 5;
Thread.Sleep(5);
this.Refresh();
}
if (x > xPos)
```

```
while (x > xPos)
{
Nr = 3; x -= 5;
Thread.Sleep(5);
this.Refresh();
}
if (y > yPos)
while (y > yPos)
{
Nr = 0; y -= 5;
Thread.Sleep(5);
this.Refresh();
}
}
```

Hier benutzen wir neben `Refresh()` zum Neuzeichnen der Spinne (an neuer Position) wieder mal die `Sleep`-Methode, denn die Spinne soll ja krabbeln, nicht rasen. Probiere ruhig mal andere Zahlenwerte aus.

Wichtig ist, dass dazu ganz oben unter den `using`-Zeilen diese eine hinzugefügt werden muss:

```
using System.Threading;
```

≫ Erweitere deinen Quelltext um die neuen Methoden. Dann starte das Programm und lasse die Spinne übers Spielfeld wandern.

DIE SACHE MIT DEM TIMER

Es gibt noch eine andere Möglichkeit, Zeiteinheiten in einem Programm zu nutzen. Man braucht dazu eine Komponente, die man nicht sehen kann. Sie heißt TIMER.

≫ Erzeuge ein komplett neues Projekt, ich habe es TIMERUN1 genannt.

≫ Suche den Eintrag TIMER in der Toolbox (rechts) und klicke darauf. Dann klicke ins Formular.

Dort bekommst du von einer Komponente nichts zu sehen, aber direkt unter dem Formular findet sich etwas mit dem Namen TIMER1.

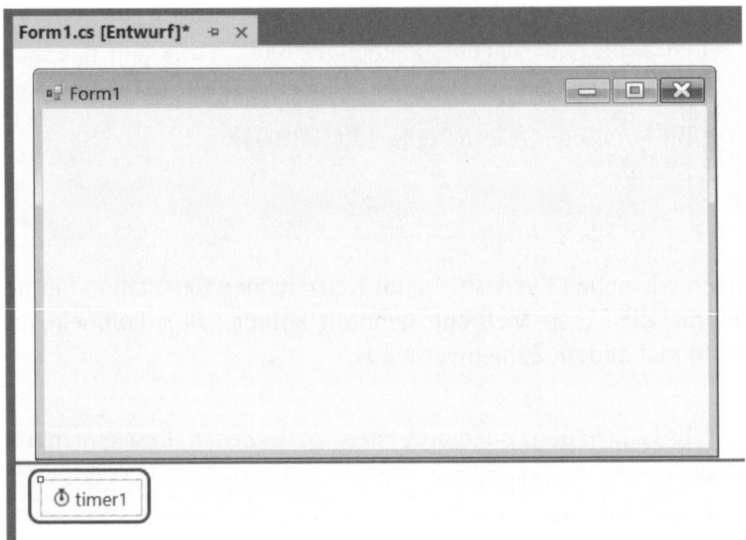

≫ Doppelklicke auf diesen Eintrag.

Und du landest im Quelltext von FORM1.CS, dort findest du eine Ereignis-Methode mit dem Namen `timer1_Tick()`. Das, was du nun in diese Methode an Anweisungen schreibst, wird im Programm **wiederholt**, in bestimmten Zeitabschnitten, deren Länge du selbst festlegen kannst. Das erledigen wir später.

Erst einmal brauchen wir etwas Drumherum, damit sich der Einsatz des Timers auch lohnt. Ich denke da an einen Ball, der über das Spielfeld rollte oder fliegt und gummiartig an den Rändern abprallt. Dazu vereinbaren wir gleich eine ganze Reihe von Variablen:

```
private string Datei =
  @"d:\projekte\timerun1\Ball.png";
private int x, y, Breite, Hoehe;
private int xLinks, xRechts, yOben, yUnten;
private int xStep = 5, yStep = 5;
private bool AnAus = true;
```

Zuerst brauchen wir natürlich ein Bild. Ich habe mir dazu einen kleinen roten Ball gemalt und den als Bild-Datei im Projekt-Ordner abgespeichert.

Danach kommen verschiedene Werte, die du von den vorhergehenden Spider-Projekten kennst. Der Ball soll sich ähnlich bewegen wie die Spinne, nur eben nicht per

Maus oder Tasten gesteuert, sondern sozusagen im »freien Flug«, also automatisch. Und dazu brauchen wir den Timer.

xStep und yStep sind die Schrittweiten für die Bewegung, AnAus dient dazu, die Bewegung zu starten und zu stoppen. Weil wir diesmal wieder eine PICTUREBOX einsetzen, in die der Ball eingefügt wird.

≫ Klicke in der Toolbox auf den entsprechenden Eintrag und füge das Element etwa in der Mitte des Formulars ein.

Kommen wir zur Form_Load-Methode (→ TIMERUN1);

```
private void Form1_Load(object sender, EventArgs e)
{
pictureBox1.Load(Datei);
SetLimits();
x = Breite / 2; y = Hoehe / 2;
pictureBox1.SetBounds(x, y, 60, 60);
this.BackColor = Color.CornflowerBlue;
// Zeitintervall und Start
timer1.Interval = 10;
timer1.Start();
}
```

Zuerst wird die Bild-Datei geladen und das Bild landet in der Picturebox. SetLimits() ist eine Methode, die ich komplett vom Spider-Projekt übernehme. Dabei habe ich ein paar Werte für dieses Projekt etwas geändert:

```
private void SetLimits()
{
Breite = this.ClientSize.Width - 50;
Hoehe = this.ClientSize.Height - 50;
xLinks = 2; xRechts = Breite - 10;
yOben = 2; yUnten = Hoehe - 10;
}
```

Danach ermitteln wir die Position für den Mittelpunkt des Spielfeldes. Hier habe ich mal Kornblumenblau als Hintergrundfarbe gewählt. Ändere das nach deinem Geschmack. Neu für dich sind die beiden letzten Anweisungen:

```
timer1.Interval = 10;
timer1.Start();
```

Erst wird das Zeitintervall für den Timer auf 10 Millisekunden gesetzt (ein Wert, mit dem du experimentieren kannst). Und die Methode Start() setzt den Timer in Aktion. Da aber in timer1_Tick() noch keine Anweisungen stehen, passiert erst mal auch nichts Sichtbares bei einem Programmlauf.

Das ändert sich sofort (→ TIMERUN1):

```
void timer1_Tick(object sender, EventArgs e)
{
SetDirection();
pictureBox1.Location = new Point(x, y);
this.Refresh();
if (!AnAus) timer1.Stop();
}
```

Da der Ball sich in beliebige Richtungen bewegen soll, brauchen wir eine Extra-Methode, die ihn jedes Mal neu ausrichtet, wenn er irgendwo den Spielfeldrand berührt. Und so sieht diese Methode aus:

```
public void SetDirection()
{
if (x < xLinks || x > xRechts) xStep = -xStep;
if (y < yOben || y > yUnten) yStep = -yStep;
x += xStep; y += yStep;
}
```

Kommt der Ball an den Rand rechts oder links, dann muss jeweils seine horizontale Bewegungsrichtung (x) umgekehrt werden, das Gleiche gilt für die vertikale Bewegung (y). Das heißt quasi, dass der Ball jeweils »zurückprallt«, wenn er einen Rand berührt hat.

In der Tick-Methode wird dann die neue Position des Bildfeldes (und damit des Balls) festgelegt:

```
pictureBox1.Location = new Point(x, y);
```

Danach kommt ein Refresh, um das Bild an aktueller Stelle anzuzeigen:

```
this.Refresh();
```

Wenn man diese Anweisung weglässt, fliegt der Ball zwar auch weiter, aber er sieht dabei ziemlich lädiert aus.

Zuletzt wird überprüft, ob die boolesche Variable AnAus noch true ist. Wenn nicht, wird der Timer gestoppt:

```
if (!AnAus) timer1.Stop();
```

Natürlich kann der Timer jederzeit wieder neu gestartet werden (dazu muss AnAus == true sein). Die Umschaltung der Variablen geschieht in der Mausklick-Methode. Dort wird dann auch der Timer gegebenenfalls wieder gestartet (→ TIMERUN1):

```
private void Form1_MouseClick
(object sender, MouseEventArgs e)
{
AnAus = !AnAus;
if (AnAus) timer1.Start();
}
```

Die Maus-Methode musst du zuerst über das EIGENSCHAFTEN-Fenster unter EREIGNISSE erzeugen.

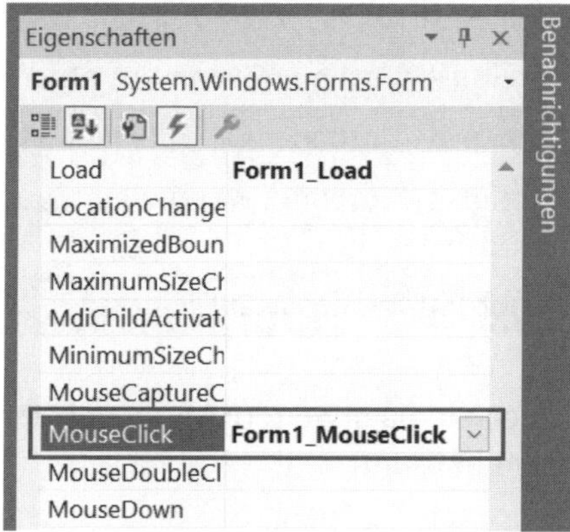

» Erweitere den Quelltext um all diese Methoden. Dann starte das Programm.

Nun kannst du per Mausklick den Ball zum Rollen oder Fliegen bringen oder wieder stoppen.

Und wenn du statt der `MouseClick`-Methode des Formulars die der Picturebox benutzt, dann funktioniert der Mausklick nur, wenn du den Ball triffst. So könnte aus dem Projekt sogar ein kleines Spiel werden.

ZUSAMMENFASSUNG

In diesem Kapitel hattest du Gelegenheit, den Umgang mit Maus und Tastatur gezielt spielerisch einzusetzen. Ähnlich wie die Spinne kannst du damit natürlich z.B. auch menschliche Figuren oder ein Fahrzeug steuern – wie du es ja sicher vom einen oder anderen professionellen Spiel her kennst. Außerdem kennst du jetzt neben der `Sleep`-Methode noch eine Komponente, um »mit der Zeit zu gehen«.

Neu kennengelernt hast du hier noch eine ganze Menge Klassen und Methoden, z.B. um Tasten und Maus zur Steuerung einzusetzen:

KeyEventArgs	Klasse für Tastatur-Ereignisse
KeyDown()	Ereignis-Methode: wenn eine Taste gedrückt wird
KeyPress()	Ereignis-Methode: wenn eine Zeichen/Ziffern-Taste gedrückt wird
KeyUp()	Ereignis-Methode: wenn eine Taste losgelassen wird
e.KeyCode	Code einer Taste
Keys	Klasse für Tasten-Codes
MouseEventArgs	Klasse für Maus-Ereignisse
MouseClick()	Ereignis-Methode: wenn auf etwas geklickt wird
MouseDown()	Ereignis-Methode: wenn eine Maustaste gedrückt wird
MouseUp ()	Ereignis-Methode: wenn eine Maustaste losgelassen wird
e.X, e.Y	Koordinaten des Mauszeigers

Darüber hinaus sind dir noch ein paar weitere Methoden zur »Bildbearbeitung« und für den Einsatz eines Timers bekannt:

Clone()	Methode: Bild kopieren
DoubleBuffered	Speicher-gepuffertes Bild
RotateFlip()	Methode: Bild drehen oder spiegeln
DrawImage()	Methode: Bild anzeigen (Graphics)
Timer	Klasse für Timer
Interval	Intervall zwischen zwei »Ticks«
Start()	Methode: Timer starten
Stop()	Methode: Timer anhalten
Tick()	Ereignis-Methode: Aktionen im selben Zeitabstand durchführen

KEINE FRAGEN ...

... UND KEINE AUFGABEN

ANHANG A

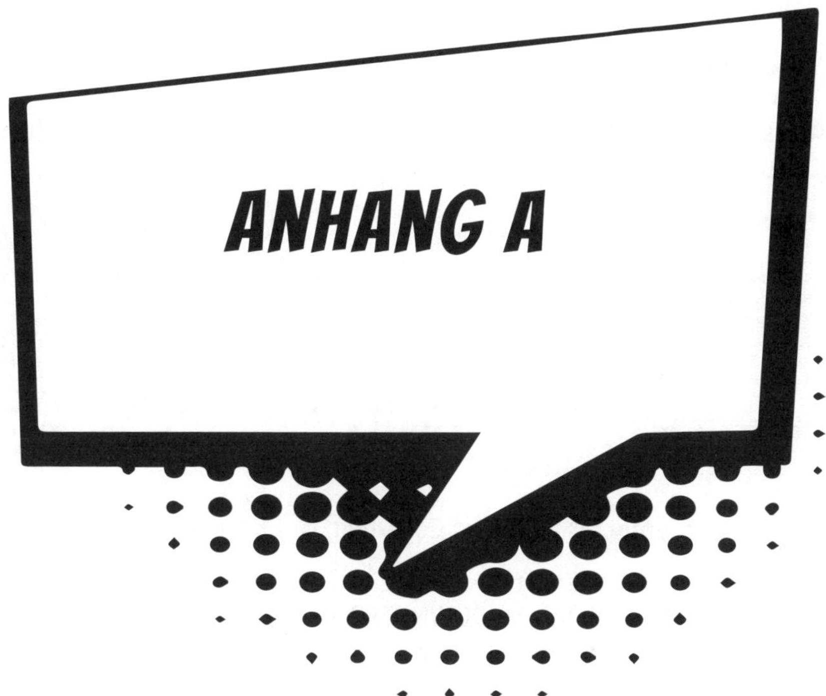

VISUAL STUDIO INSTALLIEREN

Visual Studio lässt sich recht einfach installieren. Genauer ausgedrückt: Du bekommst ein komplettes, umfangreiches Paket, in dem die Programmiersprache C# bereits enthalten ist. Dazu sind nur ein paar Schaltflächen anzuklicken, um die Installation zu steuern. Im Zweifelsfall kannst du dir aber auch von jemandem helfen lassen.

Zuerst aber musst du dir das benötigte Setup-Programm aus dem Internet holen. Die Version **Visual Studio Community** ist kostenlos – im Gegensatz zu den anderen Versionen. Was nicht heißt, dass es nicht auch für Profis geeignet ist.

> Die folgende Installation wurde im Sommer 2022 durchgeführt. Zu späteren Zeiten kann es durchaus sein, dass Microsoft, der Hersteller von Visual Studio, einiges geändert hat. Außerdem sind die Installationsschritte vielleicht andere (das kann z.B. davon abhängen, was auf deinem Computer bereits von Microsoft vorhanden ist). Doch auch dann dürfte es kein Problem sein, Visual Studio erfolgreich zu installieren.

➢ Öffne nun deinen Browser und gib dort diese Adresse ein:

https://www.visualstudio.com/de/downloads/

Alles, was Sie brauchen, um großartige Apps zu erstellen – Kostenlos.

➢ Klicke dort unter VISUAL STUDIO COMMUNITY auf KOSTENLOSER DOWNLOAD.

Und kurze Zeit später landet das (noch ziemlich kleine) Setup-Programm auf deiner Festplatte. Wahrscheinlich im DOWNLOAD-Ordner (je nachdem, was du für deinen Browser als Zielpfad eingestellt hast).

➢ Du kannst vom Browser aus über AUSFÜHREN das Setup starten. Oder du schließt den Browser wieder und öffnest das Fenster zu dem Ordner, in dem das SETUP-Programm liegt.

➢ Doppelklicke dort auf das Symbol für VS_COMMUNITY.EXE.

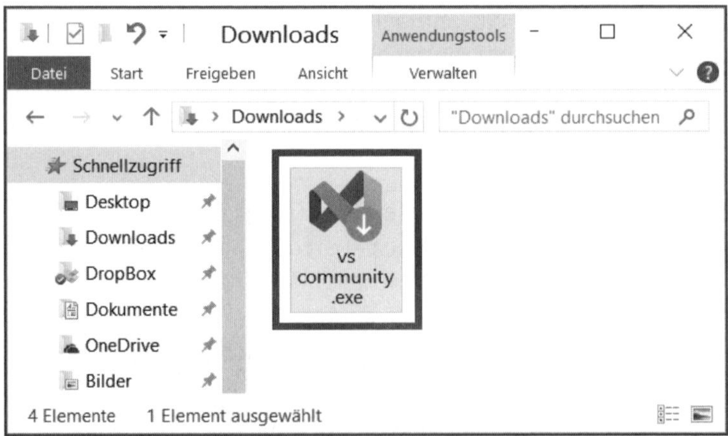

Und das SETUP-Programm legt gleich mit einer kurzen Begrüßung los:

≫ Klicke einfach auf FORTFAHREN.

Nun heißt es einen Moment warten. Im nächsten Fenster kannst du dir aussuchen, welche Komponenten installiert werden sollen.

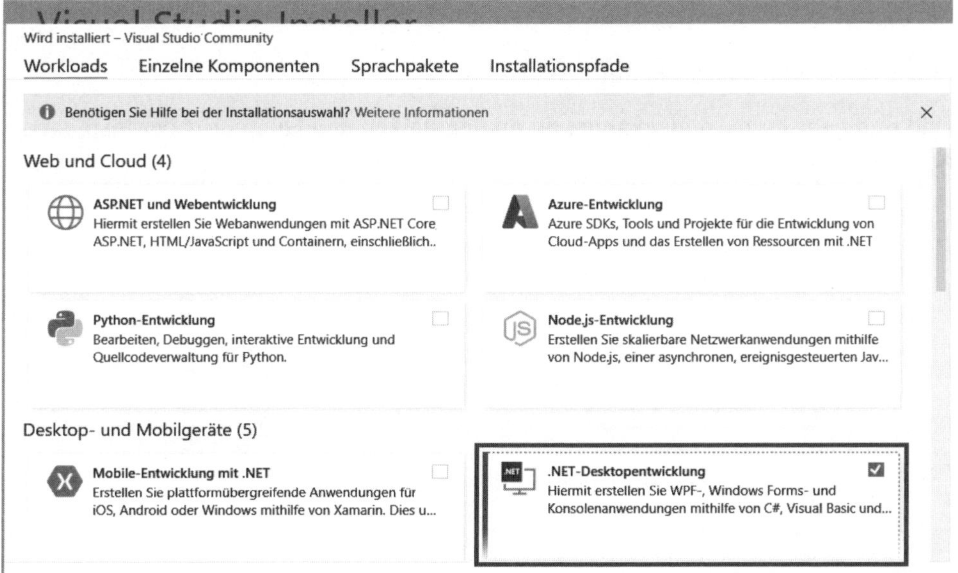

≫ Für unsere Zwecke passt das Paket .NET-DESKTOPENTWICKLUNG. Klicke also darauf.

≫ Abschließend klickst du auf INSTALLIEREN.

Und nun geht es los, dabei kannst du an den Balken den Fortschritt der Installation ablesen.

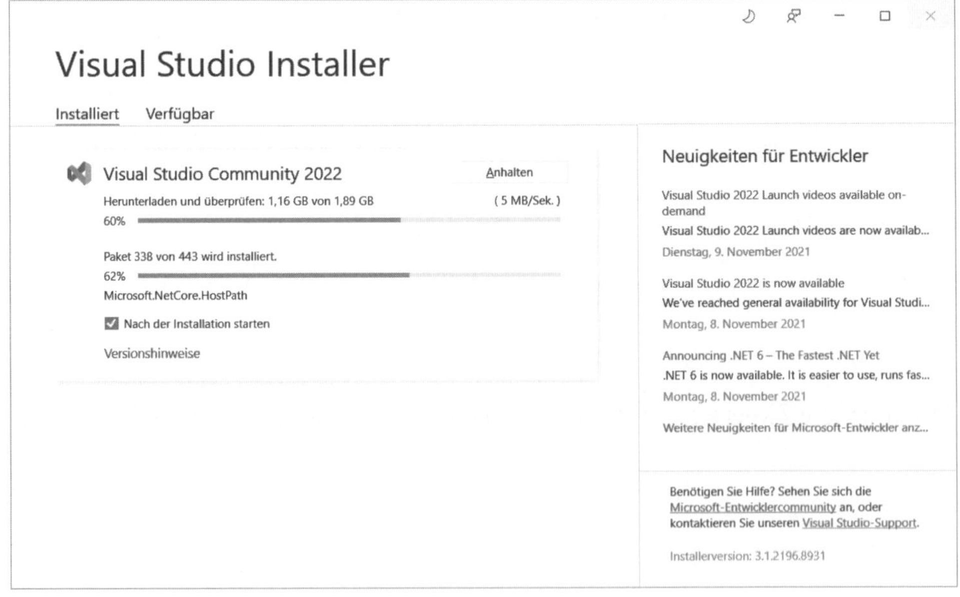

≫ Stelle dich auf eine (sehr) lange Wartezeit ein, bis alles installiert ist.

Anschließend erscheint ein neues Fenster, hier wird dir angeboten, dich bei einem Microsoft-Konto anzumelden oder ein neues einzurichten.

- Registriere dich also oder melde dich an, wenn du ein Konto hast. Du kannst aber auch einfach auf JETZT NICHT, VIELLEICHT SPÄTER klicken.

Wenn du willst, kannst du im folgenden Fenster Visual Studio auch schon mal starten:

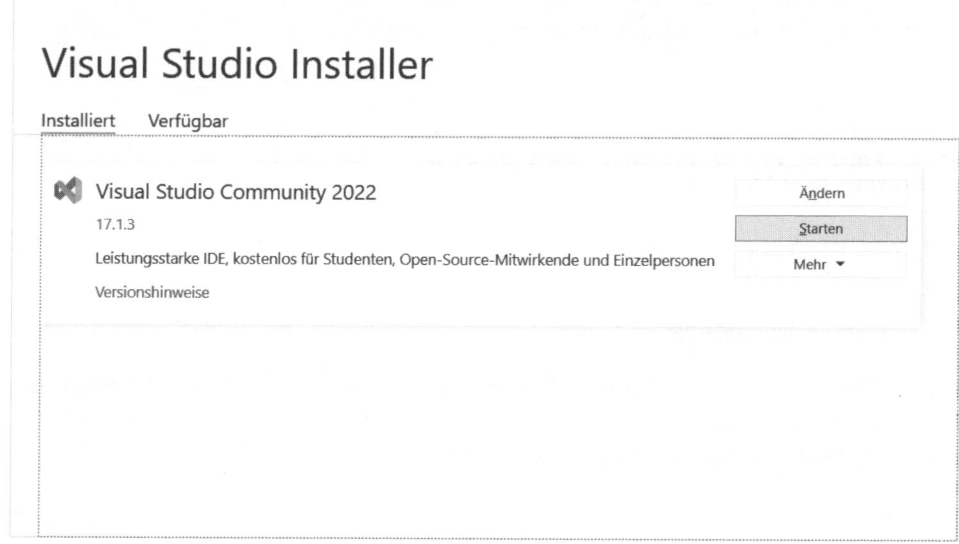

- Klicke dazu auf die Schaltfläche STARTEN.

Dann solltest du einige Zeit später in der Entwicklungsumgebung landen, in der du dann deine Projekte in Visual C# erstellen kannst. Wie das geht, erfährst du ab Kapitel 1.

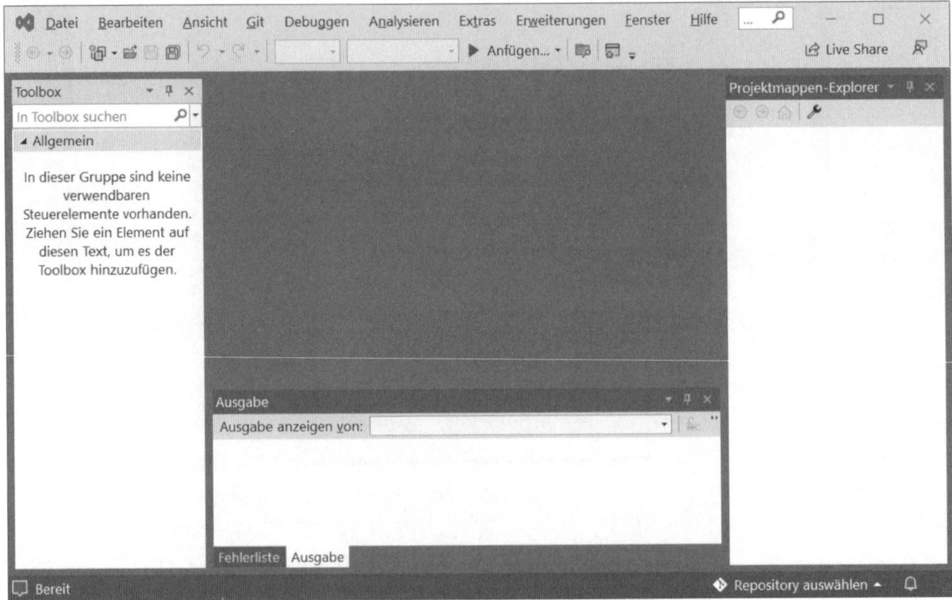

Um das Angebot, dich bei Microsoft mit einem vorhandenen oder neuen Konto anzumelden, kommst du wohl nicht herum. Den Zeitpunkt kannst du selbst bestimmen. Allerdings muss die kostenlose (!) Registrierung nach 30 Tagen erledigt sein (Menüeintrag HILFE/VISUAL STUDIO REGISTRIEREN).

EINSATZ DER BUCH-DATEIEN

Wenn du die Beispiel-Projekte für C# nicht alle selbst erstellen willst, lassen sie sich von dieser Seite herunterladen:

http://www.mitp.de/0586

Du kannst sie dann alle in einem Ordner auf deiner Festplatte unterbringen. Ich benutze im Buch einen Ordner namens D:\PROJEKTE. Dort findest du auch die Lösungen zu den Fragen und Aufgaben im Buch.

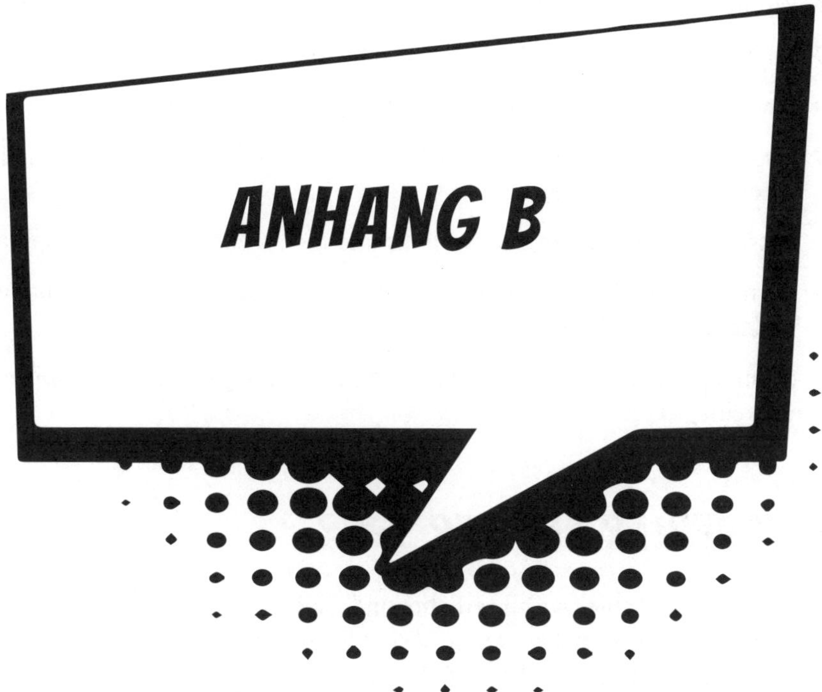

Die Suche nach Fehlern hat so manchen Programmentwickler schon an den Rand des Wahnsinns getrieben. Zumal die schlimmsten meist so gut verborgen sind, dass man zuerst daran zweifelt, sie jemals zu finden. Gerade deshalb ist es gut und wichtig zu wissen, dass Visual Studio bemüht ist, dir dein Programmierleben mit C# so bequem wie möglich zu machen, und darüber hinaus auch eine Reihe von Werkzeugen zur Fehlersuche bereitstellt. Aber du selbst kannst auch schon eine Menge tun, wenn du beim Erstellen deiner Programme ein paar Regeln beachtest.

KLEINE CHECKLISTE

- Sind vielleicht scheinbare »Kleinigkeiten« wie z.B. Komma, Punkt, Semikolon vergessen worden?
- Ist jede Anweisung mit einem Semikolon abgeschlossen?
- Sind alle Blöcke einer Programm-Einheit (z.B. hinter `if`, `while`, `do`, `for` und in Funktionen) mit geschweiften Klammern versehen?
- Sind Bedingungen geklammert, haben Funktionen ihre nachfolgenden runden Klammern – auch wenn die Parameterlisten leer sind?

- Wurden überall die richtigen Klammern verwendet – (), [], {}, <>?
- Können Bedingungen z.B. hinter `if` oder `while` überhaupt erfüllt werden?
- Sind alle Variablen, Elemente, Funktionen (richtig) vereinbart?
- Haben Variablen und Parameter, die weiterverarbeitet werden sollen, schon einen (sinnvollen) Wert?
- Passt bei Zuweisungen der Typ links und rechts vom Zuweisungsoperator (=)?
- Wurde vielleicht in einer Bedingung der Zuweisungsoperator (=) mit dem Gleichheitsoperator (==) verwechselt?
- Stimmen bei der Übergabe von Parametern an eine Funktion Typ und Anzahl überein?

DEM FEHLER AUF DER SPUR

Weil allzu viele Fehler so hinterlistig sind, sich nicht gleich zu zeigen, müssen sie erst einmal aufgespürt werden. In Visual Studio gibt es deshalb einige Hilfsmittel, die dir bei der Suche nach Fehlern helfen können.

Alle zusammen gehören zum sogenannten **Debugger**. Das bedeutet zu Deutsch so viel wie »Entwanzer«. Damit ist hier kein Desinfektionsmittel gemeint, sondern ein Zusatzprogramm, das dir dabei hilft, Fehler zu finden.

Der Name kommt daher, dass unter Programmierern meist nicht von Fehlern, sondern von **Bugs** die Rede ist. Und um so einen Bug (englisch für »Käfer, Wanze, Ungeziefer«) auszumerzen, dafür gibt's den Debugger.

Der kann ein Programm zum Beispiel in einzelnen Schritten ablaufen lassen oder dafür sorgen, dass es nur bis zu einer bestimmten Stelle ausgeführt wird. Mehr darüber erfährst du über das HILFE-System von Visual Studio.

EIN PROGRAMM SCHRITTWEISE LAUFEN LASSEN

Um genau beobachten zu können, was ein Programm macht, kann es nützlich sein, dass jede Anweisung einzeln ausgeführt wird. Dann lässt sich der Programmlauf Schritt für Schritt mit einem Tastendruck steuern:

- Starte das Programm nicht wie üblich, sondern drücke die Taste [F10]. Dann wird jede Methode einzeln ausgeführt.

So kannst du beobachten, was das Programm an welcher Stelle macht. [F10] entspricht dem Menüpunkt DEBUGGEN/PROZEDURSCHRITT.

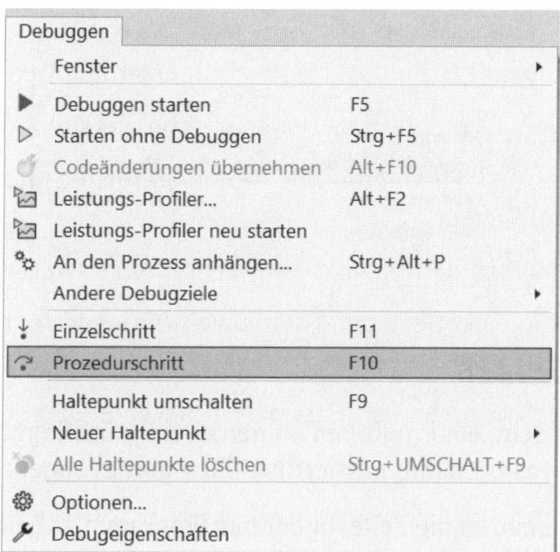

Weil [F10] Funktionen wie eine **einzelne** Anweisung betrachtet, wird eine Funktion (auch Prozedur genannt) in einem Schritt ausgeführt.

Um den Prozess noch mehr zu unterteilen, wobei auch die Anweisungen in Funktionen schrittweise abgearbeitet werden, gibt es die Möglichkeit, die Taste [F11] zu nutzen. Das entspricht dem Menüpunkt DEBUGGEN/EINZELSCHRITT.

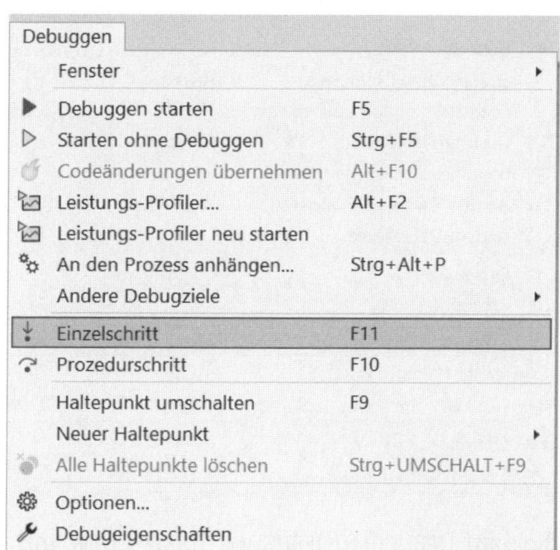

- Falls du die schrittweise Programmausführung wieder abbrechen möchtest, bringst du sie im (geänderten) DEBUG-Menü über DEBUGGEN BEENDEN wieder zum Stillstand. (Das gilt auch, wenn das Programm in einem Laufzeitfehler steckt.)

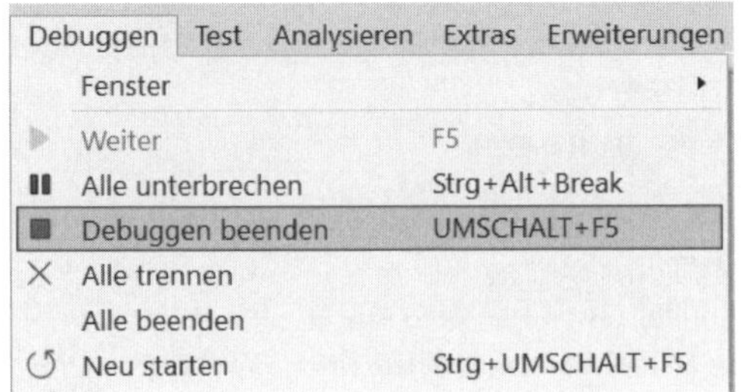

HALTEPUNKTE SETZEN

Es kann auch nötig sein, ein Programm an genau einer bestimmten Stelle anzuhalten, um zu sehen, was bis dahin passiert ist. Dazu gibt es sogenannte Haltepunkte:

- Setze den Textcursor in die Zeile, in der das Programm anhalten soll.
- Drücke die Taste F9. Das entspricht dem Menüpunkt DEBUG/HALTEPUNKT UMSCHALTEN.

Die betreffende Zeile ist nun markiert. Nach einem Start des Programms läuft es bis zu diesem Punkt und bleibt dann stehen.

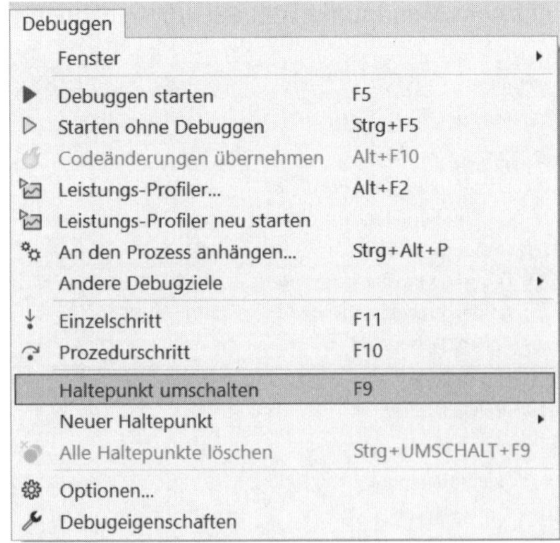

- Mit erneutem Klick auf DEBUGGEN/DEBUGGEN STARTEN bzw. mit F5 läuft das Programm weiter – bis zum nächsten Haltepunkt (falls es einen gibt) oder bis zum Ende.

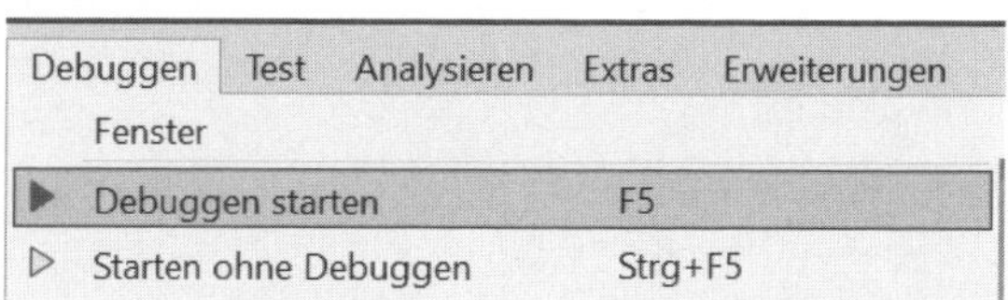

- Ausschalten kannst du Haltepunkte, indem du den Textcursor darauf setzt und wieder die Taste F9 drückst (wie zum Einschalten).

STICHWORTVERZEICHNIS